山鹿素行肖像

素行の肖像には、平戸・津軽の両系統がある。これは平戸系で、津軽系のものは一六六ページに掲げた。

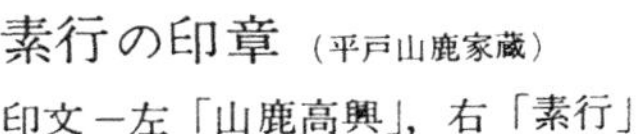

素行の印章（平戸山鹿家蔵）

印文ー左「山鹿高興」，右「素行」

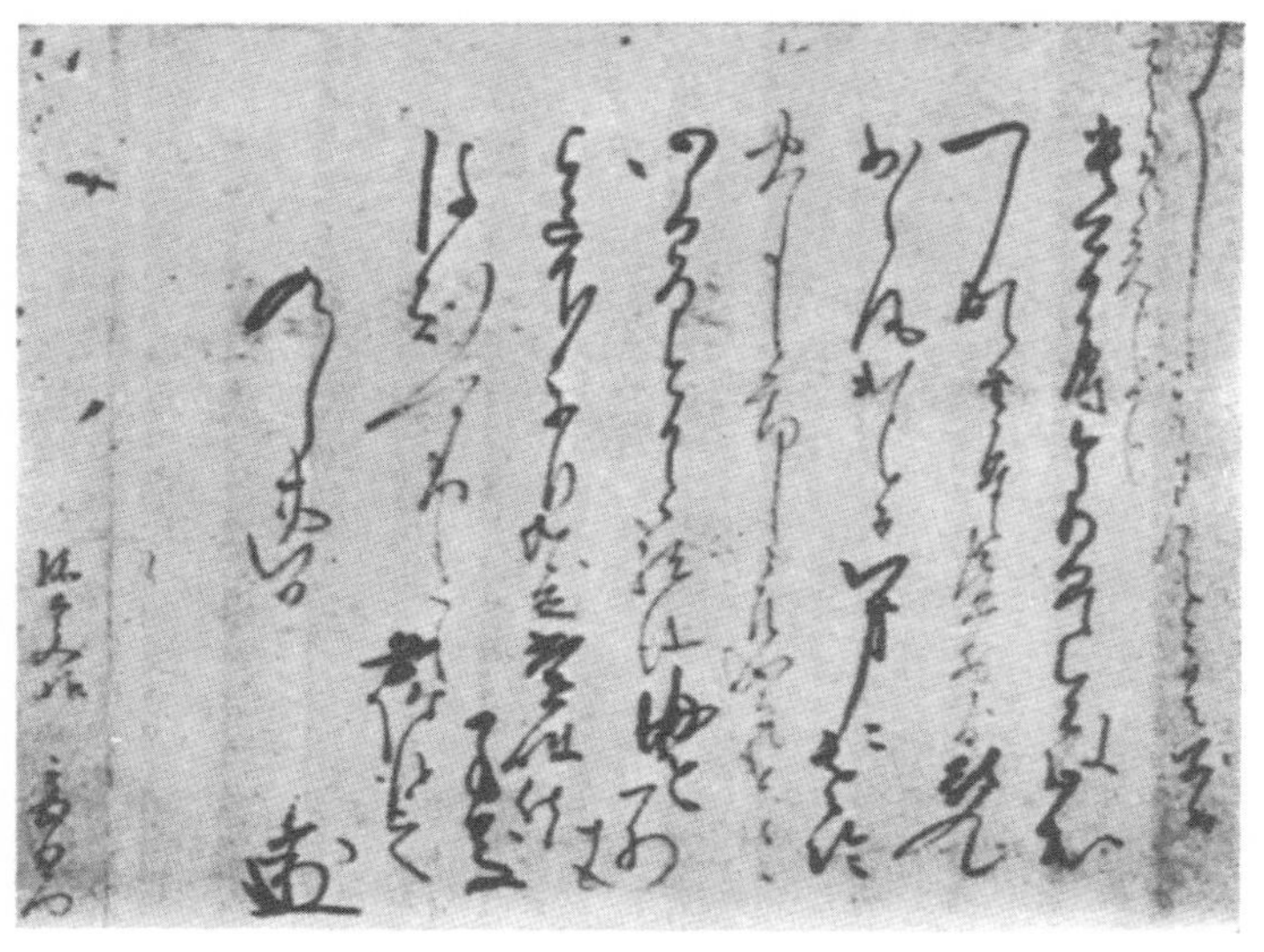

山鹿素行書状　（貴田孫大夫宛。はしがき4p.参照）

尚々、忝奉レ存候。今日者別而
寒氣を覺申候。已上
貴簡辱令ニ拝見一候。今夜御出
可レ被レ成之由辱候。晝前ゟ待入候。
少々風出申候而、次第ニ寒冷、
火事之節ニ罷成、氣遣仕候。
仍而爲ニ今日之御祝儀一海老一折十五
被ニ送下一忝目出度、賞味仕候。万慶
後刻可レ得ニ御意一候。恐惶謹言。
九月廿八日　　高祐（花押）
（ウハ書）
「孫大夫様　　甚五衛門」

山鹿素行

素行の自署（『武教本論』自序より）

はしがき

一、山鹿素行を、古学・日本中朝（中華）主義・武士道学派・山鹿流兵学の始祖としての、学究的・求道者的半面のみならず、幕府出仕を最大の願望とし、立身出世に汲々としながら、不遇の生涯を終った裸の人間としての弱さの面、――二百七十年の歳月を隔ててなお我々の俗物的根性に触れ合う半面をも描くことが、本書の念願であったが、それがどの程度果たされたか、心もとないことである。

二、伝記は小説や物語ではなく歴史書であるから、確実な史料に基づいて、どこまでが明らかであり、どの点が不明であるかを、書きわけて行かなければならぬ。従って典拠を示しながら叙述を進めるので、引用文がかなり多い。引用文は現代文より読みにくいが、直接素行自身の言葉を通ずることによって、彼がどう考え、どう生きようとしたかを、より明確に理解し得ると信ずる。

三、素行の著書は漢文体のものが多いが、引用文は読みやすいように、すべて仮名交り文に直し、仮名交り文でも例えば「不レ入書物作り候故」「被レ申候は」とあるのを、「入らざる書物」「申され候」云々というように書改めた。なお素行に就て深く研究しようとする方の為に、多くの「註」を付けたが、これを飛ばして読まれても前後の関係は分るように書いてある。

四、引用文は主として広瀬豊氏編『山鹿素行全集（思想篇）』（岩波書店刊）に依り、これに無いものは国民精神文化研究所編『山鹿素行集』に依った。引用文の下に「全集」とあるのは前者、「素行集」とあるのは後者のことで、引用文が二頁以上にわたっても最初の頁数しか示してない。

五、引用文中、（　）でかこんだ部分は筆者の註である。

六、年齢はすべて数え年、月日は陰暦である。

七、拙著『山鹿素行』とあるのは、白揚社より「人物再検討叢書」として一九三八年（昭和十三年）に刊行されたもので、上下二冊本である。旧著に比し本書は半分の紙数しかないので、「山鹿素行を単に儒学者としてのみならず兵学者として、社会情勢との関聯に於て、歴史的に批判的に考察しようと」（旧著の「序」）する点に於て多くの省略をやむなくしたが、素行の身辺の事情に就いてはより詳細に記し、新たに「四十七士との関係」を加えた。旧著をもし「思想篇」というなら、本書は「伝記篇」といえよう。旧著は素行が日本精神の権化として、もてはやされた戦前に書かれたものであるが、本書は若干の史実の誤りを訂正しただけで、その論旨（素行学の歴史的評価）に於ては殆んど変更していない。

一九五九年六月

堀　勇雄

素行自筆の貴田孫大夫元親宛書状（口絵解説）

素行は筆まめで達筆であるから、厖大な著述とともに、多くの書簡を書いたのであろうが、現在は四十通余りが残っているだけである。口絵の貴田孫大夫宛の書簡は、日付は「九月廿八日」とあるが、『年譜』と対照すると延宝九年（素行六十歳）のものである。

当日は孫の岩之助（高豊、長女亀の子）が津軽家に仕官したので、それを祝って浅草の素行宅に於て昼間から賀宴が開かれ、津軽大学（亀の夫で、素行の養子）・津軽監物（次女鶴の夫）・三木惣右衛門（姉の一族）・松田五郎左衛門（津軽藩士）等が出席し、「三汁十菜、後段蕎麺、各々暮に及びて帰る」とある。

書簡は孫大夫が手紙に添えて、祝儀として海老一折を贈ったのに対して御礼を述べ、夜からの来訪を昼前から待っている旨を書き送っている。孫大夫は兵学の弟子であり（一四一頁参照）、大学や監物と同じ津軽藩に仕えた関係もあって特に親しく、その父長大夫元辰・母・妻・子の金三郎も素行宅を幾度か訪問している。「全集」第十五巻には素行と孫大夫との贈答の詩や、素行より孫大夫宛書簡十六通が収められている。

目次

口絵

挿図

第一　生　家

——誕生前より寛永四年（六歳）まで——

一　祖　先

武士の家に生る

我れ等、今日武士の門に出生せり。（「全集」第十二巻五九七頁）

と、こう山鹿素行はその自叙伝『配所残筆』において述べているが、この感懐は封建的身分制度を克服した現代社会に生きる我々には、もう充分に理解し共感することは不可能なようである。素行が赤穂配流中『配所残筆』を書いた延宝三年（一六七五）より百八十五年後、明治元年より八年前の万延元年（一八六〇）、咸臨丸に乗ってアメリカに渡った福沢諭吉は「理学上の事に就ては、少しも胆を潰すと云ふことはなかったが、」

今華盛頓の子孫は如何なつて居るかと尋ねた所が、其人の云ふに、華盛頓の子孫には女がある筈だ。今如何して居るか知らないが、何でも誰かの内室（妻）になつて居る容子だと如何にも冷淡な答で何とも思て居らぬ。是れは不思議だ。勿論私も亜米利加は共和国、大統領は四年交代と云ふことは百も承知のことながら、華盛頓の子孫と云へば大変な者に違ひないと思ふたのは、此方の脳中に源頼朝・徳川家康と云ふやうな考があつて、ソレから割出して聞た所が、今の通りの答に驚て、是れは不思議と思ふた。（『福翁自伝』）

世襲的特権

と、ワシントンの子孫が何等の世襲的・社会的特権を持っていないことに驚嘆しているように、封建時代は身分・門閥が物をいう世の中である。

家柄に縛りつけられた生涯と学問

素行が『山鹿語類』に於て、

我れ武士の家に生れ、大丈夫の氏族を嗣いで、農工商の三民に非ず。天我れをして士たらしむ。是れ天の命に非ずや。（「全集」第七巻四〇五頁）

と書記した意義は、士農工商の身分制度の固定した近世封建社会において、とにもかくにもその上層である「士」の身分を生れながらにして獲得したこと、社会生活の上では農工商の上に立って幾多の特権を持っていること、その誇りと喜びを表示しているのであるが、同時にまた「士」という特権的身分に拘束されて、広い視野から自分が生きつづけている社会の現実を認識し把握することが出来なかったことをも意味する。要するに彼が武士の家に、特に浪人の子として生れたことは、彼の生涯また学問・思想の方向と性格とを規定するのである。

山鹿家の遠祖 その基礎史料 家譜

山鹿家の系譜・伝統に関する資料として最も重要なものは、素行自筆の『家譜』と、『兵法神武雄備集』の巻頭にある堀杏庵の序文の二つである。『家譜』は素行の日記である『年譜』と共に、延宝三年(一六七五)五十四歳の時に書かれたもので、その自筆本は平戸(長崎県)山鹿家に現存し、素行会によって『山鹿素行先生日記』と改題して刊行され、また『山鹿素行全集(思想篇)』第十五巻及び『山鹿素行集』第七巻に収録されている。

堀杏庵の序文

堀杏庵の序文は、素行の著書『兵法神武雄備集』のために書かれたもので「壬午（寛永十九年）春正月某」の日付があり、素行の先祖のことから素行の若い時代のこと迄詳しく書かれている。そしてこの資料は素行が杏庵に提供したものであろうし、また素行がこの序文を自ら筆写したものが残っているのは、素行がその内容を認めたことを意味し、更にこれは『家譜』より三十三年も前に書かれた点において、重要な史料といえる。

田原藤太秀郷の弟の藤次

山鹿秀遠

『家譜』によれば、山鹿家の祖は田原（藤原）藤太秀郷の弟の藤次に発し、筑前（福岡県）山鹿岬に城を築いて代々山鹿氏を称し、山鹿秀遠は寿永元年（一一八二）の源平合戦の時兵士三千をひきいて安徳帝を護ったが、平家が壇の浦に破れると「秀遠は微服潜行して勢州（伊勢）に逃れ、平盛国（重盛の孫で関氏の祖）に随」（『家譜』）った。秀遠の子孫は伊勢（三重県）に在って「世々関氏と婚戚」関係を結んだが、「秀遠より貞実千助に迄る代々の系譜、焼失して分明ならず。」（『家譜』）この貞実が素行の曾祖父にあたるが、貞実と秀遠とを結びつける確実な証拠は全然ない（山鹿秀遠の名は『吾妻鏡』『平家物語』『源平盛衰記』に見える。）。

┌藤原秀郷
└某（藤次）……（約二百四十年）……山鹿秀遠……（約三百五十年）……貞実（千助）

右の系図を見ても分る通り、藤次と秀遠の間と、秀遠と貞実の間と、二つの空白の時代があり、素行自ら『家譜』に「分明ならず」と記しているのみならず、「明暦丙申（へいしん）（二年）秋」と記した『武教全書』の自序には、「后学山鹿平義臣（よしもち）」と、藤原姓ではなく平姓を名乗っている。素行が二十一歳の時に書かれた杏庵の序文には、「其の（尾畑景憲）門葉に姓は藤、氏は山鹿、名は義臣、字（あざな）は子敬なるものあり」と藤姓が用いられ、三十五歳の時に書いた『武教全書』の自序には平姓を用い、五十四歳の時の『家譜』にはまた藤姓が用いられたのは、どう解釈すべきであろうか。これは貞実以前の山鹿家の系譜は、素行の時代にはもう分らなくなっていたと解すべきであろう。

平姓を名乗る

平姓から藤原姓へ

想像をたくましくすれば、山鹿家は伊勢亀山城主関氏の下風に立っていた貞実の時代までは、関氏と同じ平姓を称していたが、関一政が蒲生氏郷の麾下に属するようになった市助（貞実の子、素行の祖父）の時代に、蒲生氏が藤原秀郷の後裔と称したのに追随して、山鹿家の遠祖を秀郷の弟の藤次とするような家伝を創作したのではなかろうか（山鹿家は蒲生氏の陪臣）。然し平姓を称した余習がなお存し、それが『武教全書』の自序になって表われたと解すべきではなかろうか。特殊の武家を除いては、一般に五代・十代も前の祖先が分る筈はないから、時の権力者に追従するような系譜を、その都度捏造し変改していたのであろう。

素行自筆『家譜』（平戸山鹿家蔵）

門閥尊重の機運

戦国争乱の時代においては、たといその祖先がどうであろうとも、一度戦場で抜群の手柄を立てさえすれば忽ち抜擢重用され、若し敗戦ともなれば古来の名門も忽ち下層に沈淪するというような下剋上の風潮があったが、近世封建社会の成立と共に再び門閥尊重の機運が起り、身分格式がやかましくいわれ、封建的武士団は将軍を頂点とし、諸侯より家老・平侍・武家奉公人と幾多の階層的秩序によって固定せしめられた。かくて徳川幕藩制下の「家」は、その時の家長の手腕・功績を基準として封禄を与えられるのではなく、家名と結合した一定の世禄が相続された。即ち祖先の功績という伝統の名によってのみ、過去の理由によってのみ、家の社会的地位が根拠づけられ、家長の能力と実績という現在的理由はあまり重視されなかった。従って自家の系譜を尊く見せかけ、祖先の功業を誇大に表示することによって、現在の地位を根拠づけると共に、更により有利な地位へと出世する為の手段としたのであって、ここに多くの贋系図が作られ、系図の売買が行われ、系図作りを以て生活の資とする者すら現われるに到った社会的理由がある。

贋系図

素行が自家の系譜を藤原秀郷の弟に結びつけたのも、単に「家伝に曰く」というだけのことで、確実な根拠があるわけではないが、こうしたやり方は当時の武家の一般的風習といってもよいのであって、今からムキになって非難する程のことではない。我々はこうした系譜が素行にとっては事実として信ぜられ、或いは信じようとせられ、また事実として子孫に伝えようとされたことを認めるに止め、史実上の問題として山鹿家の伝統を見る場合は、これを除外して、直ちに素行の曾祖父である貞実から始めることにすればよい。

二　祖　父

山鹿家の系図

『家譜』はここで中絶し、次いで次頁のような系図が掲げられている。

曾祖父貞実

『家譜』によれば曾祖父貞実（さだざね）は享祿元年（一五二八）伊勢に生れ、天文十一年十五歳の時「父の讎（あだ）を報じ」（父の千助は誰かに殺されたのであろう）、滝川一益（かずます）と親交があった。滝川は織田信長の部将として立身出世したのであるが、「貞実は放逸（ほういつ）にして世事に拙（つたな）く、唯だ

某千助—貞実千助—某市助—貞以六右衛門—某惣左衛門—正明千助
貞実—某弥五助
貞以—女 三木勘左衛門の母
貞以—女 田村弥左衛門の妻
貞以—高興〔素行〕—興信八郎左衛門（実は兼松七郎兵衛の子）
貞以—女 兼松七郎兵衛の妻
貞以—義昌〔平馬〕
貞以—女 石野小左衛門の妻
貞以—女 加藤平左衛門の妻
某惣左衛門—女
某惣左衛門—女
高興—女 名は亀
高興—女 名は鶴
高興—万助

己が勇に伐(ほこ)つて」一国一城の主になる機会を失い、伊勢（三重県）亀山城主関安芸守(あきのかみ)盛信から懇遇されたが、自らは仕えず、嫡子市助をして盛信の子の一政(かずまさ)（長門守）に仕えさせた。そして慶長四年(一五九九)十一月二十九日信州(長野県)河中嶋の飯山で歿した。行年七十二、道号は一鷗、法名は宗慶。

祖父市助

祖父市助は永禄四年(一五六一)に生れ、関一政に仕え、木曽川の桟梯の修復工事を監督中、慶長四年八月八日「暴水のため没して死」んだ。行年三十九。道号は月山、法名は宗鎮。市助の妻は天正十四年、夫が二十六歳、子の貞以が二歳の時死んだが、行年不明。

大叔父弥五助

大叔父弥五助は小早川秀秋に仕え、千石を領したが「故ありて自殺」した。

関氏と蒲生氏との関係

素行の著『武家事紀』巻第十四によれば、関氏は平資盛(山鹿秀遠が従った盛国の父)の後胤で、代々伊勢鈴鹿郡の関谷を領して亀山に在城し、「盛信ガ父下野守ヨリ以降、蒲生家ニ従テ、江州佐々木六角ニ随心」した為に、織田信長から「亀山ヲ没収セラレ蒲生家ニ預ラ」れた。秀吉の時に亀山を蒲生氏郷に与えようとしたが、氏郷は固辞して関盛信に返された。盛信隠居して嫡子一政が「亀山ニ在城シ、氏郷ニ与力トシテ軍事ニツトム。」一政に仕えた山鹿市助は蒲生氏の陪臣となったので、これを機縁に平姓を改め、藤姓の家伝を作ったのであろう。関家と蒲生家とは、盛信の室は氏郷の父賢秀の妹、また一政の妻は氏郷の妹という関係にあったので、氏郷が小田原征伐の後、天正

関氏各地に転封さる

十八年会津四十万石に封ぜられた時、一政は白河城四万八千石を領し、氏郷の子秀行が慶長三年宇都宮十二万石に転封された時、一政も信州川中島に於て三万石を宛行(あてが)われ、飯山に居城した。そして慶長四年春、美濃(岐阜県)土岐多羅(多良)に移り、関ケ原役に一政は井伊直政に附いて功を立て、累代の本領亀山城三万石を賜い、慶長十五年七月には伯耆(鳥取県)黒坂城五万石を領した。

これを『家譜』と対照すると、素行の曾祖父貞実はその子市助と共に関氏に従って亀山から白河・川中島(飯山)と移り、多良転封の後も貞実は川中島に残って、飯山(いま長野県水内郡にあるが、昔は此辺まで川中島と称せられた)で歿した。市助は主君(関一政)に従って美濃に移り、慶長四年八月、木曾川の工事監督中、父に先だって水死した。

父貞以

素行の父貞以(さだもち)(六右衛門)は天正十三年(一五八五)九月二十三日に生れた(『先哲叢談後篇』に「山鹿六右衛門高道」とあるが高道の名は素行の書いたものの中には見えない。)。この時父の市助は二十五歳で、主君の関一政は亀山に在城。その後関氏が白河(しらかわ)(福島県)・川中島(長野県)へと転封されるに従い、祖父貞実・父市助と共に移住し、十五歳の時父に従って多良(たら)(岐阜県)に移り、その年(慶長四年)相次いで父と祖父とを失ったが、一政は父の封禄二百石(『山鹿古先生由来記』による)をそのまま与えた。貞以は主君に従い多良より亀山に移ったが、慶長十五年(一六一〇)二十六歳の時、関氏が亀山

貞以会津に奔る

より黒坂（くろさか）（鳥取県）に転封されたのでこれに従い、ここで「同輩を撃殺して奥の会津（あいず）に奔（はし）り、町野幸仍（ゆきより）に依（たよ）る」（『家譜』）ことになった。

『山鹿誌』

素行が此の同輩撃殺の事に就いて、詳しい記録を残していないのは、山鹿家にとって名誉ある事件ではなかったからであろう。津軽耕道の『山鹿誌』には「先生の父貞以は蒲生忠郷（下野守）に仕ふ。会津に移る。蒲生氏郷、嘗て勢州より奥の会津を賜はる。故に之れを慕ひて、彼の地に移る。貞以町野幸利 長門守、蒲生氏の老臣 と旧知識なり。故にこれに寄寓す。」（『全集』第十五巻五六七頁）として、撃殺のことに触れず。貞以が忠郷（氏郷の孫）に仕えたことがないのに仕えたとし、町野長門守は幸和（幸仍の子）であるのに幸利とする等の誤りを冒している。耕道は素行の二女鶴の子であり、『山鹿誌』は耕道が二十九歳の時、弘前で書いたもの。当時は素行死後二十五年で、耕道の母（鶴）も祖母（素行の妻）も在世であり、素行の嗣子高基は四十五歳、猶子高恒（鶴の姉、亀の夫）は六十一歳、また素行の弟子として赤穂配流中より側近に侍した磯谷（いそがい）十介も同じ弘前に住んで、耕道と文通した書簡も現存している位で、比較的正確な伝記が出来る筈にも拘わらず、貞以が蒲生家に仕えて会津に移住したかのように記しているのは、山鹿家の子孫にも伝えたくないような撃殺事件だったので、耕道も聞知しなかったのだろう。なお耕道は素行自筆の『家譜』『年譜』を見ないで、『山鹿誌』を書いているようである。

貞以が黒坂から会津（福島県会津若松市）に奔り町野幸仍（ゆきより）を頼ったのは、関一政が白河を領した時、貞以は祖父貞実・父市助と共に白河に移住して六歳から十四歳までを過ごし、その間に蒲生氏の居城会津の地にもしばしば遊んだことがあったろうし（前田恒治氏『山鹿素行とその誕生』参照）その時から町野幸和とは顔見知りであったからであろう。

町野左近助幸仍は『寛政重修諸家譜』によれば繁仍とも称したらしく、妻は蒲生氏郷の乳母であった関係もあって仕置奉行（家老）として重きをなした。

町野幸仍

町野幸仍は「貞以をして（蒲生）秀行に仕へしめ」（『家譜』）ようとしたが、慶長十七年秀行逝去して忠郷が嗣ぎ、翌十八年十一月二十五日幸仍も七十一歳で歿したので、貞以の蒲生家仕官は実現しなかった。幸仍の嫡子幸和（貞以より十一歳年長）も貞以を優遇し、やがて素行も生れるのであるが、

蒲生家の断絶

蒲生忠郷は封を襲って十五年、寛永四年（一六二七）に歿し嗣子が無かったので領地は没収され、会津には加藤嘉明が伊予（愛媛県）松山から移って来ることになり、忠郷の弟忠知が松山に（近江国日野と合わせ）二十四万石を領して家名を存した（寛永十一年（一六三四）忠知歿して蒲生家は断絶した）。蒲生家の廃絶（封地没収）は、それに寄生する山鹿家の運

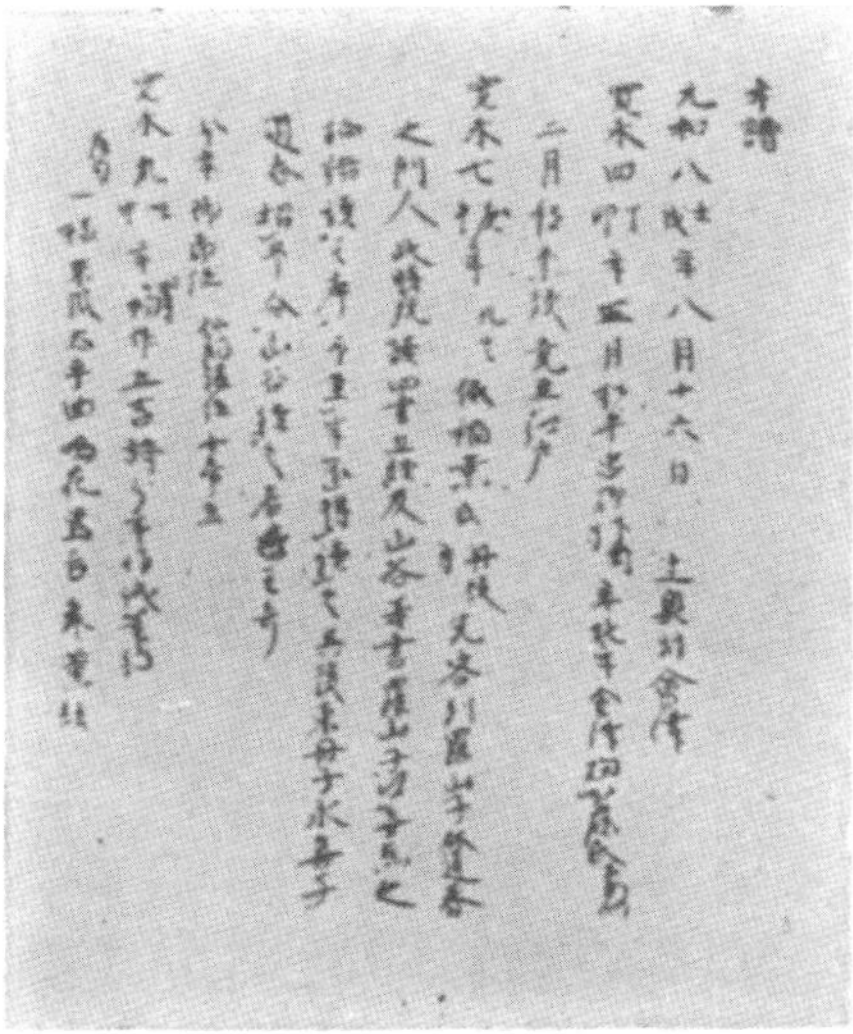

命を左右し、貞以は幸和に従って会津から江戸に移住することになる。

三　生　誕

会津若松に生る

『家譜』及び『年譜』によれば、素行は元和八年(一六二二)八月十六日夜、「奥州会津」に生れた。場所に就いて明記した確実な史料はないが、町野幸和の邸内に寄寓していた時のことと推定され、ここに六歳の時まで育ったのであるが、母は貞以の正妻ではなく妾である。そこで貞以を中心とする山鹿家の家庭の事情に就いて述べておく。

素行自筆『年譜』　(平戸　山鹿家蔵)

町野幸和の邸は若松城の内廓の西北隅にあり。もと上杉景勝の重臣直江山城守兼続の装束屋敷であった。現在は松浦厚氏撰文の素行誕生碑と、大正十五年五月二十九日東郷平八郎元帥の筆になる記念碑とが建っている。

異母兄と正妻

素行には十八歳年長の惣左衛門という兄があり、推算するとこの嫡出子は慶長九年貞以が二十歳の時、亀山（三重県）において生れているが、その生母即ち貞以の正妻に就いては、どんな素性の人か、また何時まで生きていたのか、よく分らない（素行がこの正妻に就いて何等の記録も残していないのは素行の生前か、幼少の時に死んだからではなかろうか。）。貞以と正妻との間には、惣左衛門の妹に当る二人の娘が生れているが、いずれも素行より年長である。

生家の経済状態

貞以が町野家に身を寄せた時には、惣左衛門は既に七-八歳になっており、妹も生れていたであろうし、家族ぐるみの居候であるが、『山鹿古先生由来記』（素行の子高基の門人稲葉則通が三木勘左衛門の直話を記したもの）に、

左近（町野幸乃）は三万石なり。右の左近・長門（幸和）父子懇意に致し、合力を為し二百五十石

を送り、近習の女房を遣はし、此の腹に甚五左衛門(素行)・平馬出生なり。(『全集』第十五巻六一一頁)

とある如く、貞以は町野家から二百五十石貰(もら)っているので、現在の三等重役級の生活程度である。

年収二百五十石といっても、実際の所得は四公六民とすればその四割の百石(籾米)であるが、それに所得税がかかるわけではなく、また住宅も町野家の邸内の家屋を無償で与えられていたのであろう。そこで税引き(手取り)百石の実収は年収何万円くらいに当るか、読者自ら現在のヤミ米の相場から割出して計算せられよ。

素行の生母

素行の母は岡備後守(びんごのかみ)の女で『家譜』には、

外祖父岡備後守は井伊直政の甥なり。岡と井伊とは同流にして、冬嗣(藤原)の後なり。直政、庶子をして岡氏たらしむ、紋は橘なり。外祖母は備後守の室、安部(あんべ)土佐守の女なり。土佐守は安部大膳の子なり。大膳は江州に於て三万石を領す。備後守の室は寛永十九壬午年極月一日卒す。野州伊王野にて。法名妙芳大姉(だいし)。備州は慶長十二丁未年九月十九日、江州佐保山(佐和山)に於て卒す。道号は普沢、法名は宗慶。

と記されているので、母の実家岡氏は江州(滋賀県)彦根城主井伊家の一門で、備後守は直政の部下として安部(あんべ)家の女を娶(めと)り、佐和山(さわやま)(彦根市)で死んだこと。備後守の死後未亡人は娘をつれて関東に移住し、下野の国(栃木県)那須郡伊王野(いおうの)において死んだことが分る。然し岡備後守が井伊直政の甥又は庶子であるとの説は、㈠井伊家の系譜にそのような人物はなく、㈡後年素行が有名になっても、素行と井伊家との間に親しい交際が無かった点からも、疑わしい。

井伊直政の嫡子直勝は大坂役後、上野の国(群馬県)安中(あんなか)三万石に移されたので、その時備後守の未亡人は、娘(素行の母)をつれて近江から安中に移住したのであろう。直政は関ヶ原役の功により江州佐和山十八万石を領する前は、上野箕輪で十二万石を領し、其後高崎に城を構えていたこともあり。井伊家と関東の縁は深い。

なお、備後守の未亡人がいつ安中から伊王野に移住したのか分らぬが、娘が町野家の侍女となったので、白河城に近い伊王野に移ったのであろうか。未亡人が死んだ寛永十九年十二月一日には、素行は二十一歳で江戸に住んでいるが、『年譜』には何等の記載もない。然し『年譜』承応三年十二月一日の条には「外祖母(妙芳公)十三回忌に因り、伝正寺に詣づ」とあり。その後も忌日には「食を献じ茶菓を奠」じている。

外祖母妙芳

備後守の娘、即ち素行の母の生年月日は不明であるが、町野家の侍女になったのは町野幸仍が白河城に居た元和年間のことである。彼女は妙智と呼ばれ、延宝五年（一六七七）十月十四日素行五十六歳の時に歿しているが、何時何歳の時に貞以の妾となったのか、分らない。

素行の兄弟姉妹
長姉堀九兵衛の妻

次に素行の兄弟姉妹に就いて述べる。貞以と正妻との間には一男二女があり、嫡男の惣左衛門は素行より十八歳年長である。次の姉娘は堀九兵衛の妻で、その間に三木勘左衛門が生れている。

『年譜』延宝九年（素行六十歳）四月三日の条に「堀九兵衛来る。堀は土井周防守の家来にして勘左衛門の父なり。今度所替に依り古河より来る」とあり。『家譜』や『年譜』には他の姉妹は「だれだれの妻」と書かれているのに、彼女のみ「三木勘左衛門の母」と呼ばれていること。そして勘左衛門が堀姓を名乗らぬのは、何等かの事情が伏在しているのであろう。『年譜』には勘左衛門のことは屢々見えるが、彼女に就いては詳しいことは分らぬ。また『年譜』延宝六年十一月二十日の条に「堀源五右衛門妻女及び荻野等を享す。今日三木惣右衛門来る。」とあり。源五右衛門や惣右衛門及び『年譜』に出て来る堀七郎左衛門・堀伝左衛門・堀小四郎もこの一族らしい。

次姉田村弥左衛門の妻

次女は田村（布施）弥左衛門の妻で、その間に貞心・藤大夫・弥一右衛門の一女二男がある。彼女は素行が赤穂配流中、寛文七年八月五日姫路から田村武左衛門（一族であろう）と共に訪ねて来たこともあり、その後姫路から江戸に移住し、寛文九年（一六六九）閏十月二十九日越後（新潟県）村上において歿した。法名は清円、行年は不明。

『年譜』寛文二年八月二十三日の条に「今日布施弥左衛門宅に至る」とあるが、布施弥左衛門が田村弥左衛門と同一人であることは、寛文元年九月六日の条に、布施三右衛門の分註として「後、田村文右衛門と改め、松浦太守に仕ふ」とあるのによって推定される。文右衛門も一族であろう。藤大夫も『年譜』寛文九年迄は布施姓、延宝五年以後は田村姓になっている。また貞心が藤大夫の姉であることは『年譜』延宝八年十月二十一日の条により、布施弥一右衛門が弥左衛門の子であることは寛文七年二月十七日の条によって分るが、藤大夫とどちらが兄かは不明。なお『年譜』に出て来る布施源兵衛・布施四郎左衛門・布施藤右衛門・田村孫大夫・田村藤左衛門も一族であろう。

同母妹と同母弟

以上一人の異母兄と二人の異母姉のほか、素行には三人の同母妹と一人の同母弟がある。年齢順にあげると兼松七郎兵衛（松平定綱家臣、四百石）の妻（生年は不明、素行より長生き）・平馬（素行より十三歳年少）・石野小左衛門の妻（諱（いみな）は夏。十六歳年少）・加藤平左衛門の妻（多田藤太夫に再嫁）である。

なお『家譜』には「此の外に源太・又三郎・十三郎の三人夭死す」と記されているが、この三人の生母が誰（本妻か妾か）であったか、また生年月日等は分らぬ。

乳母清春

また素行には乳母があったことは、『年譜』万治三年（素行三十九歳）二月八日の条に、

乳母死す。法名清春、旧冬より久しく疾む。慶養寺（浅草今戸町曹洞禅寺）に葬る。七日素食す。

と記されているのによって分る。

四　幼時

幼時の素行の言行・逸話を伝える記録は全然無い。そこでもう少しその両親に就いて記しておく。素行は父貞以に就いては墓碑銘（山鹿修玄庵一貫貞以居士碑）に、

父の性格

一生謹厚にして食言せず。武業を勧めて忘れず。子孫を誨へて倦まず。能く賓客に接し、能く孤独を恤み、終に臨み更に平生の威儀に違はず。俄然として逝く。嗚呼哀しい哉。蠢々たる子孫、福寿猶ほ望むべし。其の言行の如きは、竟に及ぶべからざるなり。

(『枕塊記』上、「全集」第十巻四五〇頁)

と記しているので、世事にうとい古武士の俤(おもかげ)のある人物のような印象を受けるが、後年医を以て業とし、素行を如何に高禄を以て諸侯に売付けようかと駈引(かけひき)をした点(八八頁参照)等から考えると、世渡りのうまい生活力旺盛な人であったらしい(此の性格は素行に伝わっている)。

『年譜』には慶安元年(素行二十七歳)三月十七日「新宅に徙(うつ)る(両親と別居)。十八日雙親(そうしん)(父母)来臨す」に始まり、父との往来の記事が頻繁に表われ、寛文五年(四十四歳)十二月二十二日父の死去(八十一歳)に際しては『枕塊記(ちんくわいき)』上下二巻(『山鹿語類』巻第四十四・四十五)が書かれ、忌日の祭も毎年欠かさず執行されているが、父に対する敬愛の情が文字の外まで溢れ出ているという感じではなく、寧ろ封建的家父長制的観念から生れる義務感という印象を受ける。父に対する敬愛の濃(こまや)かさより発する孝心というより、家庭内の主君である父に対する道徳を守るという感じである(『年譜』では父のことを「家君」と呼んでいる)。もっとも

『年譜』も『枕塊記』も漢文体で書かれ、その他の著書においても素行は自己の感情を卒直に表白することをせず、専らよそ行きの言葉で書綴っているので、彼が父を内心ではどんな風に思っていたか明らかでない。

素行の蔵書目録（延宝三年（五十四歳）素行の門弟磯谷義言（十介）が調製筆記し、その後素行が自ら加筆訂正した『積徳堂書籍目録』のこと）によると、貞以は鉄砲・剣術・馬術にも一通りの心得があり、また医術にも通じていた。

目録に「鉄炮書」として「先考御自筆書、一包」（『全集』第十五巻八七七頁）があり。また山鹿家伝来蔵書（目録には記載されていないが、平戸山鹿家に現存）の中に、秘伝書の写し『剣術一冊』（五四頁参照）、元和七年中村某より山鹿六右衛門宛の秘伝の免許状写し『秘伝前後巻一冊』と山鹿六右衛門宛の馬術の免許状写し『無明一巻之書一冊』がある。（広瀬豊氏『山鹿素行先生著書及旧蔵書目録』参照）

母の性格

素行の生母妙智（みょうち）は妾であるが、本妻は素行が物心のついた頃は死んでいたらしく、殊に晩年は素行が世間に名を成すようになったので、妾としての暗い影は無かったらしい。素行の甥（弟平馬の子）山鹿清吉が、素行の正妻から聞いた話を書留めた『飛竜』に、

妙智様は御けつから（構結）なりとなり。（『全集』第十五巻六六〇頁）

とあるのは、此間の消息を示すものである。

なお『飛竜』に「みやうしゆ（妙智）院殿は、厳有院様（四代将軍家綱）へ、そしん（祖心）きもいりにて、御服の衆と云ふに御出なり。」と、大奥に仕えたような記事があるが、これを傍証する資料は無い。おそらく祖心尼の話（九三頁参照）から飛躍した訛伝であろうが、後考のため掲げておく。

町野家の居候という、不安定ながらもその日その日の衣食には困らぬ山鹿家の会津若松における安穏な生活も、寛永四年（一六二七）正月四日蒲生忠郷が病死し、世嗣無きため封地没収となって終りを告げ、『年譜』には、

正月、松平（蒲生）忠郷下野守卒す。此の年、会津は加藤氏左馬助に賜はる。二月、奈須に移り、竟に江戸に至る。（『全集』第十五巻一五頁）

と記されている。時に素行六歳。

江戸に移住

奈須は那須、即ち伊王野のことで、ここに素行の実母の母（外祖母）である岡備後守の後室が住んでいたので、暫く滞在したのだろう。

『山鹿古先生由来記』には、

町田(町野の誤り)左近(幸和)五千石にて大猷院様(家光)へ召し出され、左近殿新組与力廿騎、同心五十人仰せ付けられ候。之に依り左近殿肝煎にて、六右衛門を与力に入れ給わるべしと之れ有り候得共、達て辞退して、惣領惣左衛門を与力になし、自分は医師となり、(「全集」第十五巻六一一頁)

貞以医を開業

とある。『寛政重修諸家譜』によれば、町野幸和が幕府に仕官したのは江戸に出てから五年後の寛永九年(一六三二)五月二十二日のことであり、素行の兄の惣左衛門が父の代りに与力となったのは、幸和が「与力十騎をあづけら」れた寛永十五年十月十三日以後のことであろうから、貞以が剃髪して修玄庵と改名し、町医者となって生計を立てようとしたのは、幸和の仕官前、江戸移住後間もなくのことであったろう。

『寛政重修諸家譜』巻第千百九十四に「(蒲生)忠郷卒し、嗣なくして国のぞかるゝにより、幸和流落して江戸にいたり」とある。五年間も浪人生活が続いたので、山鹿家の生活の面倒を充分に見

貞以所蔵の医書

てやるわけには行かなかったであろう。貞以が何時誰に医術を学んだか明らかでないが、『積徳堂書籍目録』には曲直瀬道三の『啓廸集』八巻、曲直瀬玄朔の『医法明鑑』四巻のほか、「外科金瘡書、壹冊、先考親書」「医書聞書、先考親筆、二冊、柿表紙、内一冊中条流」その他五冊の医書があり。また広瀬氏の『山鹿素行先生著書及旧蔵書目録』によれば、山鹿家にはこのほかにも道三の『薬性能毒』をはじめ多くの医書が伝わっているが、その多くは元来貞以の所蔵本だったのであろう。

神田に住む

山鹿家の江戸に於ける最初の住居が、どこであったかはよく分らない。『家譜』によれば素行の弟平馬（童名は猪助、四郎左衛門また三郎左衛門とも云い、一時関宇平次と称す）が寛永十二年（江戸移住後八年）六月に生れた所は「江戸神田佐久間町」であり、『年譜』によれば寛永十五年八月「神田佐久間町より鷹匠町（小川町）に徙り、寛永十七年の冬新石町（神田多町）に移り、翌十八年春には再び神田佐久間町に移るといった風に、終始神田方面から離れていないが、これは玄庵先生が医を業とするのに都合がよかったからでもあろう。

井上哲次郎博士の「山鹿素行の事蹟・学問及び影響」（『斯文』昭和十一年四月号）には「素行は六歳の時に父貞以（後の修玄菴）に従つて江戸に来り、牛込榎町済松寺門前に住つて居つたのである」とあり。これは『松浦本山鹿家譜』の「六右衛門嘗て蔭涼山済松寺門前に住す。（中略）千助（素行）も亦常に彼の寺に往きて戯遊す。」（「全集」第十五巻六一八頁）とあるのに従ったのだろうが、済松寺は正保三年素行二十五歳の時に建立が決定し、寺院が建てられたのは更に数年後のことであって、『松浦本山鹿家譜』の記事はその他にも誤りが多い。なお井上博士の『日本古学派之哲学』に「素行は江戸榎町済松寺の祖心尼の許に養はれ」（六頁）とあるのも誤りである。

幼名・通称・名・字・号・堂号

素行は幼名を左太郎又は文三郎（紋三郎）といい、名はしばしば改めて貞直・義以・義旨・高興・高祐・義矩等と称し、字は子敬、通称は甚五左衛門、号は初め若拙斎・屢空斎・如雲と称し、二十一歳頃から素行を主用し、また武陰散人・思無邪、赤穂配流中は江山・因山・隠山・隠皤・隠花・播陽隠士・播叟（播陽隠叟）・素皤・素愚・素翁・潜夫・江叟（江敷）といい、曳尾堂・素愚堂・積徳堂等の堂号を用いた。

素行の号は『山鹿誌』によれば万治二年（素行三十八歳）来朝した明の亡命者朱之瑜（舜水）が「先生の徳を称し、素行号の記を書す。後之れに拠り、唯だ素行子と号して子敬の字を用いず」（「全集」第十五巻五六七頁）とあるが、素行自筆の『土佐日記』の奥書に、「寛永甲申（二十一年・素行二十三歳）初秋日、素行軒」とあり。それより一年前の「癸未（寛永二十年）夏六月十有七日」の日付のある自筆の『韻鏡解書』（広田坦斎編）の奥書にも「素行子」とあり。また素行自筆の『略東鑒』（吾妻鏡の抄録）の奥書に「寛永某歳某月、山鹿素行軒」とあって、この寛永某歳は『年譜』寛永十九年正月の条に「東鑑を読み抜萃す。」と記されているので、寛永十九年二十一歳の時には既に素行軒と号していたことが分る。

『山鹿語類』に附録された朱舜水の『素行号記』は素行が依頼したものか、或いは門人が依頼したのか不明であるが、早くより素行という号を自撰していたことは確かである。

次に素行の出典に就いては、素行自身は何等の記録も残していないが、『山鹿古先生由来記』の附録『参考山鹿由来記』に、「素行の二字、時良（寛政頃の人）按ずるに、孫子行軍篇に曰はく、令素行以教二其民一、則民服と云々。蓋し此の語に依る者か」（『全集』第十五巻六一四頁）とあり。素行が寛文十三年（五十二歳）に著わした『孫子諺義』巻第九に「令素より行はれて、以て其の民を教ふるときは、則ち民服す。令素より行はれずして、以て其の民を教ふるときは、則ち民服せず」を講釈して「素は平昔也。先也。素行とは、かねてより其の事のおこなはるるを云ふ。」といい、また「令素より行はるる者は、衆と相得れば也。」を釈いて、「此の一句は孫子自ら素行の義を解する也。云ふ心は、令素行と云ふは、上下の心相和し、上の心、衆と相得、これを令素行と云也。」（『全集』第十四巻三〇一頁）と書いている。なお『中庸』第十四章にも「君子素二其位一而行」云々の句があるが、これは素行の二字が続いていないので、孫子典拠説の方が有力である。

第二　修　学

——寛永四年（六歳）より寛永十九年（二十一歳）まで——

一　儒　学

六歳より修学

素行はその自叙伝『配所残筆』において、

六歳より親申付け候て、学仕らせられ候へ共、不器用に候て、漸く八歳の比迄に、四書・五経・七書・詩文の書、大方よみ覚え候。（『全集』第十二巻五七二頁）

と述べているが、「不器用」「漸く」は謙遜の辞というより、むしろ反語的効果をねらっているのである。素行の父貞以が会津から江戸に移ったのは四十三歳の時で、仕官の見込も無いので町野家に頼りながらも、医を業として生計を立てている。嫡出長子の惣左衛門は二十四歳になっているが凡庸の人で、この人に浪人に没落した山鹿家の再興を期待するわけには行かず、すべての希望は次子の素行にかけられた。素行が親の命令によって学問を始めた六歳は、ちょうど江戸移住の寛永四年(一六二七)に当るのである。

「七書」とは武教七書、即ち孫子・呉子・司馬法・太宗問対・尉繚子・六韜・三略のことであるが、玆では単に「読み方」として学んだのであって、六歳から本格的に兵学を学んだわけではない。

素行はいつもポーズを作って物をいう癖がある。ここでも自分の早熟的天才を自覚し、「不器用」とか、「漸く」というような言葉を用いて、却って意識的に効果的に表現しようとしているのであって、神話構成的印象をすら与えようとしているのであり、人間としての親しさ・奥ゆかしさを感じさせてくれない。

貞実以前の山鹿家は関氏と結び、伊勢の郷村の地主として土着し、自給自足に近い生活を続けていたのであるが、貞実・市助・貞以の三代は守護領的領有制から大名領的知行制への展開過程に際会し、土地から離れて城下町で消費生活を送る近世武士に転換し、伊勢亀山から白河(福島県)・飯山(長野県)・多良(岐阜県)・亀山(三重県)・黒坂(鳥取県)・会津(福島県)とわたり歩いているうちに、即ち近世封建社会の成立過程において、整理淘汰されて浪人に没落したのである。

かくて封建的社会秩序を肯定し、それに寄生し奉仕しようとする素行の学問は、既に出発点においてその性質と方向とを規定されていたといえる。彼がその生涯を通じて骨身を削る学問的遍歴を続けても、封建制度の根本的批判の為の、従ってまた変革の為の理論とはなり得ず、徳川幕藩制護持の学問に終始せざるを得なかったのである。

素行学の限界点

「かくて素行が彼自身の前に見出さなければならなかった世界は、淘汰され没落しつつある武士団のそれであったが、武士階級の崩壊は漸く始まったばかりであり、なお充分に依拠し寄生すべき伝統と地盤とを有していたが故に、没落からの解放の手段として彼の父が撰んだ学問は、武士階級的な性格から一歩も脱し得ず、封建社会の根本的批判の為の、又変革の為の、理論たり得なかったのである。」（拙稿「山鹿素行の歴史的批判的考察」『歴史学研究』昭和九年十一月号）

『配所残筆』によれば、稲葉丹後守正勝（小田原城主）の家来塚田杢助が貞以と近付であったので、杢助を通じて正勝に素行を林羅山（道春）の「弟子に仕度由頼入」り、

林羅山に入門

かくて素行は寛永七年（一六三〇）九歳の時、正勝の紹介によって羅山（当時四十八歳）の門に入

ることになった。

幕府の御用学者・官学の総帥の地位にあった林羅山の門に入るには、有力な紹介者がない限り、浪人者の子に過ぎぬ素行にとっては、とても出来ないことであったろう。『年譜』には寛永七年（九歳）の条に「稲葉氏（丹後守）の先容（せんよう）（紹介）に依り、羅山子林道春の門人に列す」とあり。『配所残筆』にも「九歳の時」としているが、『兵法神武雄備集』の堀杏庵の序には「六歳にして、父命に応じて四書六経を誦（よ）み、八歳にして羅浮（らふ）（羅山）の門に遊ぶ」とあって、一年の喰い違いがある。

祖心

稲葉正勝は春日局（かすがのつぼね）の子で、素行父子が会津以来頼（たよ）りとした町野幸和の妻の祖心（そしん）とは、次頁の系図に示すように、遠縁（とおえん）の関係にあったので、おそらく祖心が背後にあって種々取持ちをしてくれたのであろう。祖心は素行を生まれた時から知っていたのであって、この後も色々と後援の手をさしのべたことは後述する。町野幸和（ゆきかず）夫妻は素行父子にとっては最大の恩人であった。

祖心、名は古那（こな）、通称なあ（阿能（おのう））天正十六年生る。牧村利貞の女で前田利長の養女となり、加賀小松城主前田長種の嗣子前田直知（美作守）に嫁したが、故あって二十一歳の時離別し、町野幸和に再嫁した。素行生誕の時は祖心は三十五歳。なお松浦厚氏『素行子山鹿甚五左衛門』、徳富

稲葉一鉄（弟）―重通（美濃清水城主）
　├女＝牧村利貞（伊勢岩出城主）―祖心＝町野幸和
　├道通（義兄の利貞の遺領岩出を継ぐ）―紀通
　└女＝稲葉正成（重通の養子）
稲葉通明（兄）―女＝斎藤利三（明智光秀の重臣、母は光秀の叔母）―春日局＝稲葉正成―正勝

蘇峯氏『近世日本国民史・徳川幕府上期下巻・思想篇』、松本純郎氏『山鹿素行先生』、小柳司気太博士「山鹿素行の一面」（『近世日本の儒学』所収）、内藤晃氏「山鹿素行論究」（『日本史研究』第一号）等に、祖心を町野幸仍（幸和の父）の妻としているのは誤りである。

素行は塚田杢助につれられて初めて羅山の許（もと）に行ったが、その時、

道春（羅山）・永喜（羅山の実弟、号は東舟、名は信澄、通称は弘一郎。当時四十六歳で、これより八年後の寛永十五年に歿した）一座にて我れ等に論語の序、無点の唐本にてよませ申され候。我れ等よみ候へば、山谷（さんこく）（宋の学者・詩人であった黄庭堅の号で、その文集の『黄山谷集』のこと）

を取出し候て、読ませられ候。永喜申され候は、幼少にて此の如く読み候事、きとくに候。然し乍ら田舎学問の者、師を仕り候と相みえ、点悪敷く候由申され候。道春も永喜同意に申され候て、感悦仕られ、別して念比に候て、十一歳迄、以前読み候書物共、又点を改め、無点の本にて読み直し候。（『配所残筆』）

羅山より前の師

かくて羅山・永喜兄弟にその学才を認められ、門弟に列することが出来た。

『配所残筆』には無点の『論語』の序を「我れ等よみ候へば」とあるが『年譜』寛永七年の条には「予半ばに至りて、之れを読むを得ず」とあり。完全に読み得たというのではなく、単に読んだら、という意に解すべきであろう。なお、無点とは白文、即ち訓点の無い漢文のことである。

現存する素行自筆の『大学論語聞書』は『積徳堂書籍目録』に「論語聞書、壹冊（予十二三歳時書レ之、尤堪二莞爾一、唯示二児子一）」と書かれているものに相当するが、原本の論語の表紙には「論語、林子先生誦意、寛永十四星 有丁丑 」とあるから、十六歳の時のものとすべきであり、林子は羅山のことであろう。そして此の論語の表紙は、もと「□□法花集□溪先生誦意」とあったものを、その上に「論語、林子先生」云々と書き直したもので（広瀬氏『山鹿素行先生著書及旧蔵書目録』）、此の□溪先生は素行の師であり、永喜の云う「田舎学問の者」の一人であったろうと思われる。

堀尾忠晴二百石で招く

素行の名は早熟的天才として漸く有名になり、寛永九年松江の城主堀尾山城守忠晴が、僅か十一歳の少年を二百石で召抱えようと申入れたが、父の貞以はこの神童をして益々学問に励まさせ、より有利な条件で仕官させる為に、この申入れに応じなかった(『配所残筆』及び堀杏庵の序)。

詩文を好む

素行が明暦二年(一六五六)三月、三十五歳の時に書いた『修教要録』の自序に、「予少にして父の命に従ひ、強めて書を読み、中ごろ記誦詞章を好み」(『全集』第二巻一〇頁)と述べているのは、この時代を指しているのであって、『配所残筆』によれば、「十四歳の比は詩文共に達者に」なり、飛鳥井大納言雅宣(当時は中納言)・烏丸大納言光広が勅使・院使として江戸に来た際、召寄せられて詩文の贈答を行い、また寛永十四・十五の両年(十六・十七歳)に書いた『埃藁集』(『全集』第十一巻『山鹿随筆』第一巻)の巻首には「丁酉歳旦」の詩ほか八首が収められている。

儒書の註解

詩文とともに儒学の研究も進み、『四書諺解』五十余冊を書いたが(寛永十四年『大学・中庸諺解』、翌十五年冬『論語諺解』、十六年冬『孟子諺解』)、その草稿は明暦三年の火災によって焼亡した。

『年譜』によれば草稿若干が焼け残ったが、松浦厚氏『素行子山鹿甚五左衛門』に焼け残りの草稿として掲げられた『大学中庸諺解』の残本が、当時のものでないことに就いては、加藤仁平氏「山鹿素行の遺著及び関係書に就て」（『芸文』大正十一年十月・十一月号）参照。なおその内容は『山鹿語類』の門人序に「先生四書諺解五十余冊を述す。大概羅山林道春の講意を宗とす」（『全集』第四巻七頁）とあるから、羅山・永喜から口授された講義を基礎として書かれたものと推定される。

四書の講釈

なお「十五歳の時、初めて大学の講釈（こうしゃく）をし「聴衆大勢」あり（『配所残筆』）、十六歳（『年譜』によれば十九歳）の時には大森信濃守（頼直。幕臣五千石当時は佐久間長久）・黒田信濃守（用綱。幕臣三千石当時は源右衛門）の所望により『孟子』を、また蒔田甫庵（まきたほあん）（次広。河内山城等一万石余、蒔田広定の四男）の所望により『論語』を翌年迄続けて講釈している。この時代の素行の著作並びに講義は、林門で学んだものの受売りに過ぎぬが、素行も漸く儒学者として独立の道を歩き始めたことが分る。

二　和　学

歌学を広田坦斎に学ぶ

素行の和学研究は前述のように十四歳の時、飛鳥井（あすかい）・烏丸（からすま）両卿と詩文の贈答を

行い、その後も贈答が続いたことがきっかけとなり、

同年（一七歳）より歌学を好み、二十歳迄の内に源氏物語残らず承け、源語秘訣迄相伝せしめ候。伊勢物語・大和物語・枕草子・万葉集・百人一首三部抄・三代集迄、広田坦斎相伝仕候。……唯今以て、右広田坦斎方より歌学の儀、残らず相伝仕り候段、書付御座候。
（『配所残筆』「全集」第十二巻五七四頁）

私抄注解　国文関係の蔵書

とあるように、広田坦斎（丹斎）について本格的に歌学を学んだ。そして「之に依つて源氏私抄・万葉・枕草子・三代集等の私抄注解、大方撰述」（『配所残筆』）し、その一部は現存している。『積徳堂書籍目録』を見ると、素行は『源氏物語』の註釈書の主要なものは大抵所蔵しているし（『源氏』全部　同系図　十帖源氏抜書　山路露　源語秘訣　一葉抄　細流抄　紫明抄　紹巴抄　源氏聞書）、自筆の『源氏引歌』『源氏河海抄』が現存している。素行の自筆若しくは自筆と思われる国文関係のもの（主として私抄注解の類）で、現存するものは次の通りである。

枕草子　堀川百首　同次郎百首　土佐日記　大和物語抄　後撰和歌集　八雲御抄聞書

鴨長明海道記　狭衣日下紐　下紐　梁塵愚案抄　奥儀集　寄長嘯子

加藤仁平氏『山鹿素行の教育思想』及び阿部隆一氏「山鹿素行の青年時代に於ける和学の修養」（『帝国学士院紀事』第四巻第二号）参照。

次に自筆ではないが『積徳堂書籍目録』所載の国文関係の現存書は左の通りである。

武家百人一首　三五記　授童抄　伊勢物語

現存しないが『目録』所載の関係書目をあげると次の通り。万葉抄　年中行事歌合　多々良問答　仙洞御製歌　長嘯子うない松　連歌付句　連歌雑々聞書　両吟千句連歌　栄華物語系図　作者系図　歌書聞書　新撰髄脳　藤川百首　伊呂波新式　仮名遣　惺窩倭歌　長恨歌　古今序抄　歌の聴書

二条派歌学

以上列挙した書名を見ると、素行が十七歳から二十代にかけて如何に熱心に国文学、特に歌学を学んだかが分る。そしてその歌学とは藤原定家・為家より頓阿・東常縁・宗祇等を経て細川幽斎へと伝わる二条家の歌学で、飛鳥井雅宣・烏丸光広も同流である。素行は『配所残筆』に、「詠歌の志深く、一年に千首の和

歌を詠じ候。」と書いているが、当時の詠歌は一首も残らず、四十代以後の歌が十五首あるだけである（『全集』第十五巻「詩文」の部（七二八頁以下）に集められているが、いずれも平凡で秀逸なものは無い）。しかもそれ程熱心であった歌作を「存候子細之れ有り。其の後は之れを棄て置候。」（『配所残筆』）とある。

歌作の中止

中絶の理由は「存じ候仔細」とだけで明記していないが、詩文を弄するのは玩物喪志で、実学を尊ぶ儒学の立場に反するとの反省に由るものであろうと推察される。

素行の詩文・歌道観は『山鹿語類』巻第三十五及び『武家事紀』巻第五十八「詠歌・作文」の項に見られる。詳しくは拙著『山鹿素行』上巻二〇九頁以下を参照されたい。

素行は芸術の才にはあまり恵まれず、文人墨客的な趣味は殆んど無く（『聖教要録』にも「後の詩を作ることを学ぶもの、言を巧にし趣を奇にす。其の言ふ所、皆虚誕なり。故に詩人は天下の閑人、佚楽游宴の媒（なかだち）なり」（『全集』第十一巻一六頁）と述べている。）、詠歌風流は大丈夫の本職ではないと考え、儒学並びに兵学の専門家として、この道に専念しようと決意したのであろう。『山鹿語類』の門人の序に、

国文学の研究・歌道の刷新に寄与せず

先生志を詠歌に錯いて、歌林の良書、学ばずといふことなし。（『全集』第四巻七頁）

とあるように、素行はこの時代に和学、特に歌学を熱心に勉強したが、要するに従来の諸家の研究の結果を教養として身につけたというだけのことであって、国文学の研究を一歩でも前進させたわけではなく、また二条派歌学の深奥に触れたわけでもない。そして当時の詠歌もおそらく二条派の月並・陳腐なもので、日本の歌道に革新の気風をもたらしたのでもない。然しこの時代の和学の教養は、その後の素行の思想・学問に重大な影響を及ぼしたことを、看過するわけにはいかない。

史書を読む

素行は日本の歴史にも関心を持ち、『年譜』によれば寛永十九年(二十一歳)正月『東鑑』、慶安元年(二十七歳)三月『源平盛衰記』、慶安二年八月と十二月には『続日本紀』を読んでいる。

有職故実

また有職故実については『配所残筆』によれば、素行は「職原抄官位の次第」を林羅山から残らず講釈を聞き、その後広田坦斎からも詳細に聞き、なお合点の行かぬ所は菊亭大納言経季に問い、直筆の口伝の「御書付」を授けられた。それで素行から『職原抄』を伝授された者が数多いたというのである。有職故実の知識は江戸幕府の政治機構の確立に伴い、武家の間にも広く要求されるようになり、官職の学といえば専ら北畠親房の『職原抄』の攻究に注がれ、藤原惺窩の『職原抄首書』、林羅山の『職原鈔』等が刊行され、素行も羅山・坦斎・経季に学んだ甲斐あって、伝授を受ける者が多数出て来たのであろう。

素行はどんな縁故から飛鳥井雅宣・烏丸光広・広田坦斎・菊亭経季に近づいたのか、何等の記録も残していないので、以下私見を述べる。

菊亭経季は羅山の紹介

まず菊亭経季は林羅山の紹介によるものと推定される。というのは羅山は経季の祖父菊亭(今出川)晴季から「本朝官職ノ事」を聴いたことがあるので(林春斎『羅山林先生年譜』)、武家伝奏の地位に在った経季が江戸に出て来た時には相互に往来があり、羅山が弟子の素行を経季に紹介したのであろう。

雅宣と光広

雅宣と光広は『徳川実紀』(『大猷院殿御実紀』巻廿七)によれば、寛永十二年の二月から三月にかけて勅使・院使として関東に下向しているから、江戸滞在中に素行のことを「聞こし召し及ぼされ、召し寄せられ」（『配所残筆』）たのであるが、その因縁は分らぬ。或いは京都の公卿と交際の広い羅山の紹介かと思われるが、後考を俟ちたい。

宮女密通事件

坦斎との交渉は光広が紹介したものと思われるが、これは宮女密通事件（猪熊教利事件）と関連がある。この事件は猪熊教利・花山院忠長・飛鳥井雅賢・大炊御門頼国・中御門（松本）宗信・難波宗勝・烏丸光広・徳大寺実久及び典薬兼康備後等の公卿、「其他武士衆少々」と、典侍広橋氏（兼勝の娘）・権典侍中院氏（通勝の娘）・掌侍水無瀬氏（氏成の娘）・同唐橋氏（在通の娘）・命婦讃岐（兼康備後の妹）等の宮女とが、「或時者北野へ出合、或時者清水へ出合、或時者飛鳥井殿・猪熊殿宿トシテ、細々密懐、前代未聞の曲事」（『多武峯破裂記』）が発覚し、慶長十四年（素行が生れるより十三年前）七月四日取敢えず宮女はおのおの実家に禁錮し、公卿の官位を停めたもので、広橋・唐橋の両局は「主上（後陽成天皇）寵愛ノ女性」だったので「主上甚逆鱗、公家九人、近習ノ女房衆五人、何モ死罪行ハルベシ」（『当代記』）

との事であった。然し極刑に処することに就いては朝廷の内部にも異論があったので、処分を家康に一任し、大沢基宿(侍従)・板倉重昌(京都所司代。弟の重太・嫡子重矩は素行の弟子)等が協議した結果、宮女は皆伊豆新島に流し、公卿もそれぞれ蝦夷・隠岐・硫黄ヶ島(薩摩)・伊豆に流し、逃走中日向延岡(宮崎県延岡市)で捕えられた猪熊教利は兼康備後とともに斬罪に処せられ、光広と実久の二人だけは罪を赦され、この事件を契機として後陽成天皇の譲位となった。

光広と坦斎とは旧知

右の公卿中、隠岐に流された飛鳥井雅賢は雅宣の兄であり、光広は罪を宥されてもその官位を復されたのはそれより三年後の慶長十六年(一六一一)四月一日であるが、素行が光広と詩文の贈答を行った寛永十二年(一六三五)は、事件発覚より二十六年も後のことである。そして広田坦斎も猪熊教利との縁坐によって、京都を立退き江戸に移住しているので、光広と坦斎とは旧知の間柄であり(雅宣も兄を通じて坦斎と旧知か)、従って素行が坦斎から歌道・国文学及び神道を学ぶようになったのは、光広(及び雅宣)の紹介によるものと推定してよい。

光広は慶長八年細川幽斎より古今伝授を受け、素行と会った時は五十七歳で、それより三年後の寛永十五年七月十三日に歿したので、素行との交渉も短く、古今伝授を素行に授けてはいない。雅宣は古今伝授を受けていないが、弟の雅章は後水尾院より受けているので、雅宣も二条家歌学の流れを汲んでいたのだろう。坦斎の歌学の系統は分らぬが、その教えを受けた素行の蔵書を見ると、定家・牡丹花肖柏・三条西公条等二条派の者の著書が多い点から逆推して、光広と同じ系統と見てよいだろう。素行は坦斎から歌学を相伝した旨の「書付」を貰っているが、坦斎は古今伝授を受けていないので、当時の歌壇の主流から見ればこの書付は大した価値があるわけではないが、素行が得々としてこの書付のことを『配所残筆』に記しているのは、京都と江戸との歌学の水準の落差を示すものであろう。

現代の我々から見ると、素行が二条家歌学の深奥に触れようが触れまいが、歌人としての価値には何等の関係も無いといえるが、歌学にいそしんでいた当時の素行にとっては、古今伝授を受けることは最大の願望であったろう。

秘事・秘伝の尊重墨守

神道に於ても兵学に於ても秘伝・秘事を尊重し、学問研究に於ける伝授的な思想から脱却出来なかった素行は、歌学に於ける秘伝・秘事も重んじたのであって、彼がその後歌学や詠歌をやめた理由も、それが実学に反するからであって、芸術的信念に基づいて当時の沈滞した二条家歌学の権威を否定し、芸術的革新を図ろうとしたのではなかった。従って木瀬三之・戸田茂睡・下河辺長流・契沖等が、二条家歌学から離れて秘事・秘伝を排斥し、三木・三鳥などに就いても古今伝授にとらわれず、自由な立場から解釈して研究の自由を主張し、歌壇に対し清新の気風をもたらしたのと、同列にするわけにはいかない。素行は中世的・公卿的な歌学・歌風の糟粕をなめただけのことであって、当時の歌学・歌風の進歩には何等の貢献もしていないし、また芸術的才能にも乏しかったので、二十代に於てこの方面（歌学・詠歌）の勉強を打切り、儒学・兵学に専心するようになったのは、自らを知るもの、賢明な道を択んだものと評してよい。

三　神道

神道も広義の和学の一部門であるが、節を改めて述べる。『配所残筆』には、

十七歳の冬、高野按察院光宥法印より、神道伝受せしめ候。神代之巻は申すに及ばず、神道の秘伝を残らず伝受せしめ候。（「全集」第十二巻五七三頁）

とあるが、『年譜』には十八歳に当る寛永十六年の条に、

今年、神道を光宥より相受く。（高野按察院なり、神代上下を講ず。）季秋晦日（九月末日）より十月朔に迄りて畢る。三十余日別火して素を食す。（「全集」第十五巻一八頁）

とあって、両書の間に一年の差がある。素行は三十余日間精進潔斎して『日本書紀』神代巻の講義を受け、神道の秘伝の伝授を受けた。

按察院光宥

両部習合神道

「別火して素を食す」とは、斎戒のため炊事の火を別にし、肉食をたち菜食すること。この年の閏月は十一月だから、季秋晦日から十月朔日までは三十余日にならず、月の記憶違いらしい。

光宥は高野山蓮華谷の蓮華三昧院の学僧で、真言宗の碩学であるが、遍明院覚雄が無量寿院門首に就任したのに反対出訴し、嗷弁の所由を以て元和七年（一六二一）（素行の生れる一年前）伊豆に配流され、謫居すること二十九年に及んだ。素行が光宥に学んだのは伊豆配流中のことで、おそらく光宥が伊豆から江戸に出て来た（ちょっと江戸に出て行くことは、大目に見られたのだろう）機会を捉えたのだろうが、どうした縁故で光宥に近づいたのか、明確な記録は無い。素行自筆の『本朝詩集』には、光宥が寛永十七年に撰した銘文が筆写されているので、光宥との師弟関係は数年間続いたのかも知れない（光宥は慶安二年大赦にあって帰山、承応元年九月伊豆権現で歿した）。そうすると『配所残筆』と『年譜』との一年の差も、記憶違いではなく、十七歳から十八歳にかけて、幾回かに亘り秘伝を授けられたのであろうか。光宥の神道は高野山に伝わる両部習合神道であろうが、『旧事大成経』と関係があったらしいことに就いては後述する（両部習合神道が兵学、特に軍敗術と密接な関係があることに就いては後述する。）。

広田坦斎の忌部神道

『配所残筆』には続いて、

其の後壮年の比、広田坦斎と申し候忌部氏の嫡流の者之れ有り。根本宗源の神道を相伝せしめ候。其の節、忌部神道の口訣、残らず相伝候書付証文を越し候。

とある。壮年とは二十歳のことで、素行は光宥より後に坦斎から神道を学んでいるが、坦斎から歌学・国文学の教えを受けたのは素行十七歳の時であるから、素行が光宥と坦斎と、どちらを先に知ったのか、明らかでない。㈠若し光宥を先に知ったとすれば、光宥を素行に紹介したのは尾畑景憲ではなかろうかと想像される（五八頁参照）。そして前節で、坦斎を紹介したのは烏丸光広と推定したが、或いは光宥だったのかも知れない。㈡また光宥より坦斎を先に知ったとすれば、光宥を紹介したのは坦斎であろう。というのは後述する如く、光宥と坦斎とは『旧事大成経』をめぐって相識の間柄と推定されるからである。

広田坦斎は天太玉命の嫡流、本姓忌部（斎部）氏と自称しているが、忌部氏との血縁関係は疑わしい。彼は斎部広成の『古語拾遺』、忌部正通の『神代口訣』の流れを汲み、吉田（卜部）家の元本宗源神道に対抗して自ら根本宗源神道と号し、関東諸州を往来して神書・国書を伝授し、正保－慶安の頃歿したと伝えられる。

坦斎に就いて特に注目すべきは『旧事大成経』の偽作に関係があることで、一般にこの書の偽作者として知られている釈潮音（上野国館林の黄檗派の広済寺の禅僧）は、林羅山の『本朝神社考』に於ける排仏思想を反駁した『扶桑護仏神論』（貞享四年）に於て、

大猷院殿（家光）日光の廟に謁し、次いで栗橋に到る。時に忌部丹斎（広田坦斎）なる者有り。聖徳太子撰する所の先代旧事紀を携へて、阿部豊後守（忠秋）に因り、殿下（家光）に献じ奉る。便ち丹斎に命じて、江府に回さしめ、殿下日光より還府の後、林子（羅山であろう）をして此の書を覧せしむ。林曰く、此の書を一覧するに、太子の時に無き所の字、及び大学を読むの事有るを以て、偽書となして之を奏す。以て此の書を丹斎に返す。丹斎大いに憤りを発

し、即時に書を焚く。(巻三)

と述べている。この坦斎が家光に献じ羅山によって偽書と看破された『先代旧事紀』とは、吉田神道に於て『古事記』『日本書紀』と並んで「三部の本書」として尊重された『旧事紀』のことではなく、『旧事大成経』またはこの書の種子本とも称すべき偽書のことである。近世初期に於て『旧事紀』が聖徳太子の真作ではなく、偽撰ではないかと疑われ始めた時、これこそが太子の撰修になる真の『先代旧事本紀』であるとして出現したのが、この『旧事大成経』七十二巻(又は七十四巻)である。この書は神・儒・仏の三教調和思想を基調とした、当時としては最も組織的に綜合された厖大な神道学説として世人を驚嘆せしめ、刊本は勿論写本としても弘く読まれたらしく、その信奉者はその後数多く現われた。その一人である依田貞鎮(号は偏無為(へんむい)、天和元年生、明和元年歿)の『大成経来由』には、

本紀討論ニ曰ク。此書世ニ伝フル所、三家之別有リ。曰ク鷦鷯本・高野本・長野本、是

也。長野家ノ説ニ、高野ノ本ハ潮音之ヲ得テ刊行ス。

とあり。『旧事大成経』には鷦鷯本・高野本・長野本の三種の伝本があることが分るが、鷦鷯本は佐々木神社本であり、或いは古書偽作のエキスパートであり「近江源氏の裔佐々貴氏」と自称する沢田源内が参画しているのではないかと想像される。また高野本は庵室本、即ち高野山の按察院より出たもので、光宥法印と関係があるらしい。即ち坦斎が按察院本を持出して家光に献上したのか、或いは光宥が坦斎の本を書写して按察院に伝えたのか、いずれにせよ此の高野本を潮音が入手して刊行したのであろう（延宝七年潮音は志摩の国伊雑宮の祠宮永野采女と協力して刊行し、天和二年幕府から処罰された。）。

『旧事大成経』に就いてはなお今後の研究に俟つべきものが多いが、潮音が独力でこれを偽作したのではなく、この書の成立（偽作）過程に於て光宥と坦斎とが関与していること、また光宥と坦斎とは交際があったものと推察される。そして坦斎が唱えた根本宗源神道の内容も、『旧事大成経』から逆推することが出来るのであって、彼は吉田神道に対抗して忌部（いむべ）神道の一派を立て、その神道説の経典として、聖徳太子の撰修と称する『旧事大成経』を持出して、自説を権威づけようとしたのであろう。

『旧事大成経』に就いては、河野省三博士の『旧事大成経に関する研究』（芸苑社・昭和二十七年）が最も詳しく、また冨山房『国史大辞典』の「旧事大成経」の項、阿部隆一氏「山鹿素行の青年時代に於ける和学の修養」、森田康之助氏「旧事大成経をめぐる問題」（『悠久』昭和二十七年五月号）を参照した。

素行は光広と坦斎とが、宮女密通事件を通じて相識（そうしき）の間柄であることは知っていたかも知れぬが、『旧事大成経』が偽書であること、そしてこの書の偽作過程に光宥と坦斎とが関与していることには、気づかなかったのではなかろうか。

旧事大成経の一部分を筆写す

『年譜』延宝六年（素行五十七歳）十月二日の条に「大成経一日にして写す。」また三日の条に「大成経を還（かえ）す」とあり。それより一ヵ月前の九月二日に弟子の東惟純（あずまこれすみ）が携えた『旧事本紀』を「読み写」しているので、それに因（ちな）んで当時評判の『大成経』も書写したのであろう。この時素行が筆写した『大成経』は平戸(長崎県)の山鹿家に現存しているが、潮音が『大成経』を出版したのはその翌年であるから、素行が見たのは稿本か写本であり、これを持参したのも東惟純と推定されるが、惟純がどんな径路で刊行前の『大成経』の稿本或いは写本を入手したのか分らぬ。

石出帯刀

次に『配所残筆』によれば、坦斎の門人であった石出帯刀(名は吉深、素行より七歳年長、町奉行輩下の囚獄)は素行にも神書を学び、坦斎の死後は素行の指導を受けている。そして最も興味あ

山崎闇斎

るのは、垂加神道の開祖である山崎闇斎が、此の石出帯刀に就いて忌部流三種大祓の伝を受けたことで、帯刀は素行の弟子であるから、神道の上からいえば闇斎は素行の孫弟子に当るのである(帯刀が明暦三年及び寛文七年の大火の時、伝馬町の牢舎から囚徒を放ったところ、翌日みんな帰牢した話は有名)。

闇斎が帯刀から忌部流神道を学んだことは、闇斎の門人谷秦山(谷干城の祖)の『秦山集』に見える。山本信哉博士「山鹿素行子の聖教に就いて」(『歴史教育』昭和九年十一月号)同「山鹿素行の聖教に就いて」(『明治聖徳記念学会紀要』第八巻)参照。

羅山の理当心地神道

素行は林羅山より神道を学んだことに就いては何等記していないが、「職原抄

官位の次第」の講釈を聞く等、儒学以外の方面でも羅山が与えた影響は非常に大きいのであって、神仏習合を排し神儒合一を説く羅山の理当心地神道に就いても、正式に伝授は受けなかったが、教えられる所少なくなかったであろう。

羅山の神道説に就いては拙稿「林羅山の排仏論と神道説」(『歴史科学』昭和十一年七月号)を参照されたい。なお素行が赤穂配流中に著わした『中朝事実』の上巻「皇統章」の出雲大社に関し、分註で「或は曰はく、大社は天神大己貴の為に造り供ふるところなり」云々(『全集』第十三巻三四頁)と述べているのは、羅山の『本朝神社考』中之三「大社」からの引用である。

かくて素行は羅山より理当心地神道を、光宥より両部習合神道を、坦斎より根本宗源神道を学ぶことによって、儒家神道・仏家神道の代表的なものに触れ、社家神道に於ても忌部神道の他に、当時神道界に於て最大の勢力を有した吉田家の唯一神道も、羅山を通じて知り得たものと思われ、また光宥・坦斎を通じて無意識のうちに『大成経』的神道説の影響も受け、更に後述する如く北条氏長より兵学を通じて兵家神道をも学んだ。素行の神道研究は闇斎の如く深からず、又神道家として一家の説を立てたのでもなかったが、赤穂謫居（たっきょ）時代に唱道した日本中朝主義の根底には、神道と兵学とが流れているのである。

四　兵　学

『配所残筆』には「我れ等、幼時より武芸・軍法稽古（けいこ）怠らず候。」また堀杏庵（きょうあん）の序には、「十有二にして兵法に志し、技芸術数を究（きわ）む」と記されているが、武術の鍛錬に就いては『年譜』に何等の記載もなく、蔵書目録に若干の剣術・槍術・馬術の書があるので、一通りの武芸は学んだと推定される。

山鹿家伝来蔵書の中に、秘伝書の写（うつし）である『剣術、一冊』があり。その終りに、

寛永十四丁丑年臘天（十二月）廿二日　柳　又右衛門
一瓦小兵衛
赤堀左馬助高晴
山鹿六右衛門殿（父貞以）
同　紋三郎殿（素行の幼名）

と記され、又『積徳堂書籍目録』には「鎗之書」「槍術取手之書」「円明流、太刀」「馬上活発」や、「大坪流」「勝善当利馬書」「雲霞集」「大坪手綱書」「馬療」その他の「馬書」が列挙されている。これ等の武芸書の中には、父から伝えられたものもあろう。

また『配所残筆』に「(小栗)仁右衛門殿(信由、幕臣)は、我れ等へ鞠身のやわら(練身の柔術)御相伝候て、奥儀迄承け候」とあるが、これは柔術の型を伝授されたものであろうから、素行が武術の達人であったとの証拠にはならぬ。上泉武蔵守信綱の如く、元来兵家たるものは軍学と共に刀槍の術を学び極むべきものとされたが、近世になると兵法・武術一体の修業が分離したのである。

軍法の修業

軍法の修業に就いては、八歳の頃迄に兵法七書を「大方よみ覚え」、また、

> 十五の時、尾畑勘兵衛殿・北条安房守殿(其の比は新蔵)へ逢ひ申候て、兵学稽古せしめ、随分修業候。廿歳より内にて門弟中には我れ等大方上座仕り候て、則ち北条安房守殿筆者にて、尾畑勘兵衛殿印免の状、之れを給はり候。(『配所残筆』)

という成績を示し、「廿一歳の時、尾畑勘兵衛殿印可仕られ候て、殊更門弟中一人も之れ無く候印可の副状と申候を」授けられた。『年譜』には七書のことは見えず、十五歳の条にも兵学修業のことは記されていないが、寛永十九年二十一歳

小幡景憲の印可の副状

の条に「印可の副状」のことが記されている。

今年九月、小幡景憲（勘兵衛）予に兵法の印可を賜はる。（以下は印可副状の全文）

夫れ軍法は人事の性心にして、軍敗は軍法の骨骸なり。予（景憲）軍法に於て、法性院大僧正機山（武田）信玄公の遺法を修め、造にも顚にも（僅かの間）其の工夫を積み、既に其の功成り、其の正を知る。軍敗に於ては、当時放恣に処士横議し、邪説暴行有た作る。正道を知る者幾ど希なり。是れ人を誣ひ正道を充塞するに非ずや。愚老（景憲）嘗て岡本半介に従ひ、方に訓閲集一部を伝写すと雖も、遂一に其の学を究めず。故に己れの眼、未だ分明の時節に到らず。然れども猶ほ其の邪正を知るに足る。茲に北条正房公、（北条氏長、中ごろ、正房に改む）予に於て深く其の軍法を極められ、又別に一首の勝負（後註参照）を知る。予則ち焉れを伝へて其の理に徹す。貴殿（素行）は少年の古より弱冠（二十歳）の今に迄るまで、朝鍛暮錬して既に其の軍法を究むるの余、亦此の法（勝負）を伝ふ。両つながら（軍法と勝負と）勤むと謂ふべし。文に於て其の能く勤むるに感じ、武に於て其の能く修むるに歎ず。故に染筆して軍書印可の副状と為し、之れを与ふ。噫、文章ある者は必ず武備あり。武事ある者は必ず文備ありと。古人云ひ、吾れも亦云ふ。珍々重々。不宣。

寛永拾九壬午暦十月十八　　　　小幡勘兵衛尉

景憲在判

山鹿文三郎殿

右の筆者は高野按察院先住光宥なり。初に免状あり。筆者は北条氏長なり。（「全集」第十五巻二〇頁）

軍敗術

右の文中、軍敗は軍陣の成敗という意味で軍配とも書く。北条氏長の編纂に係る『慶元記』には「軍配トハ日取リ・時取リ・其他方角ノ吉凶等ヲ以テ、軍ノ勝敗ヲ預知スルノ術ニシテ、其法ハ総（すべ）テ陰陽数理ニ基（もとづき）シ者ナリ」との註がある。却ち近世兵学の源流をなす中世の軍配術は、兵法が陰陽道・宿曜（すくよう）道・修験（しゅげん）道等の俗信仰と結合して行われたことを示すもので、こうした迷信的要素を打破したのが、北条流兵学の大星思想である（後述参照）。（大将が軍陣の間に用いた軍配団扇（ぐんばいうちわ）には、十二支・廿八宿を象った日取図が書いてあった。）

岡本半助は石上宣就（のぶなり）と称し、上州小幡家の人。武田家に仕え、『訓閲集（きんえつしゅう）』を上泉常陸介（かみいずみひたちのすけ）秀胤に習って軍配の術に達し、武田氏滅亡後は井伊直孝に仕えて重臣となった。天正三年（一五七五）生、明暦三年（一六五七）二月十一日歿。

『訓閲（きんえつ）集』は軍敗術の秘本で、大膳大夫（だいぜんのだいぶ）頼氏武勇入道から小笠原宮内大輔氏隆・上泉武蔵守信綱・上泉常陸介秀胤・岡本半助宣就へと伝えられた。
なお「一首の勝負」とは一式（通）の武術の意。「勝負」は「軍法」より小規模な兵法、即ち「武術」のことで、氏長も素行も軍法と兵法（勝負）の二法を授けられた両勤の士であると云っている。佐藤堅司氏「小幡景憲から山鹿素行への兵学印可副状について」（『軍事史研究』第三巻第四号）参照。「文章ある者は必ず武備あり」云々の文言は、『史記』の「孔子世家第十七」に依ったのである。

小幡景憲と光宥法印

この「兵法印可の副状（そえじょう）」の筆者が、光宥であったことは注目を要する。光宥は能書家としても知られているが、景憲がこの副状を書いて貰っているのは、両者の間に交友関係があったこと、更に臆測（おくそく）すると、景憲が岡本半助から伝授された「軍敗」を深化し体系化する為に、光宥に就いて神道及び真言（しんごん）の秘法を学んだのではなかろうか。若しこの想像が正しいとすれば、素行が光宥から神道を学んだのは、景憲の紹介によるものではなかろうかと推測される。

軍敗と神道

『訓閲集』をはじめ、当時の軍配の術の秘本を見ると、すべて兵法が呪術（じゅじゅつ）・祈禱（きとう）・結印（けついん）・占星（せんせい）・卜筮（ぼくぜい）等と結びついていることが分り、軍学が神道及び真言（しんごん）の密教と深い関係があることを示している。氏長及び素行の近世的兵学は、かかる中世的宗教思想から軍学を解放しようとするものであったが、更に溯って考えると、素行が神道を熱心に学んだのは、軍敗術と関連がある為でもあった。

素行の日課表

素行自筆の『晨昼夜書留』の表紙に、

晨　雄鑑　用法　七書　小学　四書　老経　古文（古文真宝）蒙求

昼　切磋果敢　倭兵書

夜　…………〔破れて読めず〕

と日課表のようなものが書いてあるが、これは氏長が『兵法雄鑑』『士鑑用法』を完成した正保三年（素行二十五歳）五月より程遠からぬ頃に書かれたものと推定され、当時の素行の勉学が如何なる方面に向けられていたかを想像することが出来る。かくて素行は刻苦精励の功空しからず、二十歳未満にして小幡・北条門下第一流の高弟となり、二十一歳の時には景憲より門弟中一人も無い印可の副状を授けられ、又同年『兵法神武雄備集』五十巻を著わして、兵学者として確固たる地位を占めたのであるが、彼の学んだ兵学の伝統はどんなものであったろうか。

序でながら『晨昼夜書留』は、日本古戦史の聞書その他を抄録した美濃型厚紙三十六枚の自筆本で、書名は後人が、この日課表の上の字を採って付けたものであろう（広瀬豊氏『山鹿素行先生著書及旧蔵書目録』）。

兵学関係の蔵書

これより前に素行が自ら筆写したと推定される『兵器図説』一冊・『兵法雄鑑抄』（鳥の子紙八冊の自筆本と、小型横物三冊の自筆本のほか、素行自筆と門弟磯谷義言の筆と混じた三冊本と、三種あり）等が現存し、また『積徳堂書籍目録』には氏長の『兵法問答』（氏長自筆）『雄鑑之抄』『雌鑑抄』『師鑑抄』を始め、甲陽軍鑑末書・義経軍談・三木兵鏡（三木流兵書也）・訓閲軍歌並景勝懸令・百戦奇法・経貞軍歌抜出並追加・兵書聞書（竹中半兵衛相伝之書也）・軍書抜出註・軍礼書並書礼・兵法法令集（輝虎之法令也）・佐々木家法令・船軍・舟戦・楠一巻書（理盡抄秘伝書）・甲陽軍鑑抜書・倭漢軍林（備前太守松平宮内大輔秘本）等、兵学関係の書が約五十部列挙されている。

山鹿流兵学の伝統

山鹿流兵学の伝統に就いては、素行の甥（おい）山鹿清吉の著『全書古語』に収められた「山鹿流兵法系図」、素行の子高基の門人稲葉則通の蔵書『兵法伝統録』、素行の猶子（ゆうし）津軽将監高恒（岡八郎左衛門）が宝永六年（一七〇九）筆録した『武事提要』を綜合すると次頁の通りである。

このうち、鈴木重辰は「今川義元の家臣、三州（愛知県）寺部（てらべ）の城主」（『武事提要』）であり、

鈴木日向守重辰——山本勘介晴幸——┬広瀬郷左衛門景房
　　　　　　　　　　　　　　　　　├早川弥三左衛門幸豊
　　　　　　　　　　　　　　　　　└尾畑勘兵衛景憲——北条安房守氏長——山鹿甚五左衛門高祐（素行）

広瀬景房（広瀬淡窓・旭荘は景房の弟将監正直の後裔）・早川幸豊は武田信玄の部将山県三郎兵衛昌景（長篠役で戦死）の配下で、武田家没落後は井伊直政に仕えた。

山本勘介は甲州流の軍学者たちによって、信玄の軍師であったかの如く持てはやされ、後代になると「眇目・跛・瘻手」の奇異な形貌と相俟って益々伝説的要素が加わり、軍学の神様のように偶像視されている。然しこれは史書としては頗る疑わしい『甲陽軍鑑』に拠ったもので、現存する信玄の文書並びに家臣の記録等に勘介の名が見えない点から考えると、勘介は信玄の軍師というような重要な地位にあった人ではなく、おそらく山県昌景の一部卒に過ぎなかったのではないかと推定され、後世の軍学者たちが軍法の権威を高める為に、彼を信玄の軍師に祭り上げ、彼に托して軍学を説いたものと思われる。

山本勘介について、素行は『武教全書』の自序に「山本道鬼（勘介）は中興の兵に鳴るの士也」と述べ、『武家事紀』に於ては、「信州川中島合戦」（巻第十九）「信州海野平合戦」「信州戸石合戦」（巻第二十一）に於ける勘介の軍師としての活躍を記しているが、史実としては信用し難い点がある。勘介の伝記に就いては『山鹿流兵法系図』『兵法伝統録』（「全集」第十五巻所収）を参照されたい。なお、『甲陽軍鑑』の記事は真偽錯綜し、史実として信ぜられぬ点が多いことは、田中義成博士「甲陽軍鑑考」（『史学雑誌』第二巻第十四号）を始め、世に定評のあるところである。

小幡景憲

小幡（尾畑）勘兵衛景憲は、信玄の武者奉行小幡又兵衛昌盛の三男で、幼名熊千代、長じて孫七郎、又勘兵衛と称し道牛と号した。天正十年武田勝頼滅亡の時十一歳であったが、家康は勇士の末なりとて井伊直政と共に秀忠の侍童とした。十六歳の時武者修行のため逐電（脱走）し、軍法を早川幸豊・広瀬景房に、軍配を岡本半助・赤沢太郎左衛門・益田秀成等に問うて蘊奥を極め、関ヶ原役には井伊直政の手に加わって功あり、大坂冬の陣には前田利常の組頭富田越後守の許にあって真田勢と戦い、和議調った後は京都所司代板倉勝重と連絡を取り、偽って大野治長の招きに応じて城内に出入して徳川方に通報し、大坂落城後は幕府に出仕し、寛永九年(素行十一歳)使番となって千五百石を領し、寛文三年(素行四十二歳)二月二十五日九十二歳を以て卒した。

『年譜』の兵法印可の副状には「小幡」とあり。『寛政重修諸家譜』や氏長の『慶元記』にも「小幡」と記されているが、『年譜』『配所残筆』『武教全書』等には「尾畑」と記されている(但し『年譜』承応元年極月二日の条には「小幡」とあり)。小幡・尾畑の両方とも用いたのであろう。

甲州流、徳川家の軍法となる

かくの如く鈴木重辰より山本勘介・広瀬景房(早川幸豊)・景憲・氏長・素行と、武田の家臣・遺臣を中軸として伝わった兵学は、武田流・甲陽流・甲州流・山本流・勘介流等と呼ばれた。そして当時他国にもそれぞれ独特の軍法が存在し伝来されたにも拘らず、甲州流が尊重されて兵学の代表・正統であるかの如き状態となった理由は、信玄の戦法がすぐれていたことのほかに、武田滅亡後多くの甲州武士が家康に仕えて武田家の兵法を徳川家に伝えたが、一方の徳川家の軍法は、天正十二年（一五八四）長久手（ながくて）の戦後、家康譜代の重臣石川伯耆守数正（ほうきのかみかずまさ）がひそかに岡崎を去って秀吉に仕え、豊臣方に漏れたので、甲州流の兵学が正式に徳川家の兵法と定められたという事情に依るのである（『徳川実紀』東照宮御実紀附録巻四）。

甲州流兵学は前述の如く鈴木重辰に始まるが、山本勘介を流祖となす説もある。広瀬・早川までは実在の人物ではあっても、文書・著述を残していないので、その識見・教説は不明であり、兵学史上より見れば半伝説的な人間である。従来の軍法・軍配を組織化し体系化して兵学者として世に立った最初の人は小幡景憲で、大坂役ののち幕府に仕え、「信玄公の遺法」即ち武田信玄の軍法を伝えると称し、軍法教授を以て家業とし、その門弟は二千余人に上ったといわれる（『武田兵術文稿』）。彼が

軍学の教科書

兵学教授に際して使用した主な文献は、

甲陽軍鑑末書下巻　二十七品（ほん）（略して末書）

甲陽軍鑑末書結要品　九巻（略して結要品）
虎略品・豹業品・竜韜品　三巻（略して三品）

の三書で、素行はこの三書に就いて景憲・氏長より伝授されたほか（『武教全書』自序）、当時広く流布されていた『甲陽軍鑑』五十九品（略して軍鑑）を始め、『中興源記』『小鏡前集・後集』『武備軍要』『寒到来』『暑到来』等に就いても伝授されたことは、『積徳堂書籍目録』にこれ等の書名が列挙されていることからも推定される。

これらの甲州流兵学の伝授書の著者に就いては種々の異説があり、なお研究の余地があるが、景憲が軍学教授に際してこれを使用したことは疑いなく、またこれらの書の中に景憲の述作でないものがあっても、景憲によって加筆補遺されたであろうことは想像に難くなく、従って景憲によって一応体系化された甲州流兵学なるものは、これらの書によって窺い知られるのである。

甲陽軍鑑の著者

合伝流武学を唱えて甲州流を排撃した薩藩の兵学者徳田邕興は『甲陽軍鑑正解』（明和元年）に於

て、「甲州流の軍学者が伝写する」これ等の書は「高坂弾正左衛門が自記に非ず。亦信玄の在世に居て、戦闘攻守を眼のあたり見聞したる人の著作にも非ず。」景憲が「勝頼敗死の場より逃竄し、参河武士の末席に屈して余命を諂ひ乞ひし早川弥平左衛門・辻弥兵衛・曲淵・広瀬・三科が輩より聞集め、武田流の軍学を拡めんが為め」「虚妄の事を記したるもの」と論じ、また『甲陽軍鑑』の著者に就いても、田中義成博士「甲陽軍鑑考」(『史学雑誌』明治二十四年、第十四号)、渡辺世祐博士「信濃に於ける甲越関係」(『史学雑誌』昭和三年十二月号)、有馬成甫氏『北条氏長とその兵学』等の研究により、高坂弾正昌信の遺記、山城妙心寺派(関山派)の僧某(山本勘介の子)の記などを、景憲が加筆集大成したものと推定されている。

理論化・体系化されぬ軍学

永禄元年(素行生前六十四年)信玄が弟の左馬助信繁をして世子勝頼の為に撰ばしめたと伝えられる『信玄家法』の下巻の第一条に「屋形様に対し奉り、盡未来逆意有るべからざる事」とあるが、軍鑑・末書・結要品・三品の根本を貫く思想は『信玄家法』と同様に、主君に対し絶対的な忠節を盡すことであった。

武士は、ねてもさめても、或は食事の時も、主へ忠節忠功を存すべき事。(軍鑑 起巻第一)

武士は何を仕りても、家の武道に落し、それぞれの覚悟を致し、頼み奉る主君に忠をつ

くすべき事肝要也。（軍鑑　品第五）

これ等の書に於ては、軍法がまだ学としての体系をなさず、信玄及び部下の将士の言行を叙事的・歴史的に述べ、過去の実践を基礎として断片的に封建君主に対する忠義の理論を展開し、また史実の帰納・結論として物語的に兵法を論述しているのであって、体系的・論理的構成をとっていない。即ち過去の体験・実践を基礎として、軍学の理論が漸く建設されつつある過程を示すもので、批判・考証・教訓を加味した断片的な物語風の戦争史・民治史ともいうべきものであった。

武辺話

素行が三十四歳前後に書いたと推定される『日掇』（『山鹿随筆』として「全集」第十一巻収録）には「小幡勘兵衛これを談ず、某侍坐す」とて、多くの武辺話を載せているが、軍学はこの武辺話の集大成から出発している。

慶元記

なお景憲の学風を窺うべきものとして「北条氏長編集、小幡景憲訂考」の『慶元記』三十一巻がある。これは大坂冬夏両陣の経過を記し、具体的な事実によって軍法の原則と教訓とを断片的に得ようとしたもので、「今ヤ儒家ノ輩ガ経書ノ力ヨリ漢字ニ明ラカナルヲ以テ、猥リニ兵書ノ註釈ヲナス。是レ国家ノ罪人也。兵法ハ術也。多年其門ニ随テ之ヲ学バズンバ、得ベカラザルナリ。縦ヒ孔孟タリト雖、一旦若シ軍将タラバ、必ズ兵家ニ随テ学バルベシ。併シ兵学ヲ学ブトモ、経学ニ疎キトキハ、間々其理ニ違フコトアリ。故ニ文武両道トコソ云ヘリ」と、兵学は儒学に従属するものではなく、並立するものであることを強調し、兵学をして儒学から独立した学問体系たらしめようとの抱負を示している。

小幡景憲は中世的な軍法・軍配術から近世兵学への転換期に際し、兵学師範として近世兵学の基礎を置いたのであるが、兵法に学的体系を与え、戦闘の術より治国平天下の大道に進化せしめたのは、景憲の弟子にして素行の師である北条氏長である。

北条氏長

氏長は慶長十四年（一六〇九）江戸に生れた。幼名梅千代、通称新蔵、諱を氏長と呼び、のち正房と改め再び氏長に復した。六歳の時家康に、八歳の時秀忠に謁し、元和七年（素行生前一年）十三歳にして景憲（当時五十歳）の門に入り兵学を修めた。寛永十三年、十五歳の素行は景憲（六十五歳）及び氏長（二十八歳）に就いて兵学を修めたが、これは氏長が既に甲州流軍学の奥儀に達して印可を授けられ、老いたる師に代って軍法教授をなす迄に成長していたことを示している。そして『慶元記』並びに『兵法師鑑』（兵法私鑑・兵法雌鑑とも云う）を撰述したのはこれより以前のことで、『兵法師鑑』は天理巻・地利巻・人事巻の三巻に分って師説を分類整理し、始めて兵法を一つの体系にまで作りあげたものであるが、その全部は伝わらず。現在は『師鑑抄』のみが流布されている。

氏長に就いては有馬成甫氏の『北条氏長とその兵学』及び「北条氏長の墓と筆蹟と画像」（『軍事史研究』第一巻第六号）に詳細な記述があるので、以下要点のみを記しておく。

『兵法雄鑑』五十四巻は寛永十四年（素行入門の翌年）より編纂に着手したもので、在来の迷信邪説を捨てて兵法の正理を説こうとし、前に書いた『兵法師鑑』の陰陽五行・天官星宿の理に基づく「天理巻」の大部分を削除し、攻戦守城の術としての兵法を述べた。本書が完成したのは素行が景憲より兵法の印可を受けた寛永十九年より三年後の正保二年（一六四五）九月であるから、これに依って素行が修業した兵学の内容を知ることが出来る。

独創的兵学思想

氏長はそれより僅に八ヵ月後の正保三年五月の序のある『士鑑用法』に於て、師説より脱却して独創的兵学思想を確立した。『兵法師鑑』に於ては「夫兵法と言は、謀略・智略・計策也」（巻第一）と兵の詭道を説き、専ら戦闘術を論じたが、

軍法とは士法なり

『士鑑用法』の冒頭に於ては「夫軍法トハ士法ナリ」と断じ、また、

サレバ兵法ハ国家護持ノ作法、天下ノ大道也。然ルヲ兵法ト云名アルユヱニ、戦ノ起リタルトキバカリノ事ト心得、或ハ孫子ニ兵ハ詭道ナリトアルヲ、ア（悪）シク心得テ、真実ノ道ニアラズト思ヘリ。是大ナル誤ナリ。常ニアラズンバ、イカデカ敵ニ随テ転化スルコトヲエン。

と、軍法は単に戦争の技術学ではなく士の法、即ち士の職分を完うするの法であり、国家護持の作法、天下の大道であると喝破した。兵法とは戦時だけの法ではなく、武士が平常守るべき法であり、まず我が心を治め家を斉え国を平にすること、外敵のみならず心敵をよく知り、これに備え変に応じて勝つことであって、治内・知外・応変を以て兵学の根本とする。従って兵法の道理は詭道ではなく、「天地ノ行ハルル道」「当然ノ理」「真実ノ道理」によらなければならぬ。「天地ノ間ニアリトアラユルモノハ、何レモ一理ヨリ生」ずるのであり、この道理は

武士だけではなく「農工商ニイタルマデ同事」である。「兵法真実ノ大道」は身分・階級の差別なく、天地古今一切に通ずる道理であると説くのであって、斯くの如く兵法をして戦闘術の学問より武士の道、乃至は天下の大道、宇宙の哲理を究める学問にまで飛躍せしめた『士鑑用法』こそは、日本兵学史上劃期的な業績と評すべきものである。そしてこの道理は「方円神心ノ理」というものであり、北条流兵学の真義はこの「方円神心ノ理ヲ守ルヨリ外、別ナキ」ものである。

方円神心の理

氏長の講義を筆記したものと推定される『士鑑用法私之覚の語』によれば、方円は万物の様相、即ち天地自然をその色と形とに於て把握したものであり、神心は万物の本体、即ち天然自然の根底にある理をいう。そしてこの理より「天地開ケ、万物出来、万物亦一理ニ帰ス」のである。

北条流兵学の秘伝

北条流兵学は「顕法」としては『士鑑用法』を以て盡きているが、なおこれ以上に「三大事」と称する「密法」の奥義がある。この北条流兵学の「三箇大事」とは大星伝・乙中甲伝・分度伝のことで、この秘伝は、

氏長─┬─北条元氏（氏長の次子）──氏如（氏長の三子）──松宮観山
　　　└─福島国隆（氏長の妻の甥で養子）──国員──国豊──国雄

へと伝わり、素行にも伝授されなかった程の厳秘の口訣であるが、有馬氏の『北条氏長とその兵学』及び『松宮観山集』（国民精神文化研究所編）第二巻にその全文が収録されている（「三大事」は極秘の口訣であるから、元来は文書に記すことを許さず、口から耳へと言葉で伝承されたものであるが、いつしか筆記されたのであろう。）。

大星伝

乙中甲伝

分度伝

「大星伝」は万物の本体たる神心に就いて『士鑑用法』より更に突込んで、「大星トハ天ニ在テハ日輪ナリ。地ニ在テハ天照大神也」といい、天照大神を信じてこの神を我が心中に迎え来り、その光明を帯びる時、始めて神心に至るのであり、この日徳を我が身に体得するならば、神心明らかとなって必勝の道が開けるのであり、ここに日本兵学の極意があるとともに、人間のふみ行うべき忠孝の道が存すると説く。この大星伝は神心の本体を示したものであるが、本体を知ったからとて直ちに神心を体得し得るものではない。そこで「乙中甲伝」に於て、神心体得の修業（習）を伝授したもので、大星伝を信とすれば乙中甲伝は行である。甲は頭、乙は腹（丹田）を表象し、頭上より足の爪先迄貫くように、神心を樹立する修養の道を教えるもので、その修練の方法は座禅に似た形式を採っている。「分度伝」は数理を基礎とした測遠・測量・測図等の実学で、氏長は方円分度儀を創製・使用しているが、この分度儀の構造・使用法に就いては臼砲々手ユリアーン＝スヘーデル（一一七頁参照）か、或いは他の機会に他の和蘭人から学んだものであろう。

氏長の兵学の特徴は、第一に、兵学をして戦闘術より教学へ、即ち一つの思想体系にまで発展せしめたこと、第二に、武士階級本位の、武士階級の為の教学であることである。

北条流兵学の特徴

氏長によれば、兵法は武士階級の為の政治学・倫理学であるとともに、「真実ノ道理」を体得する為の、理を尽し万(よろず)の道に通ずる為の「窮理ノ学」であり、修練の道であった。氏長は一番槍(やり)の場に至っても何等取乱さぬ修養は、儒教や仏教によって得られるものではなく、兵法（特に乙中甲伝）によってのみ得られることを高唱し、この兵法はまた「異国聖人ノ道ニモ適合スルナリ」（『乙中甲伝秘訣』）と論じ、兵学を以て儒教・仏教・国学等と並立すべき、否それよりもすぐれた教学としているのであって、ここに於て北条流兵学は、方円神心の理を世界観・人生観の根底とする一つの思想体系として樹立された、と評すべきである。

第三の特徴は、天照大神の信仰を基調とすること、即ち神道をその中心的指導原理とすることであって、『大星伝口訣(くけつ)』及び『乙中甲伝秘訣』は兵家神道の経典ともいうべきものである。

第四の最も重要な特徴は、日本的であることであって、『大星伝口訣』に「当流日本流ナルコト爰ニ知ルベシ」と述べ、また兵学は「我国始祖ノ神ニシテ直ニ日徳ヲ備へ玉」う天照大神の御末の流れを汲むべき道であり、「日神ノ御影ニ随フベキタメノ教」であった。我身は天照大神の分身、我心は天照大神分附の心であることを自覚し、この神心を我が方円の体中に備え、乙中甲にて「本邦神人伝統ノ大道ヲ践履ス」(『乙中甲伝秘訣』)る兵学は「異国聖人ノ道ニモ適合スル」が、その本領は日本人たるの道であり、兵学の基調は日本精神にあることが明確に主張された。

第五の特徴は、実学であることで、彼は儒学が実行・実事に役立たぬことを指摘し、「物知ノ名バカリニテ、実行実事ノ器稀ニシテ、聖学塗炭ニ墜、悲ムベキニアラズヤ」(『乙中甲伝秘訣』)と述べ、「聖学」の語を用いている。

第六の特徴は、西洋科学の採用であって、彼は和蘭人に就いて測遠術・測量学・攻城術を学び、方円分度儀を製作使用し、『由利安牟攻城伝』を書いた(一一九頁参照)。

氏長の製作に係るものと推定される幕府の正保年間の日本総図が、慶長年度の日本総図より遙かに正確であり、科学的な近代地図への道を開拓したものとされているのも、オランダ人から学んだ為であろう（蘆田伊人氏「日本総図の沿革」（『国史回顧会紀要』第二冊）参照）。

氏長が素行に与えた影響

氏長の兵学思想が素行に与えた影響は非常に大きいのであって、素行が兵学を戦闘術から武士階級の為の政治学・倫理学たらしめ、武士道理論を体系化したこと、「世間と学問とは別の事に成候」（『配所残筆』）とて、朱子学を棄てて実学・聖学を唱え、更に日本中朝主義を説いたこと等は、師説を継承し長養したものであることは、以上の叙述によって明らかであろう。即ち従来素行学の独創とされていた点の中には、氏長の教えに負う所が少なくないのであって、曾（かつ）て素行に与えられた日本思想史上に於ける先駆（せんく）者的地位乃至功績の若干は、当然その師であった北条氏長に帰せられるべきであろう。

第三　思想的遍歴（上）

神儒仏老一致時代

――寛永十九年（二十一歳）より明暦二年（三十五歳）まで――

一　諸師説の混乱

当代一流の師に学ぶ
博学は羅山の学風の影響

かくて素行は儒学を始め兵学・神道・和学等、当時存在した殆んどすべての学問を、当代一流の師に就いて学ぶことが出来たが、このように博く学んだのは羅山の学風の影響によるところが多い。彼の修学時代は寛永十九年二十一歳を前後として終り、儒学は既に十八歳の時『四書諺解（げんかい）』を完成し、また同年神道を光宥より伝受し、兵学においては二十一歳の時景憲より印可を受け、『兵法神武雄備集』を著わし、これより後はいよいよ一人立ちの学者として、社会に乗出して行くことになった。

中世的公家的学問と近世的武家的学問との混淆

そこで修学時代を終った時代の素行の学問を改めて検討すると、まず中世的な公家階級的なものと、近世的な武士階級的なものとが混淆（こんこう）し、各種の傾向の教師たちの思想・教説が無批判的に混乱したまま取入れられ、従って今後整理し批判し統一し発展せしめなければならぬ点が多かった。彼の知識・思想は豊富・広汎であったが、内部的には矛盾し混乱していたので、必然的に取捨・統合が要求されたのであり、かくて神道・儒学・仏教・老教を包摂する雑然たる思想体系より朱子学へ、次いで古学（聖学）へと、彼の苦難に満ちた学問的遍歴が始まるのである。

儒学者の排仏論

素行の学問の枢軸（すうじく）をなすものは兵学と儒学であり、修学時代においてもこの二つの学問に重点が置かれたのであるが、これはいずれも近世的な武士階級的な学問であり、和学と神道とは元来中世的な公家階級的な学問である。室町・戦国時代においては、仏教と儒教とは相携えて封建社会の道徳論・政治論として武士階級に取上げられたのであるが、近世封建社会の成立過程に於て儒学の仏教からの分離、儒学の仏教に対する批判・排斥が始められた。

儒者の排仏論はいずれも宗教の分派間に於ける論争でもなければ、また宗教に対する唯物論的批判でもなく、未来に対して現世を、宗教に対して倫理を対立せしめ、宗教的権威からは一応解放されたにも拘らず、仏教と同一の階級的地盤に立って現世的権威に屈服し、哲学的・理論的方面への探究を進めず、仁義忠孝の狭隘な人倫関係に思惟を跼蹐せしめて、客観的には仏教と提携協力して、徳川幕藩制の存続強化の為に努力したのであった。

近世儒学、その排仏論と政治経済状勢との関連に就いては、拙稿「林羅山の排仏論と神道説」(『歴史科学』昭和十一年七月号)に述べたが、更に本書に続いて執筆する本叢書の『林羅山』に於て詳説する。

甲州流兵学の仏教的世界観

素行が羅山より学んだ儒学は排仏論を以て貫かれているが、景憲・氏長より学んだ甲州流兵学は仏教の教理が浸潤している。

徳田邕興は『甲陽軍鑑正解』に於て、軍鑑には「毫も武学に必要なき仏説・真言陀羅尼・禅語などを多く引用したるより見れば、景憲は武の七書を読み、兵法の一端にだも通じたる人には非ざるを証すべし」と批判しており、また氏長の『士鑑用法』も万物の本体たる神心を「空劫ノ一理ナリ」とし、中世の仏教的世界観たる成住壊劫を援用しているが、これは当時の一般武士が仏教に対する絶対的帰依を失って儒教に近づきながらも、なお仏教に対する信仰を完全に清算しなかった状態を反映している。

そこで羅山の排仏論と、景憲・氏長の仏教的世界観と、光宥・坦斎の神仏習合的思想とを同時に学んだ素行は、この思想的混乱・矛盾を如何に解決し揚棄するか。これが素行の思想の発展過程を考察する際、第一に注目すべき点である。

国体論と華夷論

第二に注目すべき問題は国体論、特に華夷論であって、これは思想・学問の祖国の問題、即ち中国思想を重んずるか、日本思想を重んずるか、という問題と関連する。儒学はいうまでもなく中国に発生した思想であって、荻生徂徠が「東海に聖人出です。西海に聖人出でず」(『学則』)、聖人は只中国のみに出たからとて、中国古代の制度・文化を理想として崇拝したのは、聖人の道を信奉する儒者としては寧ろその学問に忠実な所以と評してよい。

徂徠学に就いては崇外卑屈の念甚だしく、名分に反するものとして、国体論者の陣営より攻撃されているが、「徂徠に対する非難は、外国の優秀なる文化を尊崇して、これを学ばんとしたことを、直ちに以て自国の政治的尊厳を無視し、冒瀆するものと混同曲解したことに基くものが少く無い。日本を東夷と称することは道の上の問題であって、仏教徒が自国を穢土と呼ぶのと大差なく、決して政治的な観点から云はれて居るのではない。」(拙稿「荻生徂徠の歴史観」(『歴史』昭和十二年十二月号参照)

羅山もまた中国を称して中華・中朝といい、日本の人名・地名にも中国風の称呼を用いたりしており、『神武天皇論』等に於ては泰伯皇祖説(呉の泰伯の子孫が筑紫(福岡県)に来たのが、天孫降臨のことであるとの説。)を主張している(拙稿「歴史家林羅山・その学問及び環境」『歴史教育』昭和七年十月号参照)。

かくの如く儒学は元来中国古代の聖人の教えを信奉する中国的な思想であるのに対し、兵学は日本的な学問である。日本の兵学は中国人の孫子に発し、『孫子』

中国的思想と日本的学問

を兵学の重要な経典とはしているが、氏長は『乙中甲伝秘訣』に於て、「此伝ハ甲州ニ始ルニアラズ。神代以来名将ノ伝ヘ来ル所ナリ」とて兵学の日本的伝統を確立し、『大星伝口訣（くけつ）』に於ても、「当流日本流ナルコト、爰（ここ）ニ知ルベシ」とて北条流兵学が日本的な教学であること、即ち天照大神に対する信仰こそが兵学の根本原理であると説いている。氏長の兵学思想には儒学も仏教も混入しているが、その本質に於ては兵家神道とも称すべき日本的な思想である。そして山本勘介・景憲の甲州流、氏長の北条流、素行の山鹿流を始め正伝流（草薙流）・河陽（かよう）伝・近松伝・

日本兵学独特の大星伝

佐枝伝・神軍伝等の各流兵学に於て「奥伝」とされている「大星伝」は（合伝流・長沼流には大星伝はない）、中国の兵家占術（せんじゅつ）には無いのであって、日本兵学独特のものであり、「我国に於ても山本勘介以前にはその伝の確実な存在を証することが出来ない」ので「勘介を以て大星伝の創始者とする。」（有馬成甫氏「大星伝に就いて」『軍事史研究』昭和十一年六月号）

かくの如く素行が羅山より学んだ儒学は、中国的な思想・学問であるのに対し、氏長の兵学及び光宥・坦斎より伝授された神道は日本的な思想・学問である。一方は中国崇拝思想であり、他方は日本中心思想であるが、この思想的混乱を素行は如何にして整理し統合するか、これが第二の問題である。

中世的公家思想と近世的武家思想

第三の問題は、中世的思想、近世的思想、公家思想と武家思想との混淆であり、これはまた学問研究の方法に於ける秘伝尊重の伝授様式か、又は研究批判の自由かの問題と関連する。光宥や坦斎から学んだ神道と和学（特に歌学）は中世的・公家的学

秘伝伝授と研究批判の自由

問であり、伝授の形式を採るが、羅山から学んだ儒学は近世的・武士的学問であり、伝授思想を否定し、自由にして正確な研究法を主張する。羅山は儒学を五山の禅房・博士家の書斎から解放し、師伝相承を捨てて独学的・研究的（学問・研究の自由）態度を採り、新しい近世的な儒学（朱子学）の建設に邁進したのである。

羅山が京都に於て新註（朱子註釈）の論語を講説したら、清原秀賢が禁中へ奏し、経学を講ずるには勅許を得なければならぬのに、羅山は勝手に閭巷に於て講釈し、しかも漢唐の注疏に遵わず、宋

儒の新説を用うる事その罪軽からず、と訴え出たが、羅山は「それを何とも心にかけおもはず」（『野槌』）、朱子の『論語集註』を講じ、家康もまたこの訴えを取上げなかったことが『徳川実紀』（東照宮御実紀附録巻二十二）に見えている。

次に兵学は中世的軍配術の陰陽・宿曜（すくよう）・修験道（しゅげんどう）等の迷信的要素を打破して、近世的な学問体系にまで発展しようとしているが、なお中世的仏教思想の残滓（ざんし）があり、また秘伝伝授の悪弊から脱し切れない。羅山の神道説は神話を儒教的な立場から解釈し、神儒合一を主張して中世的神仏習合説を否定し、中世神道に於ける秘伝的傾向を非難しているが、その著『神道伝授』の奥書には「神道奥儀の秘也。……冀（こいねが）はくは他人の観破（かんぱ）無きことを」と、自ら秘伝的泥沼（どろぬま）に没入するような不徹底な矛盾した態度を採っている。

中世的思想の温存と清算

そこで素行が兵学者として、武士階級的な理論を展開せしめる過程に於て、如何に中世的思想を清算し、また温存して行くか、ということも注目さるべきである。彼のその後の思想的遍歴はこの三点をめぐって、最初は恩師たちのあらゆる思想・学問を混合して、神・儒・仏・老の四教一致的思想を作り上げ、次いで朱子学中心となり、更に古学（聖学）へと転向し、最後に日本中朝主義を唱え、儒学を兵学の下に統合・従属せしめるに到るのである。

二　軍法より士法へ

兵法神武雄備集

『山鹿語類』の門人の序に、

> 中ごろ兵書を以て世に鳴る。壬午の年（寛永十九年）二十一歳にして、『兵法雄備集』五十巻を述す。杏庵正意、序を為りて之れに冠らしむ。先生の名声世間に充つ。

とある如く、二十一歳の青年によって著わされた『兵法神武雄備集』五十一冊は、城制・武備・戦律の三部に分けて、甲州流（景憲）・北条流（氏長）の兵学を承継し整理し集成したもので、まだ山鹿流兵学独自の展開はなされていないが、惺窩門四天王として羅山と比肩する堀杏庵が序文を作り、書名を撰定し筆をきわめて称揚したので、兵学者としての素行の名声は高まった。

『兵法神武雄備集』は、巻頭の堀杏庵の序には「壬午春正月某」となっているが、素行の自序は「慶安辛卯(しんぼう)（四年）某月某日」と三十歳の時になっている。これは二十一歳の時、草稿として一応まとめたものを、——（杏庵の序に「此の載(とし)某月若干巻を袖にして予に示す」とあるので、或いは此の時全部は完成していなかったのかも知れぬ）——その後訂正を加えて完成し、三十歳の時公刊したのだろう。

巻数は城制十三巻・武備二十巻・戦律十七巻、計五十巻のほかに、惣目録一巻を合わせて五十一巻となる。現存するものは自筆本六冊、写本二十七冊で、二十冊不足している。

堀杏庵は林羅山・松永尺五(せきご)・那波活所(かっしょ)と並んで藤原惺窩門四天王の一人で、その序に「今此の書を歴視するに、愈々深く愈々遠く、惟(こ)れ厚く惟れ正しく、一巻は一巻より愈(まさ)れり」とほめ、続いて「義目(よしもち)（素行）就きて書号を請ふ。仍(すなわ)ち題して兵法神武雄備集と曰(い)ふ」と書名は杏庵がつけてやったことを明記している。

なお素行がどんな因縁で杏庵に近づき、序文を書いてもらったかは明らかでない。杏庵が羅山と同門であるので、羅山の紹介に依ると推定する説もあるが、序文には「八歳にして羅浮(らふ)（羅山）の門に遊ぶ。羅浮は藤斂夫(れんぷ)（惺窩）の学徒也。惺々子（惺窩）は本邦真儒の中興也。義目（素行）其の芳跡を慕ひ、常に斂夫の手沢(しゅたく)を座隅に掲げ、門人をして之れを指示せしむ」と、素行が羅山ではなく惺窩に私淑していることを強調している点より考えて、この推定にはうなづけないものがある。『年譜』

『配所残筆』には杏庵のことは見えず、また杏庵はこの序文を書いた年の十一月二十五日に歿したので、両者の交渉は深いものではなかったらしい。

徳川頼宣・阿部忠秋の招聘

かくて当時幕府に仕えて文武の学を掌った羅山と景憲の門において、秀才の名をほしいままにし、『四書諺解』『兵法神武雄備集』の大著をなした素行の学識は、諸大名の間にも評判となり、紀伊大納言頼宣・老中阿部豊後守忠秋・前田筑前守光高が「各々秩禄を以て招」（『山鹿語類』門人序）いた。これは『年譜』には記されていないが、寛永十九年正月の杏庵の序に、「已に弱冠に満ちて、源亜相頼直卿（頼宣の誤り）秩禄を以て之れを招く。菅羽林光高主（前田は菅原氏、少将なるを以てかくいう）町野氏（幸和）を以て之れを招く」とあるので、寛永十八年、二十歳の時のことと推定される。

前田光高の招聘

『配所残筆』には頼宣・忠秋の招聘のことを述べた後、「右の翌年、加賀松平筑前守殿」云々とあり、「滝川弥市右衛門宛書簡」にも「右翌年加州松平筑前公、拙者召し抱へらるべき旨」とあるので、前田光高の招聘は寛永十九年正月、即ち杏庵が序文を書いた直前のことであろう。

『素行集』第一巻に収められた筒井清彦氏の『素行先生年譜』には、正保三年（素行二十五歳）の条に「此の年（?）加賀松平筑前守利常より招聘の交渉ありて、之を辞す」とあり、広瀬豊氏の『山鹿素行略年譜』（「全集」第一巻）正保三年の条にも、「又この頃金沢城主松平筑前守利常より招聘の交渉ありしも亦辞す」とある。また村岡典嗣氏の『素行・宣長』（大教育家文庫・岩波書店）、相良亨氏の『近世日本儒教運動の系譜』（アテネ新書）等も、松平筑前守を前田利常に当てているが、これは杏庵の序にも明記されている如く、光高が正しい。利常は当時隠居して光高が当主となっていた。なお光高は正保二年四月五日歿した。

『配所残筆』によれば、兵学の弟子である湫兵右衛門（謙信流の軍法者）・小栗仁右衛門信由（幕臣）・岡野権左衛門英明（幕臣）の取持ちで、七十人扶持を以て徳川頼宣の「御小姓近習」に召し使う約束で「頓て御目見の用意」も出来ていたところが、老中阿部忠秋が景憲と氏長を介して召抱えたいと申込んで来たので、素行は紀州に先約があるからとて断った。然し競望の形になったので、遂に双方へ断るような始末となった（素行の滝川弥市右衛門宛書簡によれば、この時布施佐五右衛門が頼宣の使者として湫・小栗に申入れているが、佐五右衛門は異母姉の夫、田村弥左衛門の一族であろうか。）。

禄高で折合わず

そしてその翌年（寛永十九年）正月、町野幸和の取持ちで前田光高が召抱えようとしたが、素行の父は「知行千石、下されず候ては」とて出仕を留め、前田家の方では七百石までは出してよいと申入れたが、遂に禄高の点で折合わなかったのであって、ここに我々は素行が幼時より刻苦精励した学問は、社会の進歩の為に、藩政の改革の為に用いようとするよりも、むしろ如何にして封建領主に高く売付け、高禄を食むかという為のものであったことを認めざるを得ない。

素行の背後には、この天才児の出世を望む父が在って、自己の多年に亘る浪人生活と就職運動の体験に基づき、人材を求めるに急な諸侯の動向を見きわめつつ、巧妙に駈引していたのである。

松平定綱弟子となる

正保三年二十五歳の時には、桑名藩主松平越中守定綱が素行の兵学に心服して、弟子となることの誓状を致し、自ら素行の私宅（神田佐久間町）を訪ね、詩文を贈答したり、素行の書を表具して座敷に懸けたりするようになった。定綱は家康の異父弟松平定勝の子で素行より三十歳の年長であり（『配所残筆』には「越中守殿御事、其の比六十に成らせられ候」とあるが、当時は五十五歳）、「兵法は尾畑勘兵衛殿印可の弟子、東海道一番の御大名、人皆崇敬仕候」ほどの人物であったが、若輩の素行に「信仰大方ならず」（『配所残筆』）というのであるから、兵学者としての素行の地位は更に高まった。

城取の作法木図

正保四年の秋、将軍家光の命によって「城取の作法木図」（『配所残筆』、なお『年譜』には「城の木形」とあり）を作ることになった北条氏長は、弟子の素行と相談して陰陽の両図と目録を書いた。

『配所残筆』には「拙者おこり相煩ひ候て罷有候所、安房守殿（氏長）私宅へ御出候て」とあるが、『年譜』には「予瘧疾に罹ると雖も、氏長予を招きて談ず」とあって、喰違いがある。勿論素行の方が氏長の処に行ったのであろう。当時幕府の御持筒頭の職にあり、前年には『士鑑用法』を著わし、軍法の権威者を以て任じた氏長が、弟子にして浪人に過ぎぬ素行とわざわざ相談したのは、後述の如くこの頃祖心等によって素行の幕府登用運動が行われていたので、或いは家光の内意に依るものかと想像される。当時の素行はまだ兵学者としては氏長に及ばないのであって、氏長は素行を助手として用いたに過ぎぬものと見るべく、徳富蘇峯氏の如く「彼（素行）は当時既に師弟の位置を顚倒して、北条氏長の為めに将軍への答案の製作をして与へたことが判知る」（『近世日本国民史』徳川幕府上期下巻・思想篇）とすべきではなかろう。

弟子中の有力者

かくて兵学者としての素行の名声は、漸く師の氏長に近づこうとし、「凡そ文に武に、先生の門に遊ぶの列侯諸士稍や盛なり」（『山鹿語類』門人序）という状態になったが、それより承応元年（一六五二）三十一歳にして赤穂の浅野長直に仕える迄の間に、素行に学んだ有力者を挙げると次の通りである（弟子の礼はとらない迄も、素行と交わった者は教えを受けた者として、『年譜』掲載の順に列挙したが、このほかにも遠藤備前守常友（美濃国八幡二万四千石の領主）がいる。）。

久世大和守広之　下総関宿の城主、五万石、のち老中となる。

曾我丹波守古祐　幕臣、河内にて三千石を食み、のち大坂町奉行。

板倉内膳正重矩　下野烏山の城主、五万石、父重昌に従い島原の乱に出陣し、のち京都所司代・老中を歴任。

島村十左衛門尉　豊前小倉城主小笠原忠真（十五万石）の家老。

伊丹播磨守（蔵人）勝長　勘定頭伊丹康勝の嫡子、一万二千石。

大村因幡守純長　伊丹勝長の四男、慶安四年肥前大村二万七千石を継ぐ。

稲垣摂津守重種（重綱）　三河刈屋城主、二万三千石。

丹羽左京大夫光重　陸奥二本松城主、十三万石。

浅野内匠頭長直　播磨赤穂城主、五万三千五百石、長矩の祖父。

浅野因幡守長治　備後三次城主、五万石、長直の従兄弟で、長矩の夫人の父。

浅野内記長澄（長賢）　長直の養子、実父は松平玄蕃頭清昌。なお本家の綱晟の子で、のち三次城主となった長澄とは別人。

戸田伊賀守（主膳）忠昌　当時は三河田原城主一万石、のち下総佐倉城主、七万一千石。

内藤弥三郎（若狭守重頼）　のち大坂城代・京都所司代に進み大和守に任ず。三万三千石。

菅沼主水正定実（定治）　三河新城の地頭、一万石。のち摂津守に任ず。『山鹿随筆』には定実の武辺話が載せられている。後出の松平信重は定実の聟。

内藤左京亮義泰　陸奥岩城平城主、七万石、重頼とは一族。

板倉市正重太　重昌の弟、重矩の叔父。

松浦肥前守鎮信　肥前平戸城主、六万一千五百石。（後述参照）

本多修理亮忠将　近江膳所七万石の城主、本多俊次の甥。上野・下野の内九千石、御書院番頭、のち対馬守・備前守。岳父は松平忠国であるから、松平志摩守とは義兄弟。

本多図書頭忠良　忠将の弟、西城御書院番、三百俵。

松平志摩守信重　播磨明石城主七万石、松平山城守忠国の三男。万治二年次兄信之(日向守)家督を継ぐや、五千石を分たれ、志摩守に任ず。

岩城左京亮重隆　出羽亀田城主、二万石。のち伊予守に任ず。

稲垣重昭(藤三郎)　稲垣重種の孫、承応三年家を継ぎ、信濃守に任ず。

家光の御家人になる運動

素行はこのように諸大名の心をつかみ、自己の周辺にひきつけておく特殊の才能があり、また旗本・陪臣でその門に出入する者も多かったが、それにもまして彼の学界に於ける地位を高め、彼の思想に重大な影響を与えたのは、将軍家光が御家人として登用しようとしたことである。『配所残筆』(及び「滝川弥市右衛門宛書簡」「全集」第十五巻八二二頁)によれば、町野幸和の妻祖心が素行を「御家人に成候様に、取持」ってくれたのであるが、祖心は春日局の縁者であるばかりか、家光の愛妾ふりの方(振の局)の祖母に当っていたので大奥に勢力を持ち、素行の名声世に現われるや、直接家光を説いて、直参たらしめようと努力したのである。

祖心は家光の愛妾の祖母

牧村利貞
＝稲葉重通の娘
　　祖心（なあ）
　　＝町野幸和
　　　　たあ
　　　　＝岡七兵衛（蒲生飛驒守家中）
　　　　　　ふりの方（自証院）
　　　　　　＝家光
　　　　　　　　千代姫（霊仙院）
　　　　　　　　＝徳川（尾張）光友

祖心の夫、町野幸和は正保四年（素行二十六歳）六月二十六日七十四歳で歿したが、祖心が春日局の推挙によって家光に仕え大奥に入ったのはそれより前、寛永十九年（祖心五十五歳・素行二十一歳）のことで、その翌年春日局が歿してからは大奥一切の取締りに任じ、表の大老酒井讃岐守忠勝に対し「奥讃岐」といわれた。なお右の系図は主として松浦静山の『甲子夜話』巻二十九に依った。

『年譜』寛永十四年三月の条に「姫君降誕」とあるのは、右の系図に示す家光の娘の千代姫のことであり、また寛永十七年五月「姫君母公、熱海に入湯す。杉浦氏内蔵允・町野氏長門守供奉す」「八月廿八日、姫君母公逝去す。号は自証院殿、自証寺（牛込榎町）に葬る。寺領二百石」とある「姫君母公」とは即ちふりの方であり、町野氏は祖心の夫で、ふりの方の祖父に当る。素行はこの手ヅルによって、幕府出仕の機会到来を期待したのである。

祖心と松平定綱の取持

祖心は内面的に動き、表面は松平定綱の取持ということで、素行は信州小諸城主酒井日向守忠能や大老酒井讃岐守忠勝にも会い、また家光の上意により祖心の振舞で、久世広之邸に於て林羅山の「老子経の講釈」があった時、「末座へ召出され」たこともあった。

駒井親昌、弟子となる

そして慶安四年二月には「上意」によって、御近習番頭駒井右京亮親昌が素行の兵学の弟子になる等、その手筈は着々と進み、素行自身も幕府の御家人となることを切望し、他家への奉公は差控えていたのであるが、

家光の死去

同年四月二十日家光の逝去によって頓挫し、更に十二月二十五日には松平定綱が死去したので、素行の幕府出仕は絶望となった。

祖心尼肖像（東京　済松寺蔵）

家光の逝去について、『年譜』慶安四年四月二十三日の条に「御遺体を東叡山(上野)に移す。亥刻(午後十時)拝観の男女堵の如く、泣涕滂沱たり」とあるから、

素行も家光の霊柩を沿道の群衆の中にまじって見送ったのであろう。

兵学者として知らる

かくの如く素行は幕府及び諸侯に召抱えられようとし、入門の弟子も多数となったが、彼等が素行より学ぼうとしたのは兵学であって、素行は儒学者としてよりも兵学者として世に知られた。『配所残筆』によれば、浅野長治は畠山流・上泉流(上泉治部右衛門)・甲州流(景憲)・北条流(氏長)等の兵学を稽古したが、「其の方(素行)影故、兵学の筋目初めて能く得心」したので、弟子になる旨の誓詞を遣わす程に心服したとあり、また荻生徂徠も初めは兵学を以て柳沢吉保に仕えたことを想起すれば、当時の大名が好んで兵法を学んだことが分るが、その軍法・兵学とは如何なるものであったか。

近世兵学の本質

素行の時代と世界とは戦争を殆んど知らず、従って戦争の技術学としての兵学を具体的に使用する機会を持たなかったが、戦国的な殺伐な気風が残存しており、もともと封建制度はその根底に於て常に戦争を予想し、兵備・軍役を重んずるものであったから、戦争の準備を怠るわけにはいかなかった。そして島原の乱が軍備に対する関心を強めた点もあり、若年の頃大坂の役等に参加し、戦場生き残りの勇者として誇りを持つ者もあり、また一般に武士たる者は常に戦争に備えなければならぬとの自覚もあって、武芸・軍法を学ぶことは武士の義務と考えられ、かくて武芸・軍法の師範として世に立つ者も少なくなかった。然し実際の戦闘によって反省・批判され、修練・改革された兵学ではなく、平和な日常生活に於て戦争を予想しつつ、観念的に論議・研究される兵学は、末梢(まつしょう)的な戦争技術学に陥るか、或いは広い意味の政治学へと発展して、封建領主の為には治政の方策を説き、一般武士の為には平和な社会に処する道(倫理道徳)を教える机の上の学問となって、実戦的意義を失った。戦国時代にはまだ体系化された軍学もなければ、また兵学の専門家即ち軍師として武将に仕え、戦争の指導をするような者はおらず、武将が専断で、時には重臣の意見を聴きつつ自ら兵を指揮したのである。それ故に後世の兵学で語られる戦争と、戦国の武将が実際に行った戦争とは全く別物であった。即ち武将は既に体系化された兵法を学び、その兵法に従って戦争したのではなく、武将の戦闘の仕方を後代に於て物語的に、教訓的に集大成して、次第に机の上の学問としての軍学が形成されて行ったのである。

机の上の学問

『甲陽軍鑑』等には軍師なる者が武将の側近に仕え、武将は軍師の教えに従って戦略・戦術を決定し、部隊を動かしたように書いてあるが、これは後世の兵学者が机の上の学問としての軍法を組織し体系づけるために、軍法の流祖としての軍師の地位・才能を誇大に述べたものに過ぎず、事実は武将自らが戦争の駈引を決定し指揮した（竹中重治や大谷吉継は単なる軍師ではなく、城主であり、武将として軍事を議したのである）。クラウゼヴィッツが『戦争論』に於て、「戦争に必要な知識は甚だ単純であるが、然しその習得は必ずしも容易ではない。」「将帥たる者は博学な歴史家たるを要せず、又論客たる事を要しない。彼に必要な事は、国政の大体に親み、伝統的な諸方向・互に交錯する諸々の利害関係・当面の諸問題・現在の諸人物を知り、之を正しく吟味するにある」と述べている如く、名将たるの資格は用兵の能力を有すること、戦争遂行に直接関係ある・少数の要綱に圧縮される・簡単な知識と技能とを有すれば足る。戦国の武将は、戦闘術を学問知識として書籍から学んだのではなく、能力として戦場に於ける経験を通じて獲得して行ったのである。

知識と能力

凡そ戦略・戦術は永久不変の形態を取るものではなく、生産の発展段階即ち戦闘員及び兵器の発展段階に依存して変化進歩する。そして人員及び兵器の進歩に伴う戦闘の変化は、直ちに戦法（戦術学）を進歩せしめる。然るに徳川時代の生産の停滞性と、殆んど戦争の経験を持たぬ平和な社会の持続とは、戦略・戦術の発展を抑圧し、かつて戦国末期の戦法を飛躍的に進歩せしめ、諸雄競ってこれが増強に努めた鉄炮隊の如きも、その後殆んど強化されず、幕末になる迄銃手の数は全戦闘員の半分にもならず、依然として長槍の突撃を以て決戦を企図するような状態であった。

実戦から遊離した観念論

従ってかかる戦術形式の停滞凝固の上に築かれた徳川時代の兵学は、統帥用兵の原理を能力として実践に用いる方向へではなく、机上に於ける形而上学的な理論の遊戯へと堕落し、実戦から遊離した煩瑣な陰陽学的観念論が、秘伝・奥義として無批判的に墨守伝承され、表面的には兵学の盛行を見ても畳の上の水練と等しく、実践上・戦闘技術上は大した価値なく、明治とともに日本固有の兵学は精神的には残っても形式的には滅び、西洋の近代的戦法を輸入移植せざるを得なかった。

これは日本独得の数学である和算と、西洋数学の移植の歴史と共通するものがある。（小倉金之助博士『日本の数学』岩波新書）

近世初頭に於て既に戦争は、騎馬隊の一騎打的争闘より長槍・鉄砲による歩兵の集団戦法へと転化したにも拘らず、なお個人的武技（剣術・槍術・弓術）が尊ばれて、集団的操練（そうれん）は鷹狩のような遊びにすり変えられるような社会状勢は、必然的に軍備の観念化をもたらし、兵学もまた集団戦法の実地訓練から遊離した個人的な机上の学問に転化した。即ち戦場で対決する敵軍を屈服させる為の戦闘術より、個人の心の中の敵を屈服させる為の修養・倫理・道徳へと転換し、従来「軍法」と呼ばれたものが、「士法」と改称された。

戦場の敵より心中の敵へ

戦闘技術学より日常道徳へ

武士が城下町に於て三民の支配者として一種の文官に転化した時、兵学は戦闘術としての実用的価値を失い、戦闘術としての局部的・末梢的・観念的知識の尾を引きずりながらも、本体は既に武士階級の為の倫理学・政治学へと脱殻（だっかく）・転化していた。「夫（それ）軍法ト云ハ士法ナリ」と巻頭に宣言した氏長の『士鑑用法』は、兵学の戦闘技術学（軍法）より日常道徳（士法）への劃期的転換を示す大著述であった。

軍法より士法への転換

軍法より士法へ。かかる転換期に立つ素行の兵学思想は、神・儒・仏・老の四教を混合した世界観・人生観を基底とする独得の武士道徳学乃至武士政治学として展開するのである。

三　四教一致

荘子の講釈

素行は正保三年（二十五歳）丹羽（にわ）光重のため、兵書の「序に（ついで）荘子の講釈」をし（『配所残筆』）、また慶安三年（二十九歳）十月十九日には光重の亭で、翌四年十一月二十二日には板倉重矩（しげのり）

邸に招かれて、『荘子』斉物論を講じているが（『年譜』）、後年『配所残筆』に於て、この頃の思想を回顧して、次のように述べている。

老荘禅を好む

我れ等事、幼少より壮年迄、専ら程子・朱子の学筋を勤め、之れに依り其の比我等述作の書は、皆程朱の学筋迄に候。中比老子・荘子を好み、玄々虚無の沙汰を本と存候。此の時分は別して仏法を貴び候て、諸五山の名知識に逢ひ、参学悟道を楽しみ、隠元禅師へ迄相看せしめ候。然れ共我れ等不器用故に候哉、程朱の学を仕候ては、持敬静座の工夫に陥り候て、人品沈黙に罷成候様に覚え候。朱子学よりは老・荘・禅の作略は活達自由に候て、性心の作用、天地一枚の妙用、高く明か成る様に存ぜられ候て、何事も本心自性の用所を以て仕候故、滞る所之れ無く、乾坤打破仕候ても、万代不変の一理は、惺惺洒落たる所、疑ひ無く存じ候。（『全集』第十二巻五九三頁）

隠元と問答

素行が隠元に会ったのは万治元年（三十七歳）十月十六日のことで、場所は本郷の天沢寺、松浦鎮信の紹介による。両者の問答の内容は『年譜』（『全集』第十五巻六二頁）及び『年譜資料』（『全集』第十五巻五〇五頁）に記録されている。なお祖心尼と家光・沢庵の問答せる法語を録した『挙一明三』なる書あり。また祖心が著わした『仮名法語』（祖心尼公法語）は国書刊行会本『近世仏教集説』に収められている。素行が木庵禅師とも交際があり（『年譜』万治三年十二月十八日の条）、仏教特に禅法に関心を持ったのは祖心尼とその子の前田涼心（前田美作守直知の三男）の影響に負う所が多い。

四教一致

そして『山鹿語類』門人序には「壬辰三十一歳」の前の事として、「先生間々志を老荘の書に涵し、殆ど其の理を究む」とあり、また『修教要録』の自序にも、

> 予少にして父の命に従ひ、強めて書を読み、中ごろ記誦詞章を好み、壮にして口に理を謂ふを嗜み、禅を好み、老荘を楽しみて、殆ど三教を以て一致と為し、六経を以て糟粕と為す。（「全集」第二巻九頁）

とある如く、儒教・仏教・道教（老荘）の三教一致を奉じていたことを自認しているが、当時の素行の思想を客観的に見れば、神・儒・仏・老の四教一致と称してよいのである。

修身受用抄

この時代の素行の思想・学説を最も良く表わした著書は『修身受用抄』と『兵法奥儀集』である。『修身受用抄』は慶安元年（二十七歳）四月の著述で、巻初に、

> 孔子・老子・釈迦三教共に、文字をおぼえ、多聞に到る事を、ならへといふをしへ、あ

自性明徳の本体

らゆる書物にみえず。（「全集」第一巻七七頁）

と三教一致の立場に立って、学問の究極の目的は「自性明徳の本体」を知り、「天理の信実」に叶うことであるが、そうする為には「心理のまどひをみが」き、「外のまどひ」を去ることが必要である、と説いた。忠孝の道は臣として行うべき、子としてつとむべき天理の自然（天理自然の道）であって、名利・私欲を離れ、信実に叶わんとする「こころざしふかき時は、ねがわずしてむくい来り、名利もと（求）めずして名利あり。是れ

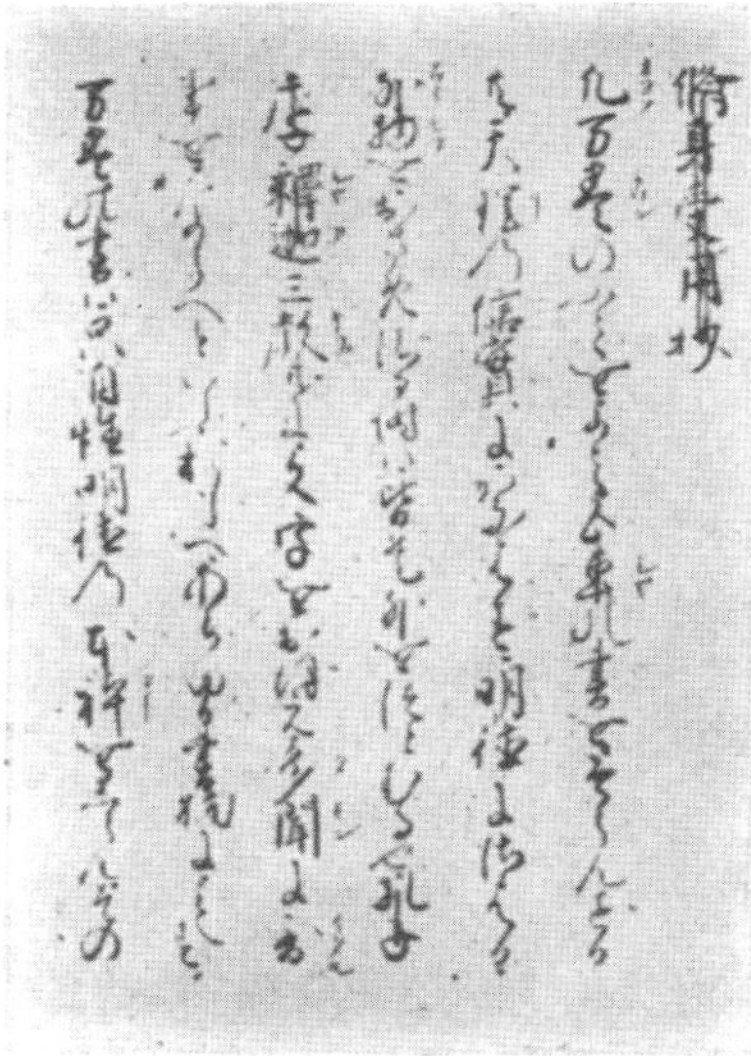

素行自筆『修身受用抄』巻頭

を陽報と」いう。要するに一切の主観的意欲を去って無事・無物の境地に到達すること、即ち私欲・名利のためにする奉公（忠孝）を否定して、奉公それ自体に絶対的価値を見出そうとするのが『修身受用抄』を一貫する精神であった。

方円神心説の影響

『修身受用抄』は日用道徳を説いたもので、兵学上の著書である氏長の『士鑑用法』とは、その内容を異にしているが、前者の明徳本体説と後者の方円神心説とはよく似ているのであって、明徳と神心と、天理と方円とを代置してもよい。素行は方円神心を説いてはいないが、氏長の兵学思想の影響を受けていることは明白であって、ただ氏長が「軍法ト云ハ士法也」と兵学を前面に押出し、武士の日常守るべき道は兵法に在ることを強調したのに対し、素行は兵法をいわず、修身・倫理を表面に出している。然し士法即ち武士の日常守るべき行為の道徳的根拠を、当然の道理または天理自然の道に求め、名利・人欲をしりぞけ、明徳・神心に帰って治めよ、と説く点に於ては同一であって、素行が『修身受用抄』より三年後、従って『士鑑用法』より五年おくれて著わした『兵法奥儀集』に於て、初めて「士の業を兵法と曰ふ」と述べたのと比較すれば、氏長の兵学思想の先駆者的意義は一層明白になるであろう（『修身受用抄』はその跋、及び『年譜』によれば、「友生の求に因り」著わしたとあるが、その友生が誰であるかは分らぬ）。

牧民忠告諺解

『修身受用抄』より二年後の慶安三年三月、素行は幕臣（評定衆・三千石）曾根（曾禰）源左衛門吉次の依頼により『牧民忠告諺解』を著わした。これは張養浩（元の天暦年間陝西行台中丞として治績をあげた）の『牧民忠告』の諺解（釈註）で、素行独自の「牧民」論が展開されているわけではないが、彼の関心が政治に向けられ、その兵学思想が戦争の技術学だけではなく、治国平天下を目標としたものであることを暗示している。

式目家訓

その翌年、即ち慶安四年（一六五一）三十歳の時『式目家訓』と『兵法神武雄備集自得奥儀』とが書かれた。『式目家訓』は「慶安辛卯（四年）林鐘（六月）中旬」（跋）門弟遠藤備前守常友（美濃国八幡城主）の所望に依り、日用道徳の大綱を書いたもので、その序に「今、邵子（宋の学者邵康節）の語に因りて条目を挙げ、百箇に到る」とある如く、武士が守るべき格言百一箇条を掲げ、一箇条毎に一個又は二個の古語を引用して条文を権威づけようとしたのは『信玄家法』の体裁を踏襲したもので、引用した古語の出典を見ると、彼の思想が四教一致の影響下にあることが分る。

『論語』が最も多く『近思録』『勧学古文』『毛詩』『孫子』『中庸』『六韜』『文章軌範』『左伝』『書経』『孟子』『老子』『従政名言』『礼記』『小学』『史記』『貞観政要』『大学』『荀子』『呉子』『孝経』等がある。

上下の社会秩序

その内容を見ると、冒頭に「奉公の道は、信実に忠行を勤むべき事」（『全集』第一巻二三〇頁）と名利を超越した絶対的な奉公・臣従の道を説き、「兵法を以て自らの鑑となすべき事」と、常に万一の際に備うべき武士としての日常の心得を述べ、更に出陣の心得を訓え、或いは「父母に対し、専ら孝行を盡すべき事」から子孫・夫妻・兄弟・傍輩・家僕の対人関係（平等共存の秩序ではなく、常に上下の秩序を保つことによって社会の安定を維持しようとするタテの関係だけが重視された）を論じ、家宅・庭園・衣服・食事等に質素倹約を守るべきを奨めている。

出陣の心得については、「出軍の節、郡村より召連るべき人夫の事」を始め、数ヵ条に亘って説かれている。これは、出陣するような機会のない時代だけに、一寸おかしいようであるが、武士は軍務奉仕の義務を持っていること、即ち主君から封祿を貰っているという「御恩」に対する、家臣の「奉公」の義務が、武士道の現実的地盤をなしているので、この奉公・奉仕の義務が強調して説かれたのである。

分限思想

そして特に注目すべきは、兵具・人馬・米穀・金銀は「その分限（ぶんげん）に応じ」て所持し、「其の分際（ぶんざい）を考へて、無用の費（ついえ）有るべからざる事」と、自己の分を守り自己の分に安んじて、分相応の生活を営（いとな）むべきで、各人の生活をしてそれぞれ一定の標準を越えることを許さぬという分限（ぶんげん）思想が強調されていることである。分限思想は階級的秩序の固定した封建社会に於て最も特徴的に表われるもので、この現状維持・現状肯定の保守思想は、やがて被支配階級にも浸透して行くのである（例えば心学）。

『修身受用抄』と『式目家訓』は、武士階級の日常守るべき倫理道徳を説いたもので、兵学とは直接関係がないように見えるが、その根底には北条流兵学の世界観である方円神心の理が貫き、四教一致思想に支えられ、兵法を以て広く「士の法」即ち修身斉家治国平天下の大道にしようとする兵学思想が流れているのであって、この点は『兵法奥儀集』を見ることによって更に明瞭となる。

『兵法奥儀集』は慶安四年（三十歳）の著述で、『積徳堂書籍目録』に『奥儀集兵法』、『惟揚庫書籍目録』には『自得奥儀集』と記され、現存の写本には『自得奥儀全』『兵法神武雄備集奥儀』『兵法神武雄備集自得奥儀』等と書かれている如く、種種の書名があるが、素行の自筆本は伝わらない。

これは『兵法神武雄備集』の「極意奥義」の書で、両書は不可分の関係にあり、雄備集は奥儀集によって完結したともいえる。即ち『兵法奥儀集』は寛永十九年雄備集が書かれてより九年の歳月を隔て、その間『修身受用抄』に於て北条流兵学の方円神心の理を武士の日用道徳に於て展開せしめ、氏長によって「夫軍法ト云ハ士法也」と喝破(かっぱ)された『士鑑用法』に於ける兵法の劃期的転換を、更に前進せしめようとしたのであるが、「奥義五篇自序」に「予竊(ひそか)に古人の意を取りて、兵源論幷に察機・結要等の書、凡そ五篇を著はす」(「全集」第一巻五七一頁)とある如く、まだ甲州流・北条流の兵学より脱却し得ず、殊に四教一致思想に捉(とら)われているので、後年聖学を唱道するようになってからは、この書の主要部分は否定され、棄却(ききゃく)された。この書の素行自筆本が伝わらないのもこのためであって、山鹿流兵学が確立されてからは、使用されなくなったのであろう。

惟揚庫

なお惟揚庫とは、素行の孫高道が延享元年(一七四四)浅草から平戸に移住した時、積徳堂の書籍も移して建てた書庫の名で、『惟揚庫書籍目録』は、文久元年九月調整され、明治三十二年九月山鹿家より松浦伯爵家に蔵書の大部分を寄託した際再調された。冊数は約一千百六十八冊である。

また『奥義五篇』とは奥義一(陰陽兵源・道法兼備の事)、奥義二(察機)、奥義三(創業篇・草創武功・守成篇)、奥義四(秘伝目録)、奥義五(向上極意目録・向上師伝目録)の五篇をいう。なお『雄備集』の自序に「其の論は兵源篇に到りて後盡く」とあるその兵源篇こそ、奥儀集の「奥義一、陰陽兵源」に当るのであって、両書の不可分関係が分る。

『兵法奥儀集』は陰陽五行説に基づき、『老子』を引いて宇宙・兵源を説明し、「明徳の本体に於て、一念未だ萠さず、七情未だ発せざるの地は、無名無物にして」対偶が無いから敵も無いが、「妄迷の想を起す」と「一心の主人、敵の為に侵掠せらるる」のであって、敵は外より起るのではなく、「其心よりして外の敵も起り、又一身を以て言ふときは、本心を苦しましむるものは皆敵」（『兵法奥義講録』）である。「世の愚人に於ては、唯身外の兵法を聞くことを知りて、心内の兵法の本源」（同上）を求めようとしないが、「信の兵法」「兵法至極の定論」とは、心の敵を克服すること、克己の工夫を修めることである。

古今兵を論ずるの士は、殺略・戦陣を専らとす。故に兵法は一技の中に陥る。天下の間は士農工商に出でず。士は農工商を司り、士の至れる者は帝王・公侯なり。士の業を兵法と曰ふ。若し兵法を以て、修身・正心・治国・平天下の道を盡さずんば、兵法は用ふるに足らず。（『陰陽兵源』）

兵法とは三民を司(つかさど)る士の業である。兵法はまず克己復礼して一身を平(たい)らかにすることより始め、出でては天下国家を処理して、上下安きを得せしめる道であって、戦場に於てのみ必要なものではない。

兵法は士の業

『山鹿兵学全集』及び『日本哲学全書』に収められた『兵法奥義講録』の「講録」の部分は、「周氏、太極図説を撰び、太極の初に無極あることを説く。先生（素行）大に此の説を取らず。此れ『聖教要録』に出でたり」とあるから、素行の弟子が『聖教要録』の書かれた寛文六年より後に、師の講説を筆録したものであろう。

なお兵法について、例えば「兵法の三要」というのは、城・備・戦のことであるが、これが戦陣に関する事として説かれるのではなく、「城は一心を安置する地」であり、「若し城地固からざれば、放心の事多くして、常に外物の為に劫略(こうりゃく)せらる。」従って礼儀道徳を以て、自ら固くして一身を守り、内より外に推し及ぼし、遂に邦国を城とし、天下を城となすに到る。「備は格物致知の勤」であり、「若し備陣正しからざれば、視聴・言動の触るる所、邪僻多し」「戦は物に応じ事に接するの間」（『陰陽兵源』）であり、「戦の理は、此の如く、敵と剣戟刀槍を執りて以て勝負を争ふは、是れ戦の末葉にして、真に物事に応ずるの理を知らずんば、戦ふと雖も全きこと有るべからず」（『講録』）と、戦時ではなく平時に於て「行住及び坐臥」の間に守るべき「三要」として説かれるのである。

かくの如く兵学を以て単なる戦争の技術学とせず、「士の業を兵法と曰(い)ふ」思想は、『士鑑用法』の「夫軍法ト云ハ士法也」の説と同じく、また明徳や心敵の説も氏長の方円神心の説と大差ないのであるが、氏長が専ら道を説き克己を教えたのに対し、素行は道と共に法を、また克己と共に復礼を重んじた点に於て、特色をなしている。

氏長と素行の兵学の差異

氏長も「兵法ハ国家護持ノ作法」(『士鑑用法』)であると説いているが、政治より倫理を重んじたのに対し、素行は「法無きときは、人其の道に至ること叶ひ難し。」(『講録』)と、道徳と共に作法・法度を重んじ、人間は社会的存在であり、従って修身(倫理)は治国平天下(政治)と結合されて、始めてその意義を発揮することを理解し、単なる道学者ではなく、経世家的観点を強調している。かくて素行の兵学は単なる戦争学・戦闘の技術学だけではなく、個人の日常道徳を説く倫理学であると共に、更に天下国家を治平する政治学でもあり、武士階級の為のあらゆる学問を綜合統轄するものであった。武士の日常守るべき倫理道徳を説いた『修身受用抄』や

兵儒一致

『式目家訓』も広義の兵学の書であり、素行にとっては兵学と儒学とは二にして一で、一体不可分の関係にあり。文と武は「一体にて分岐すべからず」（『講説』）、即ち兵学と儒学とは二つの独立した学問として並立しているのではなく、儒学は兵学の中に包摂されているのである。兵学とは、一身の修養より天下を平かにするの道までも含む厖大な思想体系であるから、兵学の外に儒学が存立し得る筈がない。儒学を主とし兵学を従とする羅山と、兵学を主として儒学を従とする景憲・氏長から学んだ素行の思想は、兵儒一致による兵学の組織化・体系化の方向へ進められ、神・儒・仏・老の四教の融合と、文武一致とを基底とする兵学、即ち従来の軍法的兵学と儒学とを「武士たるの道」という点に於て統合した士法的兵学へと、成長しているのであるが、まだ北条流兵学（『士鑑用法』）の影響下にあって、独自の展開を示してはいないのである。

三教一致書

広瀬豊氏『山鹿素行先生著書及旧蔵書目録』によれば、山鹿家伝来蔵書に素行自筆の『三教一致書』がある。この書は内に「三賢一致書」と記され、孔・老・釈の一致を述べたもので、八枚の残欠本であり、十代の頃の「他著自筆」（他人の著書を筆写したもの）と推定される由。また『修身受用抄』には「孔子老子釈迦三教」といい、邪念を起し疑い惑う事を「神道には二念といふ。儒道には邪知共(とも)」いうと、三教のみならず神道をも推奨し、『兵法奥儀集』においては『老子』『荘子』『論語』『孟子』『孝経』『大学』のみならず『楞厳経(りょうごんきょう)』からも引用している。

四　結婚と仕官

ここでは素行の身辺の事情に就いて記述する。『年譜』寛永十九年（二十一歳）四月四日の条に、「婚礼あり。」と記されている。誰が誰と結婚したのか、分らぬような表現であるが、素行自身の婚礼のことである。『年譜』は慶安三年（二十九歳）頃から必ずしも毎日ではないが日記の体裁(ていさい)になり、それ以前は粗になっているが、「全集」本で四七八頁、「素行集」本で三九〇頁に達する厖大な量である。それにも拘らず自分の結婚のことに就いては、「有二婚礼一」と僅かに三字しか費されておらず、妻の名前も年齢も、その父母の名前も地位も記されていないのは、武士の家庭に於ける妻の身分の低さを示すと共に、町医者玄庵の妾腹の子であり、景憲より兵法の印可を受ける前の素行としては、良い家柄の娘を嫁に貰いうけることが出来なかったからであろう。

十七歳の妻浄智

妻の名は浄智（浄智院は法名でもあるが生前から此の名で呼ばれた。）この時十七歳で素行より四歳年少であり、その後素行より長生し、正徳五年（一七一五）十月十三日九十歳の高齢を以て歿し、現在東京都新宿区牛込弁天町宗参寺に「浄智院殿心月永照大姉」と刻まれた墓石が、貞以の墓碑と向い合って立っている（貞以の墓は東向き、その向って右隣りが妻の妙智の墓、そのまた右隣りが素行の墓で、墓地の奥の方に貞以と浄智の墓がある。）。

浄智の年齢については、津軽平十郎の母（素行の次女鶴）が正徳三年五月十二日、津軽藩の要人丹野席右衛門・間宮九郎左衛門・長尾小次郎に宛てた書簡に「母とうねん（当年）八十八に罷成申候ゆゑ、ことのほか老すい仕」（「全集」十五巻八五三頁）とあるのにより逆算した。

妻の両親

妻の父に就いては『年譜』延宝二年（五十三歳）七月八日の条に、「道秀居士婦翁、日野弥兵衛三十三回忌焼香盛饌」とあり、また延宝七年七月八日の条に、「今日道秀居士忌日、終日素食。野妻瑞輪寺に詣づ。」とあるので、俗名を日野弥兵衛、法名を道秀居士というい、素行結婚の年に歿し、墓は下谷(したや)(台東区谷中四丁目)の慈雲山瑞輪(ずいりん)寺に在ることがわかる。また妻の母に就いては『年譜』延宝八年三月十三日の条に、「今朝愚妻の母の忌日、拝礼焼香」とあり、翌九年三月十三日の条に、「今日普照大姉(だいし)正忌日、夙(はや)く焼香す」と記され、また天和(てんな)二年三月十三日の条に、「今日玉淵禅尼忌月、焼香し食事(時)食を上る。」等とあるが、生死の年も分らない。

瑞輪寺は日蓮宗であるから、玉淵禅尼の法名は他の禅寺から貰ったのであろう。なお「禅尼」は夫の在世中でもつけられるから、彼女が夫より長生したか否かも分らぬ。素行の孫(次女鶴の子)津軽耕道軒が書いた『親類書』には「祖母、日野弥右衛門と申者之娘にて御座候」(『全集』第十五巻六五四頁)とあるが、これは日野弥兵衛の誤りであろう。『松浦本山鹿家譜』には、素行の娘である鶴(津軽監物の妻)に就いて「母は戸沢長左衛門の女、長左衛門は物頭役なり」とあり、また亀(津軽将監の妻)に就いても「母は右に同じ」(『全集』第十五巻六二一頁)とある。若しこの記事が正しいとすれば、日野弥兵衛と戸沢長左衛門とは同一人でなければならぬが、『年譜』その他素行自筆のものには戸沢長左衛門の名は見えず、『松浦本山鹿家譜』は史料的価値の低い悪書であるから、この説は採らぬ。

両親と別居して新宅に移る

素行は結婚後五ヵ月にして景憲より兵法の印可を受け、四年後の正保三年には松平定綱が弟子となり、翌四年には氏長が家光の命により築城の模型を製作した際これを助ける等、兵学者として一家を成すようになったので、正保五年(二十七歳)正月十六日、「新宅を中間町に構」え、三月十七日(慶安元年と改元)「新宅に徙(うつ)」(『年譜』)った。本郷弓町の後あたり、吉祥寺(きちじょうじ)(明暦三年、水道橋から駒込に移る)の傍(かたわ)らである。翌十八日には「雙親(そうしん)来臨す」とあるから、両親や長兄は従前通り神田佐久間町の家に住し、素行夫婦だけが本郷中間町に別居したのであろう。

臼砲発射の見学

慶安三年(二十九歳)八月六日、素行は牟礼野(むれの)(井之頭公園の南方)で行われた和蘭(オランダ)の砲術師ユリアーン＝スヘーデル(Jeurriaen Schedel)の臼砲(きゅうほう)発射の技を見学した。『年譜』には、六日、牟礼の野に於て、於蘭陀(オランダ)人、王(たま)・石火箭(いしびや)を放つ。三十二貫目の大砲、町を去(へだ)てて二間五間の宅五架を建て、火砲を以て之れを焼く。牧野某（佐渡守）・内田某（信濃守）焉れを監す。北条氏長・中根某（二郎兵衛）・駒井某（右京）・遠山某（十右衛門）共に至る。

と記されている。

臼砲術師の来日

臼砲の戦術的重要性は島原の乱によって認識され、幕府はオランダ人に臼砲の鋳造とその発射法の教授方を内命し、寛永十六年（一六三九）臼砲三門が東印度会社の名によって将軍家光に献上されることになり、新任の蘭館長フランソア＝カロン（François Caron）が砲術師ハンス＝ウオールフ（ドイツ人）を随えて江戸に来り試射が行われた。この試射により臼砲の威力が知られたので、幕府は更にオランダに対し臼砲の鋳造と臼砲術師の派遣を求めた。たまたま寛永二十年蘭船ブレスケンス号の乗組員の不法上陸問題に関し、幕府が寛大な処置を取ったことに対し、東印度会社は謝恩使節に随行して砲術師ユリアーン＝スヘーデルを派遣することになり、一行は一六四九年（慶安二）十二月三十一日（陰暦十一月二十八日）江戸着、翌年八月六日（陰暦）牟礼野の試射となり、使節が江戸を去った後も、スヘーデルは滞在して砲術の教授に当った（洞富雄氏『種子島銃』）。なお『徳川実紀』（大猷院殿御実紀・巻七十八）には、「此日、阿蘭陀人、仏郎機を、武蔵の牟礼にて試らる。卅貫目にて七町打、九貫目にて六町打しとぞ。御側役牧野佐渡守親成、大目付井上筑後守政重、鉄砲方柘植三之丞宗次・田付四郎兵衛景利監臨し、歩行目付二人、歩行士一隊まかり警衛す」とあり。『年譜』との記事に差異があるが、「本射撃に用ひた大砲は寛永十六年にカロンが献上した大臼砲（三十貫目玉）

二門の内一門及び小臼砲（九貫目玉）であって、『徳川実紀』の仏郎機（三十貫目）とあるのは誤りである。之の臼砲に関しては、明暦四年に大砲方田付四郎兵衛の記録があり（勝海舟『陸軍歴史』上巻、巻五）また大臼砲の方は現に遊就館に保存せられて居る」（有馬成甫氏『北条氏長とその兵学』）。

臨場者のうち、駒井右京亮親昌はこの翌年家光の内意により、兵学の弟子となった人であり、素行がこの射撃を見学出来たのも、祖心尼等による幕府出仕運動と関連があるかも知れない。この火砲の操作法は大砲方田付四郎兵衛景利がユリアーン（由利安牟）より通詞を介して習得し、また臼砲を如何に戦術的に使用すべきかという攻城法は、北条氏長が将軍の命によってユリアーンより伝を得たのであって、西洋の新戦術の習得に就いては、浪人たる素行は師の氏長に一歩を譲らざるを得なかった。

由利安牟攻城伝

『寛政重修諸家譜』には、氏長について「この年（慶安三）其後阿蘭人来るとき、仰をかうぶりて、かの国の攻城の法を推問し、これを書につくり、或は木を以て其形を造りてたてまつり、また仰によりて御好みの鋳砲をつくらしむ」（巻五〇七）とあり、この書が『由利安牟攻城伝』（または『攻城阿蘭陀由利安牟相伝』）で、その全文は有馬氏前掲書に収録されている。なお素行が八月十二日に氏長の亭に行ったのは（『年譜』）、攻城法のことを聴く為であろう。

異母兄の死

慶安四年（三十歳）三月十九日、長兄（異母兄）惣左衛門が病死した（『年譜』）。行年四十八歳。道号は悟峯（法）、法名は昌頓、鳳林寺に葬った。

『家譜』には「慶安四年辛卯年三月廿九日卒す」とあるが、『年譜』寛文三年三月十九日の条に、「亡兄昌頓の第十三回忌」、延宝五年三月十九日の条に「今日、昌頓廿七回」、また天和三年同月同日の条にも「今日悟峯昌頓三十三回忌」とあるから、十九日が正しい。瑞祥山鳳林寺は東京都新宿区牛込七軒寺町にあり。曹洞宗、駒込（当時は水道橋）吉祥寺の末寺である。

惣左衛門の子の正明（助千）は当時六歳であった（『家譜』によれば、惣左衛門には正明のほかに娘が二人あり。姉の方は早世し、妹の方は『年譜』延宝五年三月二十二日の条に「今日昌頓の息女、赤熊七郎兵衛の妻来る」と記されている）が、素行が養子とし（『山鹿古先生由来記』）、のち正明は寛文五年十二月浅野長直（ながなお）に仕えて四百石を貰ったが、同九年二月六日赤穂で病歿した。行年二十四歳。花（華）岳寺に葬った。（道号は無安、法名は宗有）。

由比正雪と丸橋忠弥

慶安四年四月二十日家光死去し、七月二十四日には、由比正雪の徒党丸橋忠也、之れを追捕す。正雪既に駿州を発す。廿二日 駒井右京亮、之れを追ふ。正雪駿河の町に自殺す。上下八人（『年譜』）

という事件がおこった。丸橋忠弥は自宅で生捕られたが、その家は素行の自宅と同じ本郷中間町に在り、これを捕えた町奉行石谷将監貞清は、のち素行の門弟となり、また正雪を追捕した新番頭駒井親昌も素行に兵学を学んだことは前述した。

東条琴台の『先哲叢談後篇』巻之二には、素行が某公（紀伊頼宣）の邸で正雪と邂逅し、後日某公に向って「臣、彼が容貌を視て以て意を熟察するに、測り知るべからず。君必ず彼の如き者を近づくることなかれ」と忠告した話を載せ、「素行弘粋通遠、能く未然を察す。其の言ふ所、数年を経て毫釐も違はず。人皆先識の明を嘆ず」と記しているが、附会の説である。原念斎の『先哲叢談』では、これが熊沢蕃山が池田光政に忠告した話になっているし、若し素行に此の先見の明があれば、『年譜』その他の記録に書きもらす筈がない。

石谷十蔵

町奉行石谷十蔵は大坂の陣に功あり、島原の乱には副将として出陣しているが、町奉行としても令名があった。『年譜』では寛文元年（四十歳）正月十四日の条を初見とし、その後屢々往来している（但しそれより前、慶安四年六月十八日「石貝貞清、町奉行と為」るとの記事あり。十蔵を素行に引合わしたのは囚獄の石出帯刀かも知れない）。なお石谷を一般にイシガヤと訓んでいるが、『年譜』に石貝とも書か

浅野長直に仕う

れているので、イシガイが正しい。山本有三氏の小説『不惜身命』の主人公である。

その年の十二月二十五日には松平定綱が卒し、翌慶安五年九月十四日には別木（戸次）庄左衛門等の陰謀が露顕し、「姦党逆徒追捕す。……廿一日、浅草口に磔罪にす。」十月二十七日「又奸党の徒あり。追捕せらる。」（『年譜』）という状態で、幕府の浪人取締りは厳重となり、浪人はその居所を届け出て、常時幕府の監視下に置かれることになった。そこで素行は身辺の重圧を感じ同年（改元して承応元年）十二月八日、兵学の弟子であった赤穂の城主浅野長直に君臣の礼を為し、祿一千石を与えられた。時に三十一歳。『年譜』には、

天気快霽。午刻（正午）浅野長直主に至り、君臣の礼を為す。曾根某源蔵、父某源左衛門に代り先容（取次）す。直に浅野長治主・丹羽左京兆宅に到り、太刀・馬代（祝儀の金）を以て此の事を告げ、帰路北条氏長及び小幡景憲宅に到りて之れを告ぐ。各々太刀・馬代を執る。

とある。彼の後援者であり弟子でもあった浅野長治・丹羽光重、並びに兵学の師

であった氏長・景憲に仕官の挨拶をしたのである。（曾根源左衛門に就ては一〇五頁参照）

長直が素行の弟子となったのは、これより約二年前のことで、『年譜』慶安三年八月末日の条に「始めて浅野長直 内匠頭 亭に至る。因州長治来り会す。長直・長澄 内記 兵学を学ばんと欲し誓書を為す」とある。長澄は長直の養子である。のち長直は赤穂五万三千五百石のうち五万石を嗣子長友に、三千五百石を長澄に譲った。なお長友は当時八歳の児童であるから入門していない。長直・長治・光重は左の系図が示すように、光重の妹は長直の妻で長矩の祖母に当り、長矩の妻の瑤泉院（阿久里）は長治の二女であり、また長治の妻は長直と兄妹であり、長治と長直とは従兄弟である。また長晟の妻は家康の息女振姫で、彼女は初め蒲生秀行に嫁し、秀行の死後長晟に再嫁した。従って素行の浅野家仕官は、素行から祖心・振姫・長晟・長直を結ぶ線も多少の影響を与えたかも知れぬ。

浅野長政
├幸長＝長晟─長治─女（瑤泉院）
├長晟
└長重─長直─長友─長矩
　　　＝丹羽光重の妹
（長晟＝女（長重の娘）─長治／長治の女＝長矩）

浅野家より優遇さる

浅野家仕官について『配所残筆』には「知行千石宛行はれ」「番並に使者一度も申付けず」「稽古日を定め置き、我れ等罷出候時分は、馳走仕られ候て、浪人分に仕られ候」とあり。長直は浅野家（広島）の分家で五万三千五百石の小封から一千石を割き、遇するに賓師の礼を以てし、日常普通の職務を以て煩わさざるに到っては、無上の待遇というべきであろう。

家紋を改む

『山鹿語類』門人序に「主（長直）先生を以て召さざるの臣と為し、恩遇甚だ渥く、常に席を設けて講習討論す」とある。なお『家譜』によれば山鹿家の紋は「違鷹羽」であったが、「浅野長直主に仕へ、紋を改めて橘と為す」とある。これは浅野家と同紋であるため遠慮して、母方の岡家の橘の紋に改めたのである。

赤穂に赴く

翌承応二年（一六五三）閏六月十九日浅野長直は赤穂に向って発駕し、素行も八月二十六日江戸を発した。『年譜』にいう。

廿六日、江戸を発して赤穂に至る。（行程十四日京に至る。）三木某（勘左衛門）・井上某（安大夫）相従ふ。若党九人・槍三本（対二本持鎗）・弓立一韜（弓二張、矢二十一筋）・馬二蹄、辻某（文左衛門）後乗と為る。（駄十疋、丁六人、笠輿傘を立つ。）

諸大名始め多数の門弟を擁したとはいえ、九ヵ月程前迄は一介の浪人に過ぎなかった素行が、今や一千石の知行取りとしての身分相応に、甥の三木勘左衛門を始め多くの従者を引きつれ、行列をなして東海道を行く。素行の得意や思うべしである。一行は途中伊勢内宮に参り、九月九日京都着、十九日大坂に入り、弟子の曾我古祐(ひさすけ)（大坂町奉行）を訪ね、板倉重矩(しげのり)（大坂加番）も来会し、二十五日赤穂着、翌日長直に謁し、その後は稽古日を定めて出仕することになった。

海道日記

この道中のことは『年譜』『配所残筆』に書かれているが、別に『海道日記』がある。序文に「行来の間、目にふれ心のとまる所を、筆にまかせて、所の名、地の粧(よそおい)をしるせれども」とある如く、道中の名勝旧蹟・古戦場・要害の地勢等を述べているが、明暦三年の火事で半ば以上焼けうせたので、江戸から京都迄の分（自筆本半紙五十七枚）しか伝わらない。（「全集」第一巻及び「素行集」第七巻に収録）

赤穂城縄張改め

素行の赤穂行きの主目的は赤穂城の縄張(なわばり)改めの為で、『年譜』承応二年十月十五日（赤穂到着後二十日）の条に、太守（長直）二郭の虎口（出入口）を縄張す。僕を招きて談ず。太守自ら其の地に臨み、群臣列び供す、僕間縄を取り改め直す。

とある。築城の事に就いては、延宝二年七月二十四日浅野長直の第三回忌の法事に際し、素行が撰した「湖山（長直の道号）常清（法名）公行事幷哀辞」に、

公（長直）大猷君（家光）の鈞命を奉じて、新に赤穂に城く。……今夫れ新城は、山本道鬼（勘介）の規模を以てす。（「全集」第十五巻七四二頁）

とある如く、甲州流の築城法に基づいて素行が監督し完成されたのである。

長直は正保元年常陸（茨城県）笠間より赤穂に移封されたが、ここは曾て宇喜多秀家が領内の属城として築いただけのもの（その後、姫路城主池田輝政の五男政綱が改築）だったので、幕府の許可を得て、新たに大改築することになった。なお素行が特に赤穂藩に仕官したのは、この築城が魅力となったのではなかろうか。当時の兵学なるものは、戦争の無い時の軍法であり、城が造られることのなくなってからの築城法であるという、泰平の世の机の上の産物であるから、素行としては、築城の唯一の機会を見逃がしてはならぬとの気持を抱いたのではなかろうか。平戸山鹿家所蔵の「赤穂城図」（素行自筆）はこの時のものであろう（鳥羽正雄氏「赤穂城図について」『軍事史研究』第三巻第三号）。

全生涯の半分を終る

素行の赤穂滞在は僅かに七ヵ月と十日に過ぎなかったが、ここで彼の六十三年の生涯のちょうど半分が終ったことになる。その間の主要な出来事としては、

> 承応三年正月元日、太守出座、各々礼謁。二月、去年凶歳にして民多く飢う。太守恤賑の恵政を為す。……。三月十日坂越浦に遊び、壹岐嶋(生島)を歩行す。大石某(源五左衛門、後内蔵助に改む。)舟を艤し、短棹長歌、終日(小山喜右衛門等来会)行吟す。……五月二日、太守帰江の暇を賜ふ。……五日、船を発す。七日、難波(大坂)に著く。(『年譜』)

とあるだけで、藩の民政・兵制等の改革に貢献したような記事はない。そして

江戸に帰る

「東山道を歴て、二十四日(未刻)江戸に著」き、翌六月一日、「太守の嗣君(又一郎)に謁し」十三日に長直も江戸に入り、これより後は稽古日を定めて藩邸に伺候して兵学を教授し、また浅野長治・丹羽光重・本多兄弟・菅沼定実等との交遊も復活した。

右の引用文中、大石内蔵助の名は良欽、家老一千五百石。長直・長友・長矩の三代に歴仕し、延宝五年歿す。良欽の子は権内良昭、孫が内蔵助良雄であるが、良雄はまだ生れていない。

なお東山道の紀行は『東山道日記』と題して「全集」第一巻及び『素行集』第七巻に収録されて

いる。

娘竹病死

長男左太郎生誕と死去

この年（承応三）の十二月四日、娘の竹が病死したが、『年譜』には「去る四日、女竹痘疾に依り死す」とあるのみで、何歳で死んだのか、亀の姉か妹か、また生母は誰であったか明らかでない（素行には妾があった。）。明暦二年（三十五歳）正月十一日、長男左太郎が生れた。『年譜』に、「愚息左太郎出誕。母は家女房なり」とあるが（「全集」には「母家は女房なり」と訓んである。原文は「母家女房也」）、「家女房」とは侍女・女中・側室のことであるから、正妻の子ではなく妾腹である（此の家女房は駒木根不知であることに就ては後述する。）。然るに翌明暦三年（一六五七）十一月三日には、「愚息左太郎病頓に起りて卒す。鳳林寺に葬る」（『年譜』）の悲運に遭遇した（素行は又「愚息左太郎病死、悲哀限りなし」とも書いている。）（『年譜資料』「全集」第十五巻五〇二頁）。鳳林寺はさきに長兄惣左衛門を葬った曹洞宗の寺院である（一二〇頁参照）。

第四　思想的遍歴（下）

朱子学中心時代

――明暦二年（三十五歳）より寛文二年（四十一歳）まで――

一　朱子学中心時代

明暦二年は著書多し

『式目家訓』『兵法奥儀集』が書かれた慶安四年より五年の後、明暦二年三十五歳の時、『修教要録』十冊・『治教要録』二十一冊・『武教要録』五冊・『武教小学』一冊・『武教本論』一冊・『武教全書』八冊・『兵法或問（わくもん）』七冊・『手鏡要録』二冊・『孫子句読（くとう）』一冊・『賤嶽（しずがだけ）並諸戦記』一冊が著わされた。五年の間『海道日記』『東山道日記』の紀行的地誌のほか、見るべき著述のなかった素行が、この年一時に儒学・兵学の両方面に関し多くの著述をなしたのは、この時期に彼の思想が飛躍的に発展したからである。

『修教要録』は『治教要録』と姉妹篇をなすもので、前者は『大学』の修身・斉家(せいか)に、後者は治国・平天下に当り、両書とも中国の古典・先儒の説を引用し、その後に「今案ずるに」「愚按ずるに」とて、自己の意見を述べる体裁になっている。『修教要録』の自序に、

近来竊(ひそか)に思へらく。学は是れ何ぞ。修身のみと。此れを以て身上に体認するときは、父子の間、君臣の際も、始めて知の致らず、行の力(つと)めざるを覚(さと)る。茲(ここ)に於て意見を去り、高遠を棄てて、近く思へば、向(さき)の為せる所、皆放僻(ほうへき)邪異にして、向(さき)の言へる所、皆天に背き人を惑(まど)はすの言なり。故に事物交接の則、天地と悖戻(はいれい)す。是れ道源明かならずして、知と行と処を易(か)ふればなり。(『全集』第二巻一〇頁)

とある如く、素行の思想はここに飛躍を遂げ、過去の言動はみな邪異(じゃい)であったと否定された。そしてかかる結論に達したのは、学問とは修身のみという認識から

朱子学は実践道徳学

出発するのであるが、修身の重要性に就いては既に『修身受用抄』や『式目家訓』に於て強調されたところであって、異なるのはその受用の仕方であり、身上に体認すること、即ち意見を去り高遠を棄てて、近思することの必要なるを理解したからである。学問の目的は修身であるが、この目的を達する為には致知（学問）・力行・道源の三要が必要である。若し道源を欠けば、「其の学術、形而下なる者に泥著し」天理に通達することが出来ぬし、致知・力行を欠けば、「其の学高遠に馳せて」実地に至ることが出来ぬのであって、かくては「聖学」とはいい得ぬ。前に『修身受用抄』で説いた明徳の本体や無事・無物の境地は、意見であり高遠であって、「父子の間、君臣の際」というような実地に於ては、即ち忠孝の道を実践する上に於ては無力であって、「知と行と処を易」えざるを得ぬ。それ故に意見を去り高遠を棄てて近思することの必要性が痛感され、曾て記誦詞章の傾向があるとして、あまり重視しなかった朱子学が、実は実践道徳学であることを認識し反省し、朱子の『近思録』に倣って『修教要録』を編し、致知（学問）・力行・道源を三要とし、修身を目的とする学問を「聖学」と称するに至った。『山鹿語類』の門人序に、

先生聖学の志愈々進み、詩文詠歌の詞章、老荘・釈氏の異説、衆技小術は皆以て聖人の学に非ずと為し、退いて『治教要録』三十一巻・『修教要録』十巻を述す。此の書専ら周・程・張・朱の学を以て宗と為す。

老荘・仏教を排す

とある如く、曾ては「殆ど三教（四教）を以て一致と為し」（『修教要録』序）たが、今や老荘・仏教の説は高遠・非現実的な観念であって、「聖学」に非ずとし、宋学特に朱子学に共鳴し、修身・斉家（自分の身を修める）に関し、周濂溪・程明道・程伊川・張横渠・楊亀山・朱熹・蔡節斎・黄榦らの語句を摘出し敷衍したのが『修教要録』であり、治国・平天下（他人を治める）に関し、宋儒真西山（徳秀）の『大学衍義』並びに明儒丘瓊山（文荘）の『大学衍義補』を斟酌し輯録したのが『治教要録』である。

朱子学に共鳴

聖学に非ずということは、『修教要録』巻之四「学問二、前編二」の後半に、「異端」として老荘・浮屠（仏教）・陸学・王学が挙げられている。宋学の中でも陸象山・王陽明の学は仏教特に禅の一種であるとして排斥されたのである。

治教要録

『修教要録』における「一身の修斉」より進んで、『治教要録』に於て国家の政治に及んだのは「天下の大を推さざれば、固陋にして全から」（『治教要録』自叙「全集」第一巻三五四頁）ざるが故である。曾て『修身受用抄』においては、自性明徳の本体を知る為には心理の惑いをみがき外の惑いを去るべしと、ややもすれば社会から遊離して個人的・抽象的な人間の修身が説かれたのに対し、『治教要録』においては現実的に社会を構成する社会人としての人間の修身が取上げられたのであって、修身は斉家・治国・平天下と不可分であることが確認された。『兵法奥儀集』において克己とともに復礼を、また道とともに法を説いた思想は、ここに発展して『治教要録』となったのであって、その門人の序に、

凡そ道は法に因りて行はれ、法は道に因りて成る。故に先生、本朝の俗を考へ、中国の

風に頼り、法を建て事を制して、各々其の綱を挙げ、其の領を提げ、(「全集」第一巻三五二頁)

とある如く、道は法によって行われ、法は道によって成ることが確言され、『大学衍義』『大学衍義補』からの抄録だけでは満足せず、

本朝は遠く中華に隔ると雖も、其の人質其の風俗尤も教化し易し。往昔の律令、歴代の格式、略存すと雖も、時異に勢差ひて、これを用ふるに足らず。況や異域の治法をや。(「門人序」)

と、我国の人質・風俗を考え、日本古来の律令や武家の治法をも参照し、「撫世安民の良規に志して、……治教の本末に於て小補」(「自叙」)有らしめんが為に編著されたのである。

日本中朝主義の萠芽

此の門人序によれば『治教要録』には、かなり日本の記事があるように見えるが、実際は大したことはない。只此の書あたりから、素行の関心が日本の史実と中国の典籍との対照に向けられ、日本中朝主義を唱導するに到る萠芽を認めるべきである。

『修教要録』の自序において始めて「聖学」といい、『治教要録』の門人序においては「学んで効なくんば実学たらず」と「実学」を説き、自叙においては「聖学」を論じた如く、素行は明暦二年三月、三十五歳の時既に聖学の概念だけは出来て、実学の立場から朱子学に共鳴しながらも、なおまだ神・仏・道の三教を完全に清算し得ず、また朱子学に対しても次第に動揺し懐疑し、遂に宋学の理をも仏教・老荘に等しいとて斥(しりぞ)け、後儒の説を棄てて直接周公・孔子の教えに向うようになるのであるが、それは後述する。

二　士法より武教へ

武教への転換

明暦二年(三十五歳)素行の思想体系は始めて聖学・実学と呼ばれたとともに、また「武教」とも称するようになった。『兵法奥儀集』において北条氏長の『士鑑用法』にならって軍法より士法への転換をなしたが、この年著わされた『武教要録』『武教小学』『武教本論』『武教全書』『兵法或問』『手鏡要録』及び翌年の『武教三等録』等の兵学書によって、更に士法より武教への飛躍をなしとげた。明暦二年（一六五六）は素行の生涯において、量的には著述の最も多い年である。

孫子句読と日掇

明暦三年には、前節で掲げた『修教要録』『治教要録』の外に『孫子句読』と『日掇』がある。『孫子句読』は、『孫子諺義』の序文に「翌丁酉（明暦三年）災（火災）ありて、諺解（孫子諺解）及び句読は烏有と為り、副本なく唯だ始計の句読一篇を存す」とある如く、今「始計篇」しか伝わらない。

『武教要録』は「竜集丙申（明暦二年）秋八月、江陰無名子（素行の門人）」の序に、「兵本に始まり兵法に及び兵戦に終る。其の続集は問答を著けて其の要法を解く。其の別集は綱目を挙ぐ。」（『素行集』第三巻三四一頁）とある如く、初めの三巻は正編であり、第四巻の続集は兵法全般に関する十三篇の問答を載せ、これで一応終結していることはこの巻の跋文（素行自筆）によって明らかである。

武教要録

『武教要録』はその冒頭「或ひと問ふて曰く、兵の道如何」に答えて、兵法は

「士の道」であり、詭道・権道というも実はやむことを得ずして用いるのであって、その根本においては道徳と一致するとて、道と法との、また文と武との関係を論じ、更に、

平和な社会の士の職分

或ひとの曰く。士は耕さず工せず商はずして、三民の上に居ることは何ぞや。曰く。三民は本と愚なり。故に士は之れが長と為つて、教化を撫育し、邪を抑へ正を揚げ、各々三民をして其の家業を務めしむ。故に士を以て首と為す。士にして徳を修めず、民を教へず、三民流亡すれば、士は実に遊民なり。(「素行集」第二巻三四五頁)

と述べた。これは『士鑑用法』に「盗人ヲ征罰シテ泰平ノ代トナス役人ヲ、名付テ士ト云也」とある平和な社会の士の職分を、更に明確にしたものであって、『武教小学』の門弟序に、次の如く述べられているのに照応する。

大農・大工・大商を天下の三宝となす。士は農工商の業なくして、三民の長たる所以のものは他なし。能く身を修め心を正しくして、国を治め天下を平かにすればなり。(「全集」第一巻四八一頁)

これは素行の創見ではなく、『孟子』滕文公上の「或は心を労し、或は力を労す。心を労する者は人を治め、力を労する者は人に治めらる。人に治めらるる者は人を食ひ、人を治める者は人に食はると。天下の通義なり」との説に基づいたものであろう。

そしてかくの如く、武士とは、もはや戦場で殺伐を事とする者ではなく、天下に道徳を確立して国家の治平を致すを以て職分とするが故に、兵道・兵法とは単なる戦闘術ではなく、四民の首たる武士の為の修身・斉家・治国・平天下の道でなければならぬ。

兵法と道徳との一致

「兵は詭道なり」との孫子の語は、曾ては戦争に勝つ為の権変の方法として容認されたが、近世社会に於てはどんな卑怯な、非道義的な手段を用いてでも戦争に勝たねばならぬという現実的必要に迫られぬから、既に『士鑑用法』において「孫子云トコロハ詭モ道ナリト云義也」というように、兵法における反道徳的な要素は否定され、兵法と道徳との一致が説かれるようになった。素行によれば、「兵は凶器なり。天道之れを悪む」が、道徳が否定されようとする場合は、「已むことを得ずして之れを用ゆ。」従って権道・詭道は「常法に反して、常法に同(ひとし)きなり。」聖賢と雖も若し武略に疎(うと)ければ孱弱(せんじやく)な懦夫(だふ)に過ぎず。かくては天下を平かにすることは出来ぬ。「戦は戦を止(とど)むる所以(ゆえん)」であり、兵は治国・平天下の為に古来聖賢もやむを得ず用うるところであるから、徒(いたず)らに権道として排すべきではなく、『孫子』も亦「陰謀の書」として仇にすべきものではない。

必勝の方法とは正しい政治を行うこと

必勝の方法とは正しい政治を行うことであって、戦場における武将の術ではなく、平時における君主の道であり、その成否は君主が道法を兼備しているか否かに係っている。「政令は人の心志を一にする所以」であり、善く兵を用うる者は「三軍の心を一にし、好悪を同(ひとしく)して、死生を共に」するが、君主正しからずして「政令下るときは、民之れを嘲弄(ちょうろう)」して、善く戦うことが出来ぬのであって、「軍政・軍令、国政とは別ならず」(巻一政令)。戦争は「奸(かん)を詰(なじ)り慝(とく)を蒐(か)り、⿰武堯(げう)を禁じて乱を戡(おさ)め、万民の要害を除」く為に、「天下を愛するの心を以て」行うのであり、正しい政治を行う為の已むを得ざる手段であるとなすのであって、ここに治法は兵法の根本であり、戦争は政治の手段であることが説かれている。

次に兵において奇（詭道）を用うるのは、法であり用であって、道を全うせんが為にやむを得ず用うる手段である。兵において道（正）と法（奇または術）とが必要である如く、治国・平天下の為には文と武とを兼備しなければならぬ。

文武一致の精神は、小幡景憲が素行に与えた兵法印可の副状に表われ、『兵法奥儀集』に於ても「道法兼備の事」が説かれたが、『武教要録』に於てはそれが一層詳細・明確に論ぜられるとともに、更に治法と軍法、政治と戦争との融合が説かれたのである。

『武教全書』は、兵法の根本は謀略・知略・計策の「三本を出で」（序段）ぬことを論じ、

自序並序段・主本・撰将・用士・武者分・制法・撰功・内習・軍礼・法令（以上、一之上巻）、天官・地形・斥候・侍用・武功・用間（一之下巻）、練陣・行軍・営法（第二之巻）、城築（第三之巻）、客船・主船・攻城・守城・寡戦・衆戦・歩戦・騎戦・山戦（第四之上巻）、河戦・舟戦・伏戦・火

戦・夜戦・夜守・雑戦・戦法（第四之下巻）、兵具・急療・金瘡・馬医（第五之巻）の各項目に分ち、極めて簡潔に恰も講義項目の如く書いたものである。そして自序に、

予嘗て『兵法神武雄備集』若干巻を述べ、殆ど竊に先哲の意を取る。又今其の要を摭り其の事を詳かにす。（『素行集』第二巻三九頁）

とある如く、従来の兵学を整理し体系化したものであるが、その後序に、

世能く兵法を以て、戦用の術と為さんことを知りて、本源を以て、日新の用と為さんことを知らず。其の授けたる者、詐謀を貴ぶを以て、其の受くる者、実学無きなり。授受伝習の間、慎まざるべけんや。（『素行集』第二巻三三三頁）

とある如く、兵学が日新の用をなすべき実学であるべきことを強調した点が注目される。

兵学は実学

山鹿流兵学の教科書

『武教全書』は此の後、山鹿流兵学の教科書として使用されたもので、貴田孫大夫元親（弘前藩士。父の長大夫元辰も尼崎藩士で素行の弟子であった）の『武教私手鏡』、津軽耕道の『武教全書諸説評論

家伝秘鈔』等に、此の書を基にした素行の兵学講義の一部が筆録され、また広瀬豊氏編『山鹿兵学全集』(教材社)の第四・五巻にも津軽耕道の『武教全書講義』(前掲書の仮名)が収録されている。

『武教全書』の謀略・知略・計策の三大別は、氏長の『士鑑用法』の治内・治外・応変に相応し、各項目の分類法も『士鑑用法』の影響を受けている。

『武教要録』は孫子以下古来兵家の説を分類摘出して私見を述べたもので、その形式においては『修教要録』『治教要録』と共に三部作をなすものであり、『武教全書』も先哲の意を祖述し敷衍したものであって、武教に関する代表的な著述としては、むしろ『武教小学』と『武教本論』とを挙ぐべきであろう。

『武教小学』の門弟の序によれば、此書は門弟子等が師の説を「竊に蒐み集めて、扁題して武教小学と号」したもので、「此の一篇輯録して梓鋟となすものは、殆んど先生の志にあらず」とあるが、素行自ら此書を『武教全書』の巻頭と、『武教要録』の第六巻とに収録しているから、素行の著書として取扱ってよいだろう。

武教小学

『武教小学』は「明暦丙申(二年)八月、門弟子等」の序によれば、士は修身・正心・治国・平天下を本分とするにも拘らず、この本分を忘れ、「或は短衣蓬頭して、臂を怒らし剣を按ずるを以て俗となし、或は深衣非服して、記誦詩章を以て教となす。其の過不及、甚だ歎息すべき」(『全集』第一巻四八一頁)ものあるが故に、朱子の『小学』に倣って武士たる者の日常生活の規範を説いたものであり、――更に詳説すると、朱子の『小学』はすぐれたものであるが、元来中国人が中国人の為に書いたもので、風俗・時代を異にする我国の武士がそのまま従うべきではない。日本に居て外国の風俗を慕い、「礼義を学ぶに異風を用ひ、或は祭礼をなすに異様を用ふ」るのは、格物致知の所以でなく、「理を究めざるの誤」であるから、日本の武士の為に特に適切妥当な小学の教えを説いたものとして「山鹿先生の武教の垂訓」を輯録する、――というのが根本の趣旨である。

日本の武士の為の小学の教え

吉田松陰の講義録

吉田松陰は此の「武教小学序」を講義して「此ノ大主意ヲ能々呑込ミ玉へ。是ニテ士道モ国体モ其梗概ヲ得ベシ。……国体ト云フハ、神州ハ神州ノ体アリ。異国ハ異国ノ体アリ。異国ノ書ヲ読メバ、兎角、異国ノ事ノミヲ善ト思ヒ、我ガ国ヲバ却ツテ、賤ミテ、異国ヲ羨ム様ニ成行クコト、学者ノ通患ニテ、是神州ノ体ハ異国ノ体ト異ル訳ヲ知ラヌ故也。故ニ晦庵(朱子)ノ小学ニテ、前ニ云フ士道ハ大抵知レタレドモ、是ハ唐人ノ作リタル書ユヱ、国体ヲ弁ゼズシテ遽カニ読ムトキハ、同ジク異国ヲ羨ミ、我ガ国体ヲ失フ様ニ成行クコトヲ免レザルヲ、先師（素行）深ク慮リ玉フ。是武教小学ヲ作ル所以ナリ。是ヲ以テ国体ヲ考フベシ。」（『武教全書講録』）と述べているが、『武教小学』においてはそれ程国体が重視されているのではない。然し『治教要録』の門人等の序と照応して、謫居時代に於ける国体論の発展、日本中朝主義の提唱の萠芽をなしていると評すべきであろう。

松陰は素行の後年における日本中朝主義の主張に感銘し、素行を「先師」と景慕する気持から、即ち色眼鏡を以て『武教小学』を読んだので、この書の主意は士道と国体の二点にあると論断したのであるが、当時の素行はまだ中国を「中華」と呼んだ如く、国体論にはさほど重点を置かず、寧ろ実学の立場から、外国の風習や教説の穿鑿だけでは、日本の武士として日常の行いに役立たせるに充分でないとの立場から、我が国風に合した学問をなすべきことを説いたに過ぎないのである。

武士道入門の必読書

本書は夙起夜寝・燕居・言語応待・行住坐臥・衣食居・財宝器物・飲食色欲・放鷹狩猟・与授・子孫教戒の十篇に分けて、三民の長たる武士の日常ふみ行うべき道を説いたもので、武士道入門の必読書といわれるだけに、「武士一日ノ教戒洩ス所ナク」（吉田松陰『武教全書講録』）記され、封建道徳の基調をなす分限思想が説かれ、「男女椸枷を同じくせず。敢へて夫の楎椸に懸けず。」と男女夫婦の別が述べられている。

『兵法奥儀集』の城・備・戦の三要、『武教全書』の謀略・知略・計策、『武教要録』の兵本・兵法・兵戦、『武教本論』の大原・主要・戦略、『武教三等録』の主将・官長・平士など三段の区分法は、『士鑑用法』の治内・知外・応変の三編を踏襲したものであり、それ以前の『兵法神武雄備集』も城制・武備・戦律の三大別となっており、『修教要録』『治教要録』『武教要録』の三要録も一書ずつで三段階をなしている如く、北条流兵学の影響が見られるが、『武教小学』の篇の区分法だけは師説を脱している。

戦争学から脱却

『武教小学』は武士の日常道徳を説くだけで、戦術に就いては全然触れていない。『士鑑用法』や『兵法奥儀集』が軍法は士法であるとて、兵学は戦争の為だけではなく修身・斉家・治国・平天下の道たることを説きながらも、なお戦闘の技術学に重点を置いたのに対し、『武教小学』は修身書・武士訓であって、戦争学から脱却している点に特色があり、ここに氏長の「士法」と素行の「武教」との間の相違の一つが示されている。そして『武教小学』を『武教全書』の巻頭に置き、前者において武士の道徳を、後者において戦術を述べ、以て山鹿流兵学の教科書としたのは、兵学の重点が日常の修養・道徳にあることを強調し、「小学」の道を体得して始めて「全書」の戦術を正しく用い得ること、即ち武士たるの道を知らぬ者は、戦術を学ぶ資格の無いことを示そうとしたのである。武教とは「武の教」であり、武力を行使する資格を得る為には、儒学を身につけなければならぬのであって、ここに兵学と儒学とが統合されたのである。

『武教本論』は「丙申（明暦二年）秋九月日」の自叙によれば、「専ら闘戦詐術を論じて、神武を去ること甚だ遠」く、「権謀技芸」を事として、兵学の本質を知らぬ古来の兵家者流に陥らぬよう、後学の者を嗜める為に、大原・主要・戦略の三篇に分けて、兵学の「本を論じて用を悉」（『全集』第一巻五一七頁）したものである。

『武教本論』の上篇「大原」は、人原・道原・事原の三項に分れ、『修教要録』の「道源」の項に倣い、理気・陰陽五行・木火金水の相尅相生等、朱子学の宇宙観によって天地万物の形成循環を説き、「人は天地の粋を得て、理気の正を稟」けたものであるから、自然の道理（天地の道）は人事の規範（人道）を蔵し、道は人間が造作するものではなく「其の出づる所、皆天誠」であり、あらゆる事物には各々斯くの如くなくては叶わぬ、已むことを得ざるの準縄があり、法はあらゆる人間をして此の道（天地の準縄）にいたさしむる為に聖人がこしらえたものであり、「道は唯だ思ひて成るべからず、行ひて始めて成る」と実学の重要性を説いた。次に中篇「主要」は、君職・三事・警戒・建官・選教・武備・法制・内閲・賞罰の九項に分れ、「上あるときは則ち下あり。君あるときは則ち臣あり。是れ天地の物則」であり、主（封建君主）の職は「皇極を建て、億兆の民をして天地の準縄に復し、天倫の叙に悖らしむる」にありとて、天下の治法を論じ、治を為すの道は官を建て人を得て法令を定め、内閲・賞罰を正しくすると共に、警戒・武備を固くすべきを説いて、「文武権衡の因る所」を強調し、下篇の「戦略」に於ては、武教・謀知・戦法・戦地・戦時・戦用・戦略の七項に分って、兵は詭詐ではなく、大原・主要を兼備して始めて戦を云う事が出来るとて、文武一致・兵備一致を明らかにしつつ、戦法の主要点を簡潔に要領よく説いている。

『武教小学』における日用道徳と『武教全書』における兵術とが各々独立して、理論的・内容的な連絡が少なかったのに対し、本書は短篇ながらも武教の根本理論から戦争の技術に至るまで、山鹿流の兵学を統一的に要約して論じたもので、『武教要録』の如き編輯物的性格を脱して著書の形態を備え、中国の兵書・儒書からの引用も非常に少なくなっている。

『武教要録』の門人序には「山鹿素行先生の兵家の説は、近く日用の事に取り、遠く戦法の謀を論じ、孫武子の外に出でず、戚少保（継光）の下に立たず」とある如く、中国の兵書からの引用が多く、いわば中国兵学の改良型になっているが、『武教小学』から『武教本論』へと、次第に中国風が少なくなり、「明暦丙甲（二年）秋日」の自序のある『兵法或問（わくもん）』に於て「予竊に或問を著はし、一問一答を以て其の両端を叩き、前人未発の旨を剖（ひら）き、後学歩武の程を啓（ひら）く。必ず其れ詳しからん。必ず其れ正しからん。幾（ねがわ）くは易く以て門に入らんか」と自信の程を示し、引例も日本からのものが多くなり、後年の『武家事紀』への先駆をなしている。

兵法或問

山鹿流兵学の特徴

いま甲州流軍学より北条流・山鹿流兵学への発展過程を見るに、景憲は武田家を中心として形成された軍法を集大成し、氏長は軍法を士法に転化せしめ、素行は士法を武教へ飛躍せしめたのであって、兵学は次第に戦時の法より平時の法へ、戦略・戦術より日用の道徳・治法へと重点が移行している。素行は氏長の士法に対して、自らの兵学を特に武教と称した理由に就いて説明はしていないが、山鹿流兵学の特徴は、㈠文武一致・道徳兵法一致思想の深化（戦争と政治との融合）、㈡中世思想からの脱却、㈢実学の提唱、の三点に求められるのであり、一言にしていえば儒学と兵学の一致（儒教的武教）であり、儒教によって武士道を基礎づけた点である。

文武一致

甲州流・北条流ともに文武一致、兵学と道徳の一致を説いたが、素行は更にそれを深化し、治法は兵法に通じ、戦争は政治の手段であると論じたことは前述した。

中世思想からの脱却

第二の中世思想からの脱却は、甲州流・北条流の伝統を継承した『兵法神武雄備集』『兵法奥儀集』が、神・儒・仏・老の四教一致思想の上に築かれた点を清算し、仏教的・老荘的思想から脱却して、朱子学を中心とする世界観・人生観の上に兵学思想を構成・展開したのであって、後年朱子学から離れて聖学（古学）を唱導しても、仏老的傾向を否定する点は変りがなかった。従って山鹿流兵学は、甲州流・北条流等の中世的・神儒仏老の四教一致思想に対し、近世的・儒学的傾向を示し、戦国武士道を純化して近世武士道へ転移・変質せしめたといえる。

戦国武士道と素行の士道

素行は専ら「士の道」「士法」といい、「武士道」の語を用いいない。また武士を以て中国の書物に見える士大夫の士として取扱い、これに儒教的教化の任務を与えようとしたのであるが、これは現実を無視して、頭の中で考えられた道徳的理想に過ぎぬのであって、権謀術数を事とした戦国時代の武士達の道とは違ったものである。戦国の武士道とは、貝原益軒によれば「日本の武士道は儒者のごとく仁義忠信の道を用ふべからず。偽りたばからざれば勝利は得がたし。」「兵は詭道なり。時の勢によりては、わが身方(みかた)に対してもいつはりの表裏を行ひ、人の功をうばひ、或は国をみだして逆にしてとるも、兵術においては害なし。是、日本の武士道なり。」というべきものであって、従って『甲陽軍鑑』や『葉隠』において自覚された武士道と、素行の説く士道とは別物である。詳しくは一九三頁以下に述べるが、また津田左右吉博士『文学に現はれたる国民思想の研究』第三巻第十三・十四章及び古川哲史氏『武士道の思想とその周辺』を参照されたい。

中世的仏老思想の否定は『修教要録』『治教要録』にも見られるが、それが兵学に如何に反映したかを見るに、第一に方円神心の理、第二に大星伝に対する見解において、山鹿流と北条流とは明確に区別される。

素行は『武教全書』において「方円の縄張の事」(「城取縄張の事」の条)「神心曲尺の事」(「城取縄張武功秘伝の事」の条)「方円の八陣心得の事」(「籠城備定の事」の条)を説き、『武教要録』においても「方円陣」に就いて詳論しているが、方円・神心を兵学上の一術語として使用したに過ぎず、氏長の如く兵学の哲学的根本原理として重視していないのであり、従って

「方円・神心の理」は説かない。北条流兵学の真義は、仏教思想の影響を受けてはいるが、神道を基調とした方円・神心の理に帰するのであり、素行も四教一致時代においては『士鑑用法』の影響を受けて、『修身受用抄』においては方円・神心に代うるに天地・明徳を説き、『兵法奥儀集』においても「方円の理を知る事」(奥義四・極秘口伝目録)を説いている。然し朱子学中心時代に入ると、方円・神心の理、明徳本体の説から脱却し、『武教小学』『武教本論』においては、方円・神心の術語すら殆んど用いないようになっている(『武教本論』中篇武備の項に一ヵ所だけ「曲長方円の形」の術語あり。)。

実学の提唱
治法の重視

山鹿流兵学の第三の特徴である実学の提唱は、個人修養の軽視、社会人としての道の強調、治法の重視であって、これは仏教・老荘思想の否定と関連する。素行が道とともに法を重んじ、外界を顧みぬ主観的工夫を排し、社会道徳とともに治法を説き、また政治と戦争、治法と軍法との融合を論じたことは前述した。これは素行が兵学とともに儒学を学び、経世家的観点に立っていたからであって、単なる兵学者であった氏長は、「兵法ハ国家護持ノ作法」といいながら、なお個人の修養道徳に重点を置いたのに対し、素行は修身斉家は治国平天下と結合して始めてその意義を有することを確認し、『武教本論』の中篇「主要」においては、人君の職務として治法を説いている。なお素行が『武教小学』において異風・異俗を無批判的に受け容れることを却け、日本の武士の道を確立しようとしたのは、氏長が『大星伝口訣』において「当流日本流ナルコト爰ニ知ルベシ。」と喝破したのと照応するのであって、いわゆる「日本的」なる点は既に北条流兵学において強調されており、山鹿流独自のものではない。

近世思想の上に立つ兵学

要するに北条流兵学が中世思想の上に立ち、神道的・仏教的兵学論を展開したのに対し、素行は神・儒・仏・老四教一致の世界観から脱却して、最初は朱子学を、次いで古学を基調とする——即ち近世的思想の上に立つ政治学・道徳学ともいうべき武教的兵学を樹立した。山鹿流兵学の特質は兵学と儒学との、戦争と政治との融合にあるが、戦術自体の点においても北条流に比し若干の進歩が見られる。西洋流兵学の摂取に就いては、前述(一一九頁)の如く、素行は幕府の要職にある氏長に及ばず、従って戦争の技術学の方面はあらゆる点において勝っているとはいえないが、素行の儒学に対する素養・学識は、従来の兵法を理論的に整理し再構成する点において役立ったのであり、理論的・体系的な点においては、山鹿流兵学は北条流兵学より進歩しているといえるのである。

山鹿流兵学が北条流に比し、各項目の分類や、本を本とし末を末とする配列の方法がより適切妥当であり、かかる体系としての美しさと共に、各項目の内容も豊富であり且つ洗練されていることについて、詳説する紙数がない。詳しくは拙著『山鹿素行』上巻三五九頁以下を参照されたい。

三 大星伝

大星伝の伝承

山鹿流兵学の大星伝は、『兵法奥儀集』に「大星之伝授、山本勘助入道道鬼の軍配の奥儀、和光同塵(わこうどうじん)之大事。」(奥義二・察気)とある如く、軍敗(軍配)の奥儀・秘伝として甲州流兵学において伝承されたもので、景憲はこれを修正・大成して氏長に伝え(『竜韜品』)、氏長はこれを素行に伝えた。氏長が景憲より得た師伝は『師鑑抄』天理巻に載せられ、これを改良したものが『兵法雄鑑』第五十四巻「軍法止善」に記されており、これを素行に伝えたことは『自得奥義集聞書』に、

素行先生へ御免状、小畑勘兵衛殿ヨリ御請、大星ノ目録ハ北条安房守殿ヨリ御伝統成ラレ候由。此雄備集奥義(兵法奥儀集)ハ微妙至善ノ巻ノ成ラレタル書ニテ之レ有。

とあるによって察せられる。

大星伝の由来

大星伝の由来に就いては、神代からの遺法を橘諸兄(玉木正英『橘家神軍伝』)、或いは多田満仲(多田義俊『多田家大星之伝来』・多田春塘『大星口授』・沢田香実『太子流神軍深秘巻』)が伝えたといい、或いは賀茂社伝にして大江匡房より八幡太郎義家に伝わるというが(近松茂矩『大星之伝』)、いずれも自流の大星伝を神秘化・尊厳化するための伝説であって、史実ではない。『兵法奥義講録』に「道鬼(山本勘介)は京流の兵法を鈴木日向に学ぶ。大星の伝統、是より当流(山鹿流)に伝はる。京流とは京八流の一つ也」とあるが、鈴木重辰も軍学者としては伝説的な人であり、山鹿素水(素行の子孫で、吉田松陰の師)の『大星極秘意』に「神武帝ノ東征以来、代々其名目ヲ伝フト雖、真ノ微妙ヲ伝ル

者ナシ、是有ドモ無ノ謂也。道鬼先生ニ至テ天是ヲ授ケタルカ。神是ヲ与ヘタル乎。浩然トシテ数千歳不伝ノ妙用ヲ暗ニ感得シテ、実ニ其業ヲ顕シ、是ヲ用テ名主ヲ補テ神変不思議ノ妙ヲ顕ワス」とあるのが真相に近いのであろう。『甲陽軍鑑』品第二十五には、山本勘介が天文十五年の戸石城外の合戦において、大星の理によって大勝したことが記されており、この記事は史実として信用出来ぬとしても、『竜韜品』の「軍法指当リ入ル肝要乃事」に記された大星伝は、相当整理された内容を有しているので、大星伝は景憲の独創になるのではなく、それより以前、甲州流兵学において伝承するところがあったものと想像される。

山鹿流の大星伝

素行の大星伝は山本勘介より景憲・氏長を経て伝わったもので、素行はこの古伝のものに多少の潤色を加えて、慶安五年（三十一歳）二月二十七日、始めて大星目録を天野六右衛門の嫡子甚左衛門康利（新番頭、千二百石）に与え、延宝八年（五十九歳）四月十八日津軽玄蕃（げんば）（信政の弟）に（岡八郎左衛門をして相伝せしむ）、同年八月十五日加賀藩士山崎治部右衛門・同藤田八郎兵衛に、同年九月一日に津軽信政に、貞享元年（六十三歳）十月一日船生源右衛門に、翌二年三月八日松浦壹岐守（鎮信の嫡子の棟。年譜には「大事相伝」とあるから、あるいは他の秘伝かも知れぬ）に（以上『年譜』による）、また延宝七—八年の交（こう）、大村因幡守純長に相伝し、その他弟平馬・養子興信（岡八郎左衛門）・嗣子高基にも授けたのであろう。

素行が純長に授けた自筆の『自得奥義』察気編に、大星伝が記されている（有馬成甫氏「大星伝に就いて」『軍事史研究』昭和十一年六月号）

素行に依って伝えられた山鹿流大星伝は、「全集」第一巻『兵法神武雄備集奥義』奥義二、察気に収められているほか（底本は平戸山鹿家所蔵の高基・興信の筆跡のもの、並びに素行門人の書に素行加筆のもの）、『山鹿兵学全集』に収録された大星伝、山鹿家伝来蔵書の『大事両御伝弁書』『大星三重御相伝覚書』、旧鳥取藩士鷲見家旧蔵の鷲見文庫の『大星秘授口伝』『大星秘伝目録』、及び『吉田松陰全集』第九巻に収む『山本勘介晴幸兵法大星目録』その他山鹿素水が天保八年（一八三七）に伝授した『山鹿流極意大星』『甲陽別伝大星極意私抄』等がある。

広瀬豊氏『山鹿素行先生著書及旧蔵書目録』、筒井清彦氏「山鹿素行先生遺書考」（『国民精神文化』昭和十年十二月号）、有馬成甫氏「大星伝に就いて」（『軍事史研究』第一巻三・四号）参照。

大星伝の内容

これら「大星伝」の形式・内容には多少の相異はあるが、「山本勘介入道道鬼軍配奥義和光同塵之大事」「日之四季軍配之神事口伝」「四方配分之大事」「極意破軍・本心虚空蔵心口伝・心剣伝」「理大星」「察気の極意并勢気の事」「察気の法十ケ条」「三気の大事」等の項目に分れ、昼は大星(太陽)を主とし、夜は北斗(破軍星)を主として方角を定めるので「二重伝」とも称し、また方角と共に気を察すること(察気)——理を以て説くときは朝昼暮、又は夕夜暁、体を以て説くときは初中終、又は始盛終、用を以て事業を推しあてるときは敵の出遊入、又は鋭惰帰の三気を考え、又味方の三気を考えること——を重視する為に「三気伝」とも称している。山鹿流兵学でいう大星とは「日輪口伝」とのみあって、それ以上詳しくは記されず、秘伝・秘事として口授されたのであろうが、これは太陽のことであって、『兵法奥義講録』に、

大星とは太陽

大星とは古人深く秘して名づくる所也。日の生ずる所は勢盛なり。故に星の字を用ふ

ると云ふ説あり。大星すら時あり。是を以て真理の伝起れり。伝授の式は、師弟七ケ日潔斎して伝ふることゆゑ、委しく書き顕はさず。真理大星を伝授すべし。日生ずると云ふ心を以て、太陽を大星と云ふ。

とあり。「日之四季軍配之秘事口伝」とは、味方は日を背にし、敵をして日に向わしむるようにする作法を教えたものであり、また「理大星」とは「真大星伝」ともいい、

朝気鋭、昼気惰、暮気帰

其ノ鋭気ヲ避ケテ、惰帰ヲ撃ツ（「全集」第一巻五八一頁）

とある如く方角ではなく察気であり、敵の鋭気を避けて惰帰を撃て、と教えたのである。

伝授の儀式

我々はいま容易に北条流や山鹿流の「大星伝」を見ることが出来るが、当時は神聖厳秘のものとして、これを伝授されるには多年にわたる修業を要した。そして秘伝を授受する時は、北条流においては「清浄潔斎シテ室ヲ清メ香ヲタキ、三社ノ尊号ヲ掛ケ奉リ（中央に天照皇太神宮、向って右側に八幡大菩薩、左側に春日大明神の神号を書いたものを掛け）神前ニ於テ敬テ」なされ、「若シ軽易ニセバ、

神明ノ冥罰ヲ蒙ルコト疑アルベカラズ。実ニ懼レテ敬スベキ義也」と信ぜられ、目録はあってもその内容はすべて口授・口伝であり、これを自由に筆録することも許されなかった。また日を背にする作法は、『兵法奥儀集』奥儀二（「全集」第一巻五七九頁）にその説明があるが、窪田清音（幕府の講武所頭取で山鹿流兵学者、寛政三年生、慶応二年病死）の『大星秘授口伝』にも「日ハ陽ノ精ニシテ至尊猛勢、之ニ向フモノハ必ズ破ラル。之ヲ背ニ負フテ必勝ヲ得ル。日ヲ大星と称スル陰語也」とある。

要するに山鹿流大星伝は、

陽のさかんなるをひかへ、陰のおとろふるをうつときは、か（勝）たずと云ふ事あるべからず。世界万物の道理、天地のやうすにさからふときは、一旦利ありと云へども、まことの道にあらず。ここをもつて天のときの陽と、人事の陽とをはかりてなすを、聖知微妙のわざと云ふ也。（四方配分之大事、「全集」第一巻五八一頁）

北条流の大星伝

とある如く、天地・陰陽等自然現象の利用法を説いたもので、いわゆる軍配（軍敗）の伝であるが、北条流の大星伝はかかる軍配の術を否定し、「大星トハ天ニ在テハ日輪ナリ。地ニ在テハ天照大神也。」とて天照大神を信仰し、この日徳を我が身に体得することが必勝の道であるとし、事の大星より理の大星に進み、神道的性格を現わしている。即ち北条流大星伝は、山本勘介の大星伝から中世的軍配術を除き、精神的・宗教的なものに転化せしめたもので、密法の奥義としての『大星伝口訣』『乙中甲伝秘訣』は『士鑑用法』より後に成立した。そして当時の素行は既に独立した兵学者となっていたので、氏長はこの秘伝的北条流大星伝を素行には伝授しなかったのではなかろうか。若し伝授していたなら、素行の日本中朝主義の唱道は、謫居時代より以前になされたであろうと思われる。

氏長の大星伝は仏教的色彩を混入した神道思想を中軸とするものであるから、若し素行がこれを伝受しても、そのまま容認するようなことはなかったろう。素行は仏教を高遠空理として却けたとともに、神道に就いても『配所残筆』において、「神道は本朝の道に候へ共、旧記分明ならず。事の端斗しれ候て、全からず候」(「全集」第十二巻五九五頁)といい、晩年の『原源発機諺解』においても、「本朝往古の聖人が著す所の神道宗源の妙は、皆是れ形象の畫にして、世伝へざること久し。故に外国の聖人を仮りて、以て之を証するなり」(上巻、「全集」第十四巻四四六頁)といえる如く、神道は不分明であるからとて、外国の聖人の唱えた聖学を信奉し、神道に転向してはいないから、氏長の如く神道を以て世界観・人生観の基底とすることは、出来なかったであろう。

山本勘介流

素行は勘介・景憲流の大星伝に若干の潤色を加えたものを、山鹿流の秘伝としたが、これは中世的天理天官説を若干受容れながらも、仏教・老荘・神道等の中世的宗教思想から脱却し、経学を兵学の中に包摂して道徳並びに政治を基調とする兵学、即ち武教を成立せしめたのであって、北条流兵学が神道的であり方円・神心の理を基調とするのに対し、山鹿流兵学は道徳的であり、最初は朱子学を、次いで聖学（古学）を基調としている。

貞享元年八月二十三日、浅野内匠頭長矩及び弟の大学長広が素行及び藤助に宛てた兵学入門の「誓言前書之事」には「一、山本勘助流之兵法幷城築一切之武功、他見他言仕間舗事」とある。素行の子高基が吉田重矩（松陰の先祖）に与えた『山本勘介晴幸兵法大星目録』にも、「右山本道鬼以来之目録、山鹿高祐（素行）之れを潤色する所なり。今深志に依り附与すと云ふ」（『吉田松陰全集』第九巻）とある。また松陰が嘉永三年九月二十二日付を以て平戸の山鹿高紹（巌泉、高基の子孫）に宛てた血判の兵学入門「起請文前置之事」の冒頭にも、「一、山本勘介流兵学並築城縄張一切御相伝之趣、他見他言仕間敷候事」とある。このように山本勘介流といって山鹿流といわぬのは何故であろうか。

素行自筆の『大星目録略解控(ひかえ)』（津軽信政に伝授した時の説明の控）に「一、山本氏以前の事は分存せず。勘介以来伝来之事之れ有り」とある如く、大星伝だけに就いては山本流と称しても差支えないにしても、山鹿流兵学は勘介流の単なる継承ではなく、勘介・景憲の「軍法的」兵学を発展せしめて「武教」としたのであり、素行自らも『年譜』延宝八年（五十九歳）正月七日の条に「我が家の兵書」「山鹿派」と記している。それにも拘らず、なお山本勘介流と称したのは、甲州流・北条流その他の流派と対抗するため、軍法の神様ともいうべき勘介の正統を伝受していることを誇称する為であろうか。そして勘介の名を前面に押出すことによって、甲州流・北条流より新しく興ったとの引け目を解消しようとしたのであろう。

三重伝

なお山鹿流には大星伝の他に三重伝・八規伝（八機伝）等の独特の（他の流派には無い）秘伝がある。三重伝は理（天）・形（地）・用（人）に就いての秘伝で、『掇話(てつわ)』寛文三年（四十二歳）の条に、浅野長治の問に答えて、「物に形あり。形をよく盡(つく)してその理用は皆出づるなり。形を盡さずしては理用皆おろそかなり。」「理に至るには形を除いて至るものなければ、形を盡さざれば理に至らず。」（『山鹿随筆』「全集」第十一巻四四三頁）とある。このころはまだ秘伝目録にはなっていなかったのであろうが、寛文八年（一六六八）九月二十一日

（赤穂謫居中）伴新右衛門宛の書簡に、

三重の則（三重伝）、昼夜御用候て弥々深切の由、珍々重々。聖人の道、此の外に無く候間、特に其の則、御志を盡され候て珍重候。（『全集』第十五巻七八六頁）

とある。また延宝八年（五十九歳）四月二十九日、「圭田宇右衛門、深志に因り三重を伝へんとす。」（『年譜』）とあるのは、明らかに三重伝が山鹿流の奥義秘伝の一つとなったことを示すものである。「八規伝」に就いては後（二一九頁）で述べる。

六物伝

「三重伝」に関する素行自筆の目録は伝わらず。平戸山鹿家には高基が宝永三年小川平助に与えた目録の控が残っている。また延宝六年津軽信政が素行の命によって書いた「三重円図」が喜多村家に残っており、更に素行自筆の『六物伝』がある。これは「天地人物法用」の六物に関するもので、要するに戦争を「三重」「六物」の範疇から考察すべく、その基礎理論を説いたのである。

四　火災と致仕

長男左太郎生る

明暦二年（三十五歳）より寛文二年（四十一歳）までの、朱子学中心時代における素行の身辺の事情に就いて筆を進める。

明暦二年(一六五六)正月十一日、長男左太郎が生まれ、同年九月二十三日、弟の平馬が松浦肥前守鎮信に謁して家臣となり、五百石を給せられた。

平馬はその後二百石を加増され、更に三百石を増して一千石となり、家老に任ぜられた。肥前平戸城主松浦鎮信に就いては『配所残筆』に「拙者心底御存じ成され候御事は、因州公(浅野因幡守長治)より猶ほ以て厚く」とある如く、同年の素行を(鎮信は元和八年三月十三日出生)最もよく理解し尊信し、陰に陽に庇護し後援したのであって、素行の著書並びに学統が伝えられたのも、松浦家の力に負うところが多い(松浦厚氏『素行子山鹿甚五左衛門』参照)。

近隣失火のため類焼

翌明暦三年一月五日「亥刻(午後十時)近隣失火」のため、本郷中間町の家が類焼したので、神田台所町の父の家の隣りにある町野左近(助左衛門)の別宅を借りて、「七日、妻子を此に移」(『年譜』)した。

町野左近、名は幸長(幸宣)、のち壹岐守に任ず。幸和の養子で、その孫娘かな(家光の愛妾振の局の妹)を妻とした。実父は斎藤佐渡守利宗、母は加藤清正の家臣松平意綱の娘。天和三年十二月卒。「妻子を此に……」の「子」とあるのは、前年生まれた長男左太郎と長女亀のことである。亀の生年は不明であるが、寛文八年に結婚しているので、此の時を仮りに十九歳とすれば、明暦三年は八歳である。なお死去した安（寛文四年三月九日死）や岩（延宝四年五月三日死）及び次女鶴はまだ生れていない。

明暦の大火

間もなく一月十八日には「明暦の大火」となり、「江戸町中過半数焼失」し、素行は「北条氏長亭に至り火を禦（ふせ）」いだが及ばず、鷹匠町（たかじょう）（神田小川町）の氏長邸は類焼した。火事は翌十九日朝になり一旦消えたので、上野東叡山下の旅店に借家した氏長を見舞い――（当時はまだ素行は氏長に対して弟子の礼をとりある程度の親善関係が保たれていたことを示す）――「帰路に及び迅風沙石（させき）を揚げ」再び大火となり、素行の借家も火に罹（かか）った（隣りの父の家も延焼したのであろう）。そこで両親を伴い「下谷の駒杵（こまきね）氏宅」（『年譜』）に避難し、二十五日牛込七軒寺町の鳳林寺（ほうりんじ）に移り、二月二十三日には両親を鳳林寺に残し、自らは市ヶ谷の円乗院内に借家して移転した。『山鹿誌』に「先生往昔述作の書、多く祝融（しゅくゆう）の災に罹る。」とある如く、両度の火災によって素行の著述・蔵書にして焼失したもの少なくない。また林羅山

借家も類焼

の邸宅・蔵書も焼け、一月二十三日死去したが、素行は見舞にも弔問にも行かなかったようである。

駒杵氏の宅

山鹿素行肖像

駒杵氏の宅については、『年譜』承応元年（これより五年前）一月五日の条に「例年の如く、年の甫めを賀し、雙親を寿く。雨森加兵衛・同弥五兵衛父子・兼松二郎右衛門・小堀文右衛門・駒杵一郎右衛門来会」とあり。この駒杵一郎右衛門の邸宅のことであろうか。またこの火災より三年十ヵ月ばかり後に素行の娘の鶴が「浅草駒杵宅」（『年譜』）で生れているが、これは下谷の駒杵氏と一族であろうか（後述参照）。また『年譜』延宝五年（五十六歳）六月十九日の条には、「所謂駒杵七郎左衛門老、去る十五日卒去した」ので、小石川の蓮光寺に詣でたとの記事あり。これも一族であろう。なお素行の妾の不知も駒杵姓であり（後述参照）、山鹿家と駒杵家とは親しい関係にあるようだが、詳しいことは分らぬ。

次に鳳林寺には異母兄惣左衛門の墓があり（のち長男左太郎もここに葬った）、その縁故から境内にある家を借りたのであろう。

また、円乗寺は市ケ谷大窪の自証院内にある。自証院は祖心尼の孫娘振(ふり)の局の菩提寺(ぼだいじ)であるから、町野家との縁故関係によって、便宜を与えて貰ったのであろう。

林羅山死す

なおこの火災により林羅山の神田の家も焼け、「蔵書及び財用皆烏有(うゆう)と」なり「終夜嘆息、胸塞(ふさが)り気鬱(うつ)して、明日遂に病に臥」(林春斎『羅山林先生年譜』)し、二十三日死去したのであるが、素行は見舞にも弔問にも行かなかったようである。これは『山鹿随筆』に「或る人云ふ。子は林道春を師とす。道春、道に志なきは何ぞ。予云はく、その志す所大いに異なり、唯だ記誦の為にして、克己復礼を志すにあらず」(『全集』第十一巻三四二頁)とあるのに照応するのであって、素行の学問思想が実学の方向に進むに従い、羅山との交際は断絶してしまったのであろう。

高田の新造の宅

同年(明暦三)十一月二十六日「高田の新造の宅に移」り、翌日「新宅に於て両親を享(きょう)」(応饗)した。

○十二月十一日「又一郎主、予を享す。赤穂より鶴を賜はるなり」とある又一郎は、浅野長直の嫡子采女(うねめ)正長友(長矩の父)のことである。○翌明暦四年(三十七歳)一月十一日、前日よりの大火により氏長の邸が焼けたので見舞に行った。○同年七月二十二日「長崎別墅に到る」とあるのは、今の豊島区長崎町に別荘があったらしく、茲から野菜類の収穫があり、また隣に町野家の土地があったことが『年譜』によって分る。○万治元年（明暦四年）十月十六日隠元禅師と問答。○万治二年十一月二日「馬を高田馬場に攻め（調練）、堕ちて手足を傷く」とある馬は、明暦三年三月九日、戸田主膳忠昌から贈られた栗毛であろう。○同月十六日、妹の夏（御破損奉行石野小左衛門の妻）が死んだ。享年二十二、法名貞因。浅草の松源寺に葬る。○万治三年一月五日、浅野長友の為に『武教全書』の「出軍篇」（軍礼のうち）を講じた。○五月二十三日「師、鉄炮の薬調合の日、示諭の言を記す」（『年譜資料』『全集』第十五巻五一一頁）、この示諭の言は『山鹿随筆』に記されているが（『全集』第十一巻二六三頁）、師は景憲か氏長か、分らぬ。

次女鶴生る

万治三年（三十九歳）娘鶴が生れた。『年譜』には「十月四日、鶴女出誕（母御は女房、浅草駒杵宅に誕る。子の刻。）」とある。この「母御は女房」とあるのは、正妻ではなく側室の意であろう。とくに浅草の「駒杵宅に誕る」とあるのは、素行の妾の不知が駒木根氏であるので（後述参照）、不知の生むところであろうと推定され、更に遡って長男左太郎を生んだ「家女房」も、おそらく不知であろうと思われる。鶴の姉の亀は、宗参寺にある

鶴と左太郎は妾不知の子か

亀は正妻の子

墓に「元祿十五壬午年（素行死後十七年）冬十一月初八日（忌日）、山鹿高祐（素行）嫡女、同氏高恒（興信）妻也。哀子山鹿高豊謹建」と刻んであるから、正妻の子である（亀の法名は洞岩院殿別窓妙天大姉）。亀の生年月日は分らぬが、寛文八年（四十七歳赤穂謫居中）兼松七郎兵衛（素行の同母妹の夫）の子の興信（岡八郎左衛門のち兼松将監）と結婚しているので（この時鶴は九歳）、鶴より約十歳年長であろう。鶴は延宝六年（素行五十七歳）十九歳で喜多村源八、即ち後の津軽政広（監物）に嫁し、天和二年八月二十九日男児（津軽耕道軒政方）を産み、享保二十年（素行死後五十年）六月十一日七十六歳で卒した。宗参寺にある素行の正妻浄智の墓には「長女琳光院津軽監物（政方）母、孝子山鹿高基」とあり。高基（萬助）は後述の如く（一八九頁）妾不知の所生であり、琳光院は鶴のことで（鶴と高基とは同母姉弟）、鶴を「長女」と刻んであるのはおかしいようであるが、浄智が死んだ正徳五年十月には既に長女の亀は死去していたからであろう。

喜多村源八は、のち津軽藩の家老となり一千石を食み、天和二年六月三日二十五歳で死去し、政方は父の死後（同年八月二十九日）生れた。『年譜』八月二十日の条に、「今夕江州の多賀神を夢む。

故に浴湯して監物の遺室（鶴）の平産を祈る」とある。多賀神社は生命の守護神と言われ、また外祖父岡備後守との因縁もあろう。また貞享二年（六十四歳）四月二十四日の条に、「今日、長命母子、大学母儀・内室を享す。内も亦昨夕より長命宅に到る」とある。長命は政方、長命の母は鶴、大学は津軽大学即ち興信、大学の母は素行の同母妹にして兼松七郎兵衛の妻、大学の内室は亀、内は家内の略で即ち素行の妻のことである。なお鶴の墓は宗参寺の母浄智の墓の北隣りにあり。その又北隣りが高基の墓で、祖母妙智の墓と向い合っている。鶴の法名は琳光院殿廓室清心大姉。

浅野家を致仕

素行は鶴誕生の前月、即ち万治三年（三十九歳）九月浅野家を致仕した。『年譜』には、

九月、大嶋氏雲八（義近、出羽守、幕臣五千石、門弟）に依り、致仕して祿を辞す。太守甚だ懇遇す。太守預め祿を加へんと欲す。予久しく祿を辞するの志ありしも、太守の隆眷に依り数年を送る。其の間丁酉（明暦三年）の大災あり。故に辞するを得ずして時を待つ。今年に到り切に大島に頼みて、以て之を請ふ。

また『配所残筆』には、

内匠頭（浅野長直）所に九年（満七年十カ月）之れ有り。存寄り候子細御座候て、書付を上り、子歳（萬治三年庚子）大嶋雲八殿頼み奉り、知行断り申上候。其の時分も加増迄申付けらる可く候由、御留め候得共、加増利祿の望にて知行断り申候にて御座無く候由、達て断り申候て、知

行返納候。

とある。素行は後年『山鹿語類』において、「出処去就の間、君子の甚だ慎む所也」（巻第十四）と述べ、士の出処進退は義に基づき、何人にも恥じぬ公明正大な行動をとるべきを説きながら、浅野家致仕に就いては「存寄り候子細御座候て」とのみで、その理由を明記しないのは、どうしたわけであろうか。

士の出処進退

素行は士たるの道、即ち士道理論の確立を以て自任していたので、士の出処進退に就いても省察する所深く、『山鹿語類』巻第十四、臣道二、仕法の「出処去就」において、出仕には、(イ)「人君敬を致し、礼を盡すをまつて、而して後に仕ふる。」(ロ)「時の礼のもだしがたきがために、」(ハ)「父母妻子の養ぁつて、」(ニ)「累代奉公の筋目を以て、」と四つの場合があり。「退去の義」には、第一に、「君に道無く政に法無きときは、或はこれを諫むることしばく〱し、或は力をつくして身を修めて、君の開悟をまつといへども、時勢ともに然るとき」、第二に、「君に礼おとろへて、君子を崇敬することにたゆむとき、」第三に「我れに父母を養ふの術足るとき、」第四に「功成りて名遂げ、年老いて政事をつとむるにものうき」とき、と四つの場合を挙げ、「君臣は義においてして、利においてせず。故に今日の義、去る可きに究理するときは、明日の飢(うえ)を顧みざる也。」(『全集』第六巻八八頁)と論じている。そこで今、素行自身の場合を考えると、浅野長直が敬を致し礼を盡して招いたから出仕したのであろうが(出仕の第一の場合)、「仕ふるの法、道を行はんとの本意にして、道を行ふの本、又国家人民のためにあり。」と説きながら、彼は赤穂藩の人民の為に、何をしてやったというのであろうか。彼は主君長直に対して道を教えた。そして藩主が彼の教えに従って善政を行ったから、国家(藩)や人民の為になったというのであろうか。然し我々は赤穂藩が百姓・町人の為に善政を、——たとい封建専制的制約下の善政、即ち百姓・町人に対する搾取・抑圧が他藩より少しでも寛大であったという程度の善政でも——行ったということを聞かず、

「絞れば絞るほど出る」(『西域物語』)労働力の犠牲によって、素行の食祿一千石も生産され搾取されたことは疑いを容れない。

そしてかくの如く彼の為に生活の資を生産した従順・勤勉な赤穂藩の農民・町人の生活の向上の為に、素行が何等なすところが無かったとすれば、彼がいう「国家人民」とは、藩主一族や重臣たち、或いはせいぜい武士階級だけのことであって、百姓・町人は「人民」の中にもはいらぬ、動物的存在とでもいうつもりなのであろうか。

また藩主の立場から見ると、野中兼山や熊沢蕃山の如く、藩政改革に関し具体的な意見と手腕を持たぬ素行を、一千石の高祿(城代家老大石良欽でも一千五百石)を以て遇し、致仕しようとするのを加増までして思い止まらせようとしたのは、何故か。赤穂城の縄張改めも終り、彼の兵学を実際に利用する機会も必要もなく、彼の説く治国平天下の道を実現すべく藩政の第一線に立たせるでもなく、江戸に在って藩主や嫡子の為に稽古日を定めて講義するだけの彼を、それ程までにして引止めようとしたのは何故か。

軍備の観念化

我々はここにもまた軍備の観念化を、そして人民大衆に基礎を持たず、民政とは単に民衆からの貢納・課役の徴発と、その為の秩序・治安の維持とを、権力によって実施強行することにあるとしか考えていなかった封建専制主義的幕藩政治の性格を、見ないわけにはいかぬ。素行を召抱えることによって、赤穂藩の兵制・民政が具体的には殆んど進歩し改革されることが無かったとしても、諸藩が競って招聘しようとした高名の兵学者を自藩に引きとめ、講義を聴くという只それだけの事で、長直は他の藩主に対して誇りと優越とを感じ、また藩の兵制・民政が改善されるかの如き幻想を抱き得たのであろう。この時代の大名が儒者を招聘して治国平天下の道を聴いたのは、儒書から得た知識を実際の政治的経綸として役立たせるよりも、寧ろ儒教の教化政治主義の立場から、貴族的教養・趣味の対象として儒学を尊重し、古書・骨董を蒐集するような気持で有名な学者を招いたに過ぎず、従って儒者の主観的意図が如何に崇高であったにせよ、主君から見れば家臣の一人である儒者の教えに従おうが、従うまいが勝手であり、現実の政治とは無関係に、聖人の道が空廻りして説かれたに過ぎないのである。

権力の前には無力卑屈な儒教

「元来儒教は教化政治主義の立場を取り、人は教へざれば禽獣に等しいとの考から、封建君主は其の配下の人民より遙にすぐれた学徳を有し、其の学を以て教へ、其の徳を以て化し、人民は其の教化に敬服することによつて、理想の政治が行はれるとする。そこで治める者は、治められる者を充分に教化し得るだけの学問・修養をしなければならぬことになるから、平和なる徳川時代に生れた大名達は、殺伐な武人としてよりも寧ろ教養ある文化人として成長せしめられたのであり、かくして大名学としての儒学が尊重せられ、三百諸侯はいづれも儒者を聘して、聖人の道を学んだのである。」（拙稿「新井白石と読史余論」『古典研究』昭和十一年十月号）

儒教の教化政治主義は、人民大衆の政治・道徳意識を高めるのではなく、愚民政策と相通じ、また封建君主が道徳的に民衆を教え導くという考えは、空想・妄想であった。犬公方の名で知られる将軍綱吉は、自ら聖人・大学者を以て任じ、自ら経書の講義をするほど学問を好み、彼を取巻く儒者たちから見れば「明君」であった。彼の実際政治がどんなものであったか、特に生類憐の令の如き悪政が、二十三年の長きに亘って行われたのに対し、彼を取巻く大名・儒臣・旗本のうち、一人も諫言する者がいなかったという事実ほど、武士階級の学問（儒学と兵学）の本質を明確に示すものはない。聖人の道を説く儒学が、現実の権力に対して如何に無力・卑屈であったかを、肝に銘じて知るべきである。

致仕の理由

次に浅野家致仕の場合であるが、「太守の隆眷に依り数年を送る。」と自ら書いている程懇遇された赤穂藩を、退去した理由は何であったか。『山鹿語類』に列挙された退去の義の四つの場合の、どの一つにも該当しないことは明白である。

一万石の要望

『配所残筆』には致仕の条に続いて、浅野長治が素行に向って、「其の方儀、以来は一万石にて之れ無く候はば、何方へも奉公仕間敷候由」といっているが、それは尤もの事であるとて、戦国時代の「高知行取申候者数多」あった実例をあげ、素行は若し戦国の世に生れたなら、「武功の段は右の者共に」劣ることはあるまいし、「第一博学多才」「兵法の儀無双」であるから、五万石望んでもよい位であり、自分は分限が無くて（三次（みよし）は小藩で素行に相応するだけの禄高を出せなくて）残念であるが、「其の方一類内、一人にても二人にても召し出され候事」を願ったので、素行は甥にして養子であった（山鹿清吉の『飛竜』に「山鹿多門、今の将監高恒の事、十六歳のとき、素行無子によりて養子」とある（「全集」第一五巻六五七頁）岡八郎左衛門（山鹿興信、兼松七郎兵衛の次子）を十七歳の時、長治の近習として召抱えられるようにしたこと。また松浦鎮信は分限さえあれば、一万石・二万石出すことは「何より安き儀に候由、仰せ出され」たこと。そして津軽信政も、「知行の事は、其の方望に」任せるからと、叔父にして後見役であった津軽十郎左衛門信英より山口出雲守直治（甲府侯徳川綱重の家老で浅野氏と姻戚）を通じて申込んで来たが、「家中の衆又は他所衆承り候て、御若年の御方様（信政）へ、いか様に申なし候て、斯くの如き儀御座候などと」いわれるのが迷惑だから断った――という話を載せている。要するに自分を知ってくれる者は分限がなくて、自分に相応するだけの知行を与えることが出来ぬし（だから浅野長治は岡八郎左衛門を、松浦鎮信は弟の平馬を召抱えた）、自分を知らない人は、一万石の要望に対して、「途方も無き者」と思うだろう。それ故に彼が赤穂の浅野家に対して「加増・利禄の望にて知行断り申候にては御座無く候。」と申述べたのは、五万三千五百石の小封の中から、彼が望む一万石を与えることは不可能であることを見通しての上のことであって、彼が望むだけの禄高を与えてくれそうな大名がありそうにないからこそ、「当分永浪人と覚悟」をきめたのである。

津軽信政については、『年譜』万治三年十月十二日（赤穂落致仕の翌月）の条に、「津軽氏 越中守亨に至る。」とある。これが素行との最初の会見で、当時信政は十五歳。弘前城主、四万二千石。岡八郎左衛門（亀の夫、津軽大学また将監）及び喜多村源八（鶴の夫、津軽監物）は津軽藩に仕えた。

門戸益々広大

浪人となっても素行は「門人千有余人」（『兵法伝統録』「全集」第十五巻五八八頁）を擁し、衣食の心配は無いというより家計は頗る裕福であり、諸侯・有力者との交遊は益々深くなった。

家計は裕福

素行の門人について、東条琴台の『先哲叢談後編』、塩谷守誠の『山鹿素行伝』（『事実文編』所収）には門弟四千余人とあるが、これは誇大に過ぎる。また家計について『先哲叢談後篇』に「家頗る富饒にして、妻妾の奉、奴僕の仕は、五六千石の者と雖も、之と其の儲蔵費用を抗すること能はずと云ふ。」とある如く、素行は有力な門弟から金銭を取立てる手腕も相当なものであったらしい。また致仕後も浅野家から経済的援助を受けていたことは、『年譜』天和二年四月一日の条に「今日内匠頭合力米、返納相済む」とあり。これに関し大石頼母助からの書簡（「全集」十五巻八三二頁）に

「重ねて御用之れ有る時分は、仰せ聞かせらるべきの由」云々とあるのによって察せられる。

諸侯との交遊

諸侯との交遊を、致仕後半年に当る万治四年（四十歳）三月だけでみても、『年譜』によれば、

○三日、菅沼氏（主水）に至る。小笠原城州（山城守長矩、三河吉田城主）・板倉（内膳正）・戸田伊州来会。○四日、浅野因州に至る。松浦肥州来会。○六日、板倉市正亭に至る。板倉隠岐守（重常、下総関宿城主）・山口雲州（甲府侯家老）来会。○七日、津軽越州亭に至る。町野介左衛門（後壱岐守に任ず）等来会○八日、丹羽光重（左京大夫）亭に至る。兼松（又四郎）（幕府鎗奉行七百石）・戸田伊州・内藤（甚之丞）（長重、幕府御弓持頭）来会。○九日、松浦太守来臨○（九日夜より父玄庵「微痰の病あり、行いて之れを訪ふ。」（『年譜資料』）十二日まで「玄庵亭に在り」）○十三日、村上父子（二郎左衛門・孫八郎・小七郎）（二郎左衛門宗古は小普請組千五百石）来話。浅野因太守来会。○十四日、土入（石谷十蔵）亭に至り閑談す。○二十七日、丹羽光重（左京大夫）・浅野長治（因州）・仙石某（兵部、越前守嫡子松平芸州の甥）（名は忠俊、父の越前守は信濃上田城主六万石）来話。晩津軽氏（越州）亭に至る。

幕府出仕の大望

という状態で、彼の門戸は益々広大となったが、これを以て満足せず、心中大いなる素志を抱いていた。彼が致仕の理由に就いて、「存寄（ぞんじよ）り候子細（しさい）」とだけで、

それ以上に明記しなかったのは、まさにこの大望を指すものと推察されるが、素志とは即ち幕府に出仕することであった。

夢にも見る念願

『年譜』寛文三年(一六六三)八月二十日(致仕後約三年)の条に、「夜夢に、竜門三級波を超出すと見る。」とあるのは、自分が夢に鯉と化し竜門の激波を突破したとの意である。また寛文十二年(五十一歳)十二月二十日の条に「夢想、春風に葵を仰ぐ朝哉」とある葵は徳川家の紋であり、その後も霊夢・瑞夢のことを記している。幕府出仕は素行が生涯を通じて、幾度か夢にも見る程の最大の念願であり、三十歳の時祖心・松平定綱等の盡力によって将に成功しようとしながら、家光の死去によって果さなかったことは前述したが、今や浅野家を辞して自由の身となり、一万石以

立身出世欲

上なら仕官すると各大名に呼びかけながら、幕府出仕の素志を貫徹すべき機会を狙ったのであって、「素行はたしかに相応に世間的功名心に富んだ、或はよき意味での野心家」(村岡典嗣氏『素行・宣長』)どころか、出世欲にかたまった大変な野心家であった。

第五　聖　学

――寛文二年（四十一歳）より寛文六年（四十五歳）まで――

一　古学への転向

思想的動揺期

慶安四年（三十歳）『兵法奥儀集』を書いてから、明暦二年（三十五歳）修教・治教・武教の三要録並びに各種の武教類を著わす迄の五年間、それから寛文初年に到る迄の計十年間は、いわゆる「素行学」の完成を見る迄の思想的成長期であり、それだけに生みの苦しみの為の動揺・煩悶期であり、思想的遍歴時代であった。

彼は『修教要録』において老荘・仏教を否定し、朱子学を信奉したかの如き態度を示したが、万治元年（三十七歳）には隠元（いんげん）禅師と問答し、『配所残筆』にも「此の時分は別して仏法を貴び候て」とある如く、仏教に対しても相当の期待を持ち、そこから修身受用のたよりとなるべき何物かを学び取ろうとしている。また『山鹿素行先生精神訓』と題して出版されている明暦三年（三十六歳）より寛文二年（四十一歳）に到る自筆の雑録（『山鹿随筆』）を見ても、或る時は陽明の心理をみがくのを非難し、仏教の無常観を否定し、高遠空理を却けて朱子の格物の作法に近づきながらも、なお仏・老・陽明をはげしく排撃するようなことはなく、或る時は仏・老を掲げて虚無寂滅の教えを認める等、その態度必ずしも一貫せず、朱子学を中心としながらも、なお仏教・老荘・陽明の間を彷徨していた。

朱子学を中心としつつ神仏老陽の間を彷徨

即ち神・仏・老・陽・朱等の諸思想・学説を混乱したまま受容れた『修身受用抄』時代より、朱子学を中心とする『修教要録』時代を経て、寛文初年に到る迄の間は、『配所残筆』に、

程朱の学を仕候ては、持敬静座の工夫に陥り候て、人品沈黙に罷成候様に覚え候。朱子

学よりは老・荘・禅の作略は活達自由に候て、性心の作用、天地一枚の妙用、高く明か成る様に存ぜられ候て、何事も本心自性の用所を以て仕候故、滞る所之れ無く、乾坤打破仕候ても、万代不変の一理は惺惺洒落たる所疑ひ無く存じ候。然れ共、今日日用事物の上においては、更に合点参らず候。……儒者・仏者に右の所之れを尋ね、又大徳之れ有る人と申候に、右の品尋ね候て、其の人の作略を見聞申候にも、世間とは合はず、皆事物別に成候。神道は本朝の道に候へ共、旧記分明ならず、事の端斗し（知）れ候て全からず候。……之れに依て我れ等事、学問に不審出来り、弥々博く書々を見、古の学者衆申置候儀共考へ候へば、我れ等不審の条々、埒明き申さず候。（「全集」第十二巻五九三頁）

という状態であった。

実学的傾向

我々はかかる思想の懐疑・摸索の時代に於て、素行が虚無寂滅や自性明徳等、心を高遠に馳せることより脱して日用事物の上の事に向い、実学的傾向を強く現わしていることを注目すべきである。彼の学問が修身を以て根本義としたことは『修身受用抄』時代から一貫しており、その受用の方法において四教一致から朱子学中心へと変化しているが、それもまた実学の立場から格物という点に到達して行く過程として理解される。学問の究極の目的は修身であり、修身とは治国平天下から遊離して個人の心をみがくという高遠空理ではなく、日用事物の上に役立たなければならぬというのが、『修教要録』時代に実学を唱えた根拠であり、この境地を更に徹底せしめると、曾て実学の基調として尊重された朱子学の居敬窮理も、高遠として神・仏・老・陽と共に否定され、真の実学として周公・孔子の道への復帰が唱道されるようになるのである。

素行の朱子学から古学への転向が何時なされたかは、『山鹿随筆』(『山鹿素行先生精神訓』)の寛文二年の項に、「八月十九日在宿、近思録(朱子と呂祖謙の共撰)を見る」に続いて、

寛文二年八月十九日

周子(周濂渓)曰はく、「無極而太極。」予曰はく、易の繫辞に、太極両儀を生ず、と出て無極の言なし。周子はじめて無極の説を出せり。……愚案を加へてこれを考ふるに、孔子易に於て無極の沙汰なし。無極の道理あるべきを論ぜざるにあらざれば、周子の無

極は蛇に足を添ふるに比すべきか。無極と云ひて指すべきの理なし。……天地に先だつて理のあるにあらず。理におくれて天地の顕はるるにあらざる故に、口を以て云へば云はると雖も、云ひて今日の上に更に用所なし。例へば人の無事なる時に、一重の工夫をなす如し。これ仏見に等しからんか。今夜この自発をなす。猶ほ工夫あるべし。（『全集』第十一巻四二一頁）

自発をなす

と、程朱の学の無極の説を仏見（仏教の説）に等しとして否定し、「此の自発をなす」と明記しているので、この日に始まることを確認し得る。

『年譜』にも寛文二年八月十九日の条に「近思録を読む」とある。『山鹿随筆』には、なお続いて、「周子無極の説、これ甚だ虚遠か。」といい、また「先づ学者は聖学の本源、異端の因るところを知らんと欲す。」と「聖学」の語を用いている。

そして『配所残筆』には、宋儒の説を棄てて直接聖学に向った過程を、次の如く記している。

古学への転向過程

寛文の初、我れ等存候は、漢・唐・宋・明の学者の書を見候故、合点参らず候哉。直に周公・孔子の書を見申候て、是れを手本に仕候て、学問の筋を正し申す可くと存じ、それより不通に後世の書物をば用ひず、聖人の書迄を昼夜勘へ候て、初めて聖学の道筋分明に得心仕候て、聖学ののり（規）を定め候。

然し『年譜』によれば、寛文三年一月二十八日『明清闘記』、六月朔日『周子通書』、七月十二日『続武教総要』等、所謂「後世の書物」を読んでいる。

山鹿語類

『山鹿語類』の門人序に、

癸卯（寛文三年）、先生の学日に新にして、直に聖人を以て証と為す。故に漢・唐・宋・明の諸儒は、其の訓詁事論、各々執り用ふべくして、其の聖学の的意に至りては、悉く先生の志に乖戻す。

とある如く、素行の古学への転向は寛文三年（一六六三）には完了し、その年の「冬十一月門人等」が素行の「語談を輯類」し始めた『山鹿語類』は「皆先儒の言に因りて以て其の道を糾」したものである。北条流兵学の流を汲む松宮観山は、宝暦五年（素行死後七十年）に成った『学論』上巻に於て、

古学の先駆

又甚五左衛門山鹿子なる者有り。（名は義臣、号は素行子。）我先師（長氏）の門より出でて一家を成し、

『聖教要録』を著して世に梓行す。陸(象山)に非ず、朱(朱子)に非ず。此の方、宋学を破る者は、素行子其の嚆矢なり。世人皆、原佐伊藤子(名は維楨、号は仁斎先生)を以て、理学(宋学)を破するの魁となし、素行子其の前に在るを知らざる也。

仁斎の古義学

と述べている。伊藤仁斎が『論語古義』十巻、『孟子古義』七巻、『中庸発揮』一巻を著わして、古義学を唱導したのは寛文三年(一六六三)のことで、素行の『山鹿語類』が編輯され始めた年と同じく、いずれが先に古学に転じたかは断言し難いが、一般に素行を以て古学の鼻祖とする所以は、仁斎の著述は、その子東涯の『先府君古学先生行状』によれば単なる「艸定」であって、『論語古義』は正徳二年(一七一二、素行死後二十七年)、『中庸発揮』は正徳四年、『孟子古義』は享保五年(一七二〇)に、いずれも仁斎の死後東涯によって刊行されたのに対し、素行は早くも寛文五年(一六六五)に『聖教要録』を刊行して、古学の主張を公にしているからである。

身辺の事情

ここで前章の四(一〇八頁)に引続き、古学(聖学)唱道時代における素行の身辺の事情に就いて述べる。

娘安死す

○寛文元年六月四日、一番末の妹が加藤平左衛門に嫁した（寛文六年六月二十九日、平左衛門が死んだので、のち多田（多多）藤太夫に再嫁した）。○八月二十一日、姪に当る石野小左衛門の娘が死んだ。○寛文二年八月十九日『近思録』を読み自発をなす。○十二月二十九日「今朝、正朔を賀するの儀あり。予、明年四十有二、故に厄年を変ぜん為に、明春を以て四十三の賀をなし、今朝を以て四十二の賀を為す。」（『年譜』）四十二の厄年を逃れるため、大晦日に両親を招いて新年の賀を寿いだのであるが、素行はこのように俗説・迷信にこだわり、また夢想を信じている。○寛文三年七月二十八日「左脚の痛を患ふ。」九月十三日「左脚の痛み甚だ重し。……数十日を歴て本に復す。故に染筆なく」『年譜』の記事は年末まで闕く。○寛文四年三月九日「女安死す。疱瘡の余毒に因る。母は家女房。」安の生年月日は不明であるが、家女房とあるから妾腹である。（後述参照）

父の死

寛文五年十二月十三日、猶子千介（兄の子、二十歳）が浅野長直に謁して家臣となり、四百石を賜わった。この日の夕、父の貞以は病魔におかされ二十二日逝去したので、遺言により（『枕塊記』上）牛込弁天町（東京都新宿区）の曹洞禅寺「雲居山宗三寺」（鳳林寺と同じく駒込吉祥寺の末寺）に葬った（享年八十一歳）。

父の死去より葬儀、石碑・木主（位碑）百日忌間の法要行事に就いては『山鹿語類』の続集『枕塊記』に詳記されているが、喪主は庶子の素行ではなく嫡孫の千介であり、臨終に際しては「主婦（嫂即ち千介の母）・予（素行）及び阿弟（平馬）・阿妹・阿孫・野婦（素行の妻）は先考の左右に侍して手足を奉じ顔色を窺ふ。男は左、女は右。旧古の侍女は席下に在り。他人を遠ざけて、各々悲泣慟（慟）涕す。然れども声をして発せしめず。先考の顔色気息を窺ふ。」（『全集』第十巻四三〇頁）とある。

庶子万助生る

翌寛文六年（一六六六）九月十五日妾腹に万助が生れたが妾の駒木根不知は難産の為か（『年譜』に「去月誕生の月たるに、施いて今月今日に至る」とあり。）同日死去した。父と同じ宗参寺に葬る。道号は桂岩、法名は妙円。万助は通称藤助（藤介）、名は高基。長子左太郎は夭死したので、素行の男子は万助だけである。『家譜』に「駒木根氏に改む」とあるのは、妾腹であったので母の姓を名乗らせ、延宝九年（六十歳）九月十一日満十五歳の元服に際し、初めて「姓名を改め山鹿藤介と号」（『年譜』）せしめた。素行が何時から不知を妾にしたの

妾不知

嫡女と妾腹

か、また不知の他にも妾がいたのか、明らかでない。前述の如く左太郎・鶴・安に就いては『年譜』に「母は家女房」（又は女房）と記され、万助の場合は「万助出誕す（割註省略）。妾不知死す。」とあるので、この四人は不知の所生と推定しておく。

一男三女は早世二女一男は成人

なお竹（承応三年十二月四日死）と岩（延宝四年五月三日死）の死去の条には「母は家女房」と断書していないので、しばらくこの二人は正妻の子と推定しておく（長女亀も正妻の子）。素行は妻・妾に二男五女を産ませたが、一男三女（竹・左太郎・安・岩）は早世し、亀・鶴・万助の二女一男だけが成人し、その子孫はいずれも現在に及んでいる（巻末の「山鹿家略系図」を参照されたい）。

万助の元服の祝を九月十一日にしたのは、誕生日の九月十五日は生母不知の忌日であるから、繰上げたのである。万助の誕生日祝は『年譜』によれば毎年九月十七日に行われている。

二　『山鹿語類』

寛文五年完成

『山鹿語類』は寛文三年（四十二歳）十一月、門人等が聖学に転向した素行の語談を綴

君道

輯(しゅう)し始め、同五年に完成したもので、正編四十三巻は君道・臣道・父子道・兄弟之序・夫婦之別・朋友之信・総論五倫之道・三倫談・士道・士談・聖学に分れ、続篇の『枕塊記』上下二巻は父の百日忌間の日記と追戒・追考であり、正編の附載である。正編の第一部ともいうべき君道より三倫談に至る二十巻は、一切の人倫間に生ずる道徳的・政治的・経済的関係、即ち人倫五常を説いたもので、第二部に当る士道（巻第二十一）・士談（巻第二十二より巻第三十二まで）においては、人の道より進んで士の道に入って士道を体系化し、第三部の聖学（巻第三十三より巻第四十三まで）に於ては天地万物の理を明らかにして、一部・二部に於て説いた道を基礎づけたのである。

まず第一部の君道は、曾て『武教要録』の序に「帝王の師たらんか」とあるのに照応して、封建君主としての道を説いたもので、

人君の学、何をか務めん。唯だ天下国家の治平して、博く衆を救ふにわたれる学、是(こ)れ也。是れを聖学と云ふ。……然れども学其の淵源を究めず、志天下の治平に深からざれ

ば、皆俗学に陥りて、博文を好み才芸にほこり、其の猶ほあさましきは詩文著述を翫んで、唯だ口耳の学となれり。況や老荘の虚無の見あやまり、仏者の無常寂滅のとりちがへ、道家の神仙不老の説、是れ学ぶ者の異端に陥る道筋也。（巻第一君道一・君徳、「全集」第四巻二七頁）

とあるのは、俗学・異端を排し、聖学の立場を明らかにしたものである。

次の臣道は「人倫之大綱は君臣を以て大と為す。君臣上下の差別する処、聊か力を以てするにあらず、天地自然の儀則也。」（巻第十三臣体）と、君臣の関係は天地自然の道、天の命ずるところで人間の如何ともなし得ぬもの、従って未来永遠に廃絶せぬものと考え、下剋上及び放伐革命は「天地の倒覆するに異ならず。」（臣体）と強く否定し、君と臣と「各々其の分の定まる所は、義の因る所」であるから、臣は臣たるの分に安んじ、君恩の重きを思い「日々奉公恪勤の思入怠るべからざる也」（臣体）と説いた。このように素行が君臣関係を天命と観じ、下として上を犯すことを否定したのは、身分制度の固定した徳川幕藩制の社会組織を是認し、護持しようとしたことを示すものであるが、これは封建的主従（君臣）関係が如何にして成立したかの、歴史的事実を無視しているのみならず、戦国武士の思想とも違っている。

熊沢蕃山は浅野因幡守が、「一旦の幸にて、諸侯となり、城主となるといへ共、五―三代前は肩をならべたる武士なるに、馬よりおりてかしこまるとは、あまりなる事なり。」といったのをほめ、「士に本より高下なし。上下は一旦の命なり。」とて、武士は元来上下の差別の無かったことを指摘しているが、これは君臣関係を先天的なものと見る素行より、ずっと歴史的事実を正しく見ていると評すべきである。

戦国武士の主従関係

封建的主従関係は封禄によって結ばれているのであるが、戦国時代においては家臣は自分の功労が酬（むく）いられなければ、主君から離れたり、或いは反逆することもあり、また主命に叛いて自我を通し、風雲に乗じて一国一城の主となり得る機会もあって、分（ぶん）に安んぜよとの分限思想は下剋上（げこくじょう）の風潮に圧倒されていた。然し又打続く戦乱は、主従が心から協力しなければ弱肉強食の争いに敗れ、自分の功名心も満足せられぬことを自覚し、戦乱の巷において生死苦楽を共にした体験は、主従一体・君臣相愛の情を深からしめた。

主従の情が深ければこそ、また一面に憎しみも深く、為に主君に反逆することも起る。平和な社会では主君を倒し、取って代ろうとする野望を抱く者が少ない代りに、主従の間の情愛も薄くなっている。

理性的な忠義

かかる戦国武士の主従の情誼は、徳川時代の武士の如く君臣主従の関係は生れながらにして、更に祖先の代より超ゆべからざる間隔を以て厳然と対立し、主君の為に生命を投出して働くような機会も無い者にとっては、絶対に体得し得ぬ、理論の彼方にある、感情の世界のものであった。それ故に戦国武士が主君に対する衷心からの敬愛の情の発露として身命を賭して奉公したのに対し、徳川時代の武士は主君に忠義を盡すのは義務であると、理性に訴えなければならなかった。

素行は父子の親に対して君臣に義ありとなし、「己れを盡して物を究め、天地の中に到るを忠と曰ふ。」(臣体)のであり、「臣の職、只だ死を一途に究むるを以て、忠勤と思ふべからざる也。平生志を立て己れが職分を守り、君を善道にみちびき、国家の治教を休明し、天下のたすけとなりなんことを思ふて、其の法を詳に糾明し、昼夜のつとめ、いささか怠るべからざる也。」「死は易く成は難し。」（臣職）といい、「殉死の事は、故無くして人の生を失ひ、天徳をそこな」うと、その弊を論じている。これを戦国武士の風格を比較的よく伝えている『葉隠』の、

『葉隠』の武士道

武士道と云ふは、死ぬ事と見附けたり。二つ〳〵の場にて（生死二つの場合）、早く死ぬ方に片附くばかりなり。別に仔細なし。胸すわつて進むなり。図に当らぬは、犬死などと云ふ事は、上方風の打ち上りたる武道なるべし。（聞書第一）

我が身を主君に奉り、速かに死に切つて、幽霊になりて、二六時中、主君の御事を歎き、事を整へて進上申し、御国家（藩）を堅むると云ふ所に、眼を着けねば、奉公人とは云はれぬなり。（仝上）

との説と比較する時、素行の説く武士道があまりにも冷静な儒教の教理によって一貫され、『葉隠』の如く主君を思い、主君の為に無条件に生命を捧げる忠節の

情、切々として人の心頭を打つものとの差を知るべきである。

素行の士道

既に『修身受用抄』において、「主君に忠功をはげますは、臣として行ふべき天理の自然なり。別に求むべき所なし。」といい、『山鹿語類』においても君臣関係を恩賞・封禄から離れ、生命までも顧みぬものとして純化し（臣体）、

忠臣は二君に事へず。烈女は二夫を更へずと。此れ天地間の常の道也。臣として二君を思はんは、二心を懐くゆゑんなれば、是れ臣の道にあらざる也。（巻第十四・仕法）

と説きながら、自らは封禄の高を問題にし、浅野家を去って幕府出仕の機会を狙ったので、「但し寵禄の厚薄・親疎の次第に因つて、又差別あるべき也」と例外を設け、又主君を屢々諫めても用いられぬ時や、主君に礼の欠くる時は致仕すべしと説いた。

道と主従の契との軽重

素行は道に絶対的価値を認めるから、主君が道に反すれば致仕する理由があるとするが、『葉隠』は主従の契を絶対のものとするから、「この事はまだなりとて、釈迦・孔子・天照大神の御出現にて御勧めにても、ぎすともすることにてなし。地獄にも落ちよ。神罰にもあたれ。此方は主人に志

立つより外はいらぬなり。」と、たとえ仏教・儒教・神道の教えに反するとも、主君への奉公が最高絶対の道であると主張するのであり、従って如何なる理由ありとも致仕を認める余地は無い。

これに対し『葉隠』に、

中野甚右衛門（山本常朝の祖父）教訓の事、「御主人より御懇ろに召使はれ候時、する奉公は奉公にてはなし。御情なく、御無理千万になさるる時、する奉公が奉公にて候。此の旨よく合点仕り候様に」と、常々申し候由。（聞書第九）侍を足軽に召成され、何の科もこれなきを、切腹仰付けられ候時、一入勇み進み候こそ、御譜代の御家来にて候。（聞書第一）

浪人者的主従観

とあるのと比較すれば、いずれが主君に対する絶対的な奉公、ひたむきな忠誠の念に徹しているか、いわずして明らかであろう。父の代から浪人生活を続けた為に、自己の学問を如何に高く封建君主に売付けるかに汲々とし、賓師の礼を以て好遇した赤穂藩を去り、一万石以下では奉公せぬと豪語する素行は、譜代恩顧の君臣関係における温い主従の情誼を理解出来ず、義理という冷徹な教えを以て君臣関係を規律せざるを得なかった。奔放な意欲と感情とによって裏付けられた野性的な戦国武士道を、素行は儒教によって琢磨し、近世武士道の完成に数歩を進めたといわれるのも、実は戦場における生命を賭けて相擁した感激の中から生まれた戦国主従の情誼を体認し得ず、義務と理性とを以て貫く、越ゆべからざる身分上の距離を以て対立する、近世社会の主従関係を反映するものであった。

『葉隠』は戦国時代から続いた譜代相伝の、佐賀という田舎者の律儀な主従関係を反映しているのに対し、素行の士道論は江戸という都会に住み、表面はともかく、内心ではソロバンをはじき損得を見て行動する浪人の、儒教倫理によって粉飾された主従の道を説いているのである。即ち御国風と江戸風、戦国時代的・「国学的」君臣論と、徳川時代的・儒教的君臣論、譜代相伝的主従観と浪人者的主従観との差を見るべきである。なおここでいう「国学」とは、佐賀藩の国学、即ち「釈迦も孔子も楠木も信玄も、終に竜造寺・鍋島に被官懸けられ候儀これなく候へば、当家の家風に叶ひ申さざる事に候。」「御家の根元を落ち着け、御先祖様方の御苦労・御慈悲を以て、御長久の事を本づけ申すため」の学問、「余所の学問無用に候」「国学にて不足の事、一事もこれなく候」とところの学問のことで、本居宣長らの国学とは別物である。

素行は君臣の道に続いて、父子・兄弟・夫婦・朋友と五倫の道を説いたが、ここでは夫婦の別に就いて略述する。彼によれば男女の情は「陰陽相遇」「天地の

妻の隷属

蓄妾の合理化

定経」であり、夫婦の婚礼は「人倫の大綱」「家事を修むるの本」であるが、妻が「夫に事ふる事は、臣の君につかへんに同じかるべき」で、「すべて夫道は君道にひとし。一家にをいて是を主人とし、君とすれば也。」と封建的家父長制の下における妻の隷属が、「柔順」の名に於て強調され、「妻は子孫相続のため也。故に子無きは出すべき也」等と、『孔子家語』の七出（去七）が認容され、「子孫の断ぜしめざらんため」には妾を置くことも許され、「妻妾を御する」術が「夫道」の一つとされ、また妻は妾を「あはれみて嫉妬をなすべからず。我れここに礼を以てせば、彼れ豈不義の行あらんや。古の賢女は夫の子孫繁昌のために、徳義ただしき女あれば、我れ是れをすすめ挙げて、夫に仕へしめたるためし尤も多し。」（巻第十九夫婦之別）と説かれ、未亡人の再嫁は認められなかった。素行には妾があり、女子の人格は無視されて、男女の別は君臣の別に準ずべきものとされるが如き、極端な封建専制的・家父長制的男女論が夫道・婦道として、「天地の定経」などとまことしやかに説かれたのであって、福沢諭吉の、「男子が妾を蓄ふるなども、全く封建の遺風、破倫の醜悪事、文明社会に断じて許す可らず。」（「男子たるもの大に注意す可し」）との言を持出す迄もなく、既に安藤昌益が宝暦五年（素行死後七十年）の序ある『自然真営道』において一夫一婦主義を唱え、売淫・飲酒を排した高潔な性道徳論と比較するならば、思い半ばに過ぎるものがあろう（拙稿「安藤昌益とその学説」（『歴史学研究』昭和十一年六月号）参照）。

『山鹿語類』の第二部においては、重複をいとわず士の道徳を論ずる。武士たる者はまず「己の職分を知る」ことが肝要である。生産手段（土地）及び生産物の争奪に日夜暇の無かった戦国武士は、己の職分が武にあり、戦場での働きが最大の奉公であることを自覚していたが、農村から離れ消費者として都市に居住するようになった近世武士は、武の方面以外に新しい社会的任務を発見し、農工商を支配し指導すべき階級としての新たな規範を、即ち平和な社会に適応する武士道徳を創作しなければならなかった。

士の職分は道徳にあり

素行によれば、農工商の三民は「皆己れが欲をほしいままにして、其の節を知らず。盗賊・争論やむことなく、其の気質のままにして人倫の大礼を失する」（巻第五、君道五、民政）から、武士はかかる道念の無い三民を治める為に、自らは生業をさし置いて、専ら道にいそしむべしというのであり、これはこの時代の儒者たちの、殆んど一致した見解であった。

素行は生産の重要な意義を認めず、また生産する者にこそ、即ち社会の生産力の発展に寄与する階級にこそ正しい道徳があり、生産から離れた寄生・搾取階級の道徳は、如何に修飾され鍛錬されても健全なものとはなり得ぬことを理解せず。農工商はその稼業（かぎょう）のために道徳をつとめることが出来ず、武士階級こそ道徳的に最もすぐれていると、独断的に主張したのである。

戦国武士は不道徳的な社会集団

我々はまず士の職分が道徳にあるとの主張は、戦国武士の相関せぬことであった点を指摘しなければならぬ。「仏のうそを方便と云ひ、武士のうそを武略と云ふ。」（『老人雑話』）と明智（あけち）光秀が広言したと伝えられた如く、朝に盟（むす）び夕には叛（そむ）くを常例とする戦国武士は、儒者の道徳観を以てすれば最も不道徳的な社会集団であった。

「彼等の父祖（戦国武士）は、勢利を得るために武を用ゐたものであつて、儒者のこの考によれば、もとより盗賊だからである。ところが幸に人が戦国の昔を忘れはてたほど、世が治平になつてゐるから、多数の儒者はこの事実を知らぬげに見すごし、さうしてその盗賊の子孫たる武士に向つて、この儒教思想に適合する新なる任務を負はせようとした。」（津田左右吉博士『文学に現はれたる国民思想の研究』第三巻三四四頁）

荻生徂徠が「武士道と云は、大方は戦国の風俗」（『太平策』）といった如く、戦国時代における武士の道と、儒教的・道徳的責務を与えられた近世武士の道とは異なるので、素行はこれを区別するため武士道という語を用いず、士道といったのだろう。

古武士の言行を収めた士談

素行は『山鹿語類』の「士談」において、古武士の言行を数多く収録して、その士道論を敷衍しているが、それは戦国武士の真実の姿ではなく、徳川時代の武士たちが模範とし理想とすべき一面のみを強調したに過ぎぬ。古武士の欺瞞的な権謀術策や飽くことを知らぬ掠奪・暴虐等、不道徳的な面は故意に黙殺され、戦国武士の倫理的に歪曲・美化された形骸が描かれた。戦国時代と徳川時代との社会の変化、生活の相違にも拘らず、素行は戦国武士の気象・風尚をそのまま、

——というより或る面のみを強調して、平和な時代の武士にも保持せしめようとするが、それが成功する筈がなく、「何事も古に替り果て、古来の人品に及ばざるが如きと云ふ中にも、武士の有様は一入衰へて、作法も失せぬ。」(士談一)と慨嘆するのである。

士道即儒道

近世に於ける武士道の理論的体系化は、武士が武人としての役割・能力を喪失しつつある過程に抗して、武人としての自覚を保持しつつ、平和な社会における支配的・寄生的地位を合理化し、日常ふみ行うべき道を確立しようとする武士階級の代弁者たちの努力の結果であって、儒教思想によって理論づけられ、戦国武士の風尚を維持しようとする守旧思想によって貫かれている。素行は儒教の教化政治主義の立場から、武士とは徳を修め三民を教化し国を治めるのが本務であるといい、武士を指して「士」と呼び、「士の道」又は「大丈夫の道」を説き、士道は即ち儒道であり、士道を離れて儒道は存在せずと考えたが、一般の武士はかかる道徳的責務を負っているとは考えなかったので、素行の士道論が忠実に守られる筈はなかった。

素行の士道論は羅山の影響に依るところ少なくなく、『山鹿語類』においては「羅山先生曰く」「林氏曰く」とて師の説を屡々引用している。

平和な社会の都市生活を営む近世武士に対して、素行が「士の恒に語るべきものは、義・不義の論、古戦場の事、古今勇義の行、時代武義の盛衰、皆議論して今日の非を戒むべし。」(『武教小学』)と説いても、それが実行される筈はない。

第三部聖学は、人倫・士道篇が仮名交り文で書かれたのに対し、漢文体で記され、別に門人の序もあって独立した形式を取り、後の『聖教要録』はこの「聖学」篇を要約したものである。「聖学篇(門人)序」に、

先生の教ふる所は、直に聖人を証として、日用事物の間、格物致知の極、正心修身の要、凡そ天地人物、先生の学を出でず。(「全集」第九巻三頁)

とある如く、素行の古学(聖学)が初めて然も詳細に述べられており、「雑子」(巻第三十五)として儒家者流・道家者流・法家者流・兵家者流を批判し、「史類」に於て中国

及び日本の史学史を略述する等、注目すべき点が多い。なお続集の『枕塊記』は、彼が父の葬祭に際し「礼」を実行した記録・追戒・追考である。

枕塊記

『枕塊記』とは「土塊を以て枕と為す」即ち父の喪に服した際の記録の意で、儒学者として中国の古礼（『礼記』）を忠実に守ろうとしながら、世俗特に仏法（教理よりも儀式慣行）と妥協せざるを得なかった心境が記されて興味深い。その例を記しておく。○寺院に葬ることに就いて、「地を撰ぶこと古法あり。世俗専ら浮屠の地を借る。故に撰ぶべき所なし。幸に遺命ありて、雲居山宗三寺に葬る。」○仏教を信ぜぬのに、諷経・念呪を行うことに就いて、「浮屠の法は用ふべからず。然れども、地を寺に借る。乖戻すべからず。其の諷経・念呪は又亡者に害あらず。切に之れを拒まんと欲するときは、乃ち官に訴へ俗を驚かす。尤も亡親の霊を安んぜず。唯だ流俗の蔽に従ふも亦可なり。」○「明日は元旦なり。……門松は天下の通礼なり。私の故を以て之れを闕くべからず。予が家礼に非ず。外門には之れを用ひて疎儀を以てするも、内門には之れを用ひず。家の佳礼は悉く之れを除く。只だ哀情を盡すのみ。」○寛文六年二月十一日、四十九日に当り、「七七日の忌は浮屠の説なり。天下皆俗と為す。乖戻すべからず。明日は肉を食ひ酒を飲む。尤も孝子の情に非ず。然れども流俗は変ずべからず。且つ母君老病にて久しく酒肉に触れず。脾胃枯悴す。我れ肉を食ひ酒を飲まずんば、乃ち母君肯んぜず。是れ礼の変、已むことを得ざるなり。」（『全集』第十巻四六一頁）

仏法との妥協

兵学の哲学的基礎づけ

要するに『山鹿語類』は語録であるが、当時の素行の学問・思想を集大成したもので、『武教小学』は士道篇に、『修教要録』『治教要録』は人倫篇に包含され、戦争学としての兵学は省かれている。彼の兵学は、その戦争学の部分においては『武教要録』『武教全書』においてほぼ完成され、士道篇においても『山鹿語類』において頂点近くまで達したのであり、只その哲学的基礎づけの点において朱子学より古学へ進み、次いで国体論の展開、日本中朝主義の主張となり、更に晩年の『原源発機』に至るまで、絶えざる進歩を見せているのである。

三　『聖教要録』

中朝事実と並ぶ主著

『聖教要録』三巻は、その本文四千四百八字より成る片々（へんぺん）たる漢文体の小冊子であるが、後の『中朝事実』と並んで素行の主著として知られている。彼は「周公・孔子を師として、漢・唐・宋・明の諸儒を師とせず（門人序）と宋学を否定し、詳（つまびらか）に訓詁（くんこ）を味（あじわ）ひ、聖人の言を本として、直に解すべし。後儒の意見を取り材（はか）る所な

し。（上巻「書を読む」、「全集」第十一巻一四頁）

古学の主張

と、古学（素行は「古学」の語は使用せず、「聖学」と称しているが）を唱道し、

聖学は何の為ぞや。人たるの道を学ぶなり。聖教は何の為ぞや。人たるの道を教ふるなり。……学は唯だ古の訓を学んで、其の知を致め、而も日用に施すなり。（上巻「聖学」）

と、いわゆる「聖学」に於ける古学的・実学的立場を強調している。

我れ等存候聖学の筋目は、身を修め人を正し、世を治平せしめ、功成り名遂げ候様に候。（『配所残筆』）

武門の学問

素行の聖学は「武門の学問」であり、封建社会の秩序の枠内において「功成り名遂げ」るべきものであった。我々はまず聖学が朱子学や陽明学を否定したにも拘らず、封建社会を肯定し武士階級に奉仕しようとする点において、一致していることを確認する。彼は「世間と学問とは別の事に成候」（『配所残筆』）とて、朱子学の理想と現実の社会との懸隔を指摘し、世間一般の儒者は「口に聖教を唱へて、其の志

す所は顔子が（孔子の弟子の顔回）楽処、曾点（曾子の父）が気象」（『聖教要録』上巻「道統」）で、日本ではなく中国の、然も実社会ではなく書物の上の知識を弄ぶのみで、日用事物の上に役立たず、「世上の無学成る者に博学成る者おとり候て、人に笑はれ候事、出来り候様に覚え候。」（『配所残筆』）といい、「聖人の教は尤も浅近卑下に在り。更に深妙高遠を求めず。」（『山鹿語類』聖学）とて、封建社会の根本的変革ではなく、日用事物・浅近卑下の問題の改良を眼指し、朱子学に代って封建的支配者に奉仕する御用学問たらんとしたのである。

全集第四巻『山鹿語類』の「解題並凡例」に、「特に注意すべきは、従来素行の著には余り見えなかつた我が国体の尊厳と勤皇思想が、この著に至りて俄然として起り、澎湃として随処に現はれて居ることである。就中士道篇に於いて、朝廷奉公を以て武士の職分と喝破したるが如きは、素行の武士道観に一大進展を示すものにして、当時徳川幕府の勢威隆々たる時に於いて、極めて大胆卒直なるものと云ふべく、所謂武士道をして、真の武士道即ち勤王武士道に進ましめたものと云つてよいと思ふ」（三頁）とあるのは、「我れ今日、此の身を顧みるに、父祖代々弓馬の家に生れ、朝廷奉公の身たり」（『全集』第七巻九頁）との論述を指すものであろうが、「凡そ士の職と云ふは、其の

勤王武士道に非ず

身を顧ふに、主人を得て奉公の忠を盡し」（二〇頁）とある如く、その「朝廷」は皇室ではなく幕府・諸藩のことであり、勤皇武士道などと買いかぶる程のものではない。素行によれば、君臣関係は知行俸祿の授受によって成立するのであるから、武士は封祿の給与を受けぬ皇室に対して奉公する義務はない筈である。『謫居童問』にも、「学は何の為ぞ。天下に立ちて政を正し、人の朝廷に立ちて人民をすくはんが為也。……而して孔門の弟子、皆其の志を云ふときは、朝廷政事の用也。」（『全集』第十二巻六三頁）とある如く、「人の朝廷」即ち幕府・諸大名に仕えることが、素行の「世を治平せしめ、功成り名遂げ」る学問（聖学）の目的を遂行する方法であり、反幕府的言辞（反幕的勤王論）など全然見当らない。

革新的方策なし

素行は事理の一致、修身と治国平天下との不可分を説き、理論と実践との統一を強調しているが、聖学が封建社会の政治学として実際どれだけ役立つかという点になると、朱子学や陽明学と大差無いのであって、『聖教要録』や『山鹿語類』において我々は、近世封建社会の政治・経済を根本的に検討してその弊を改め、それを積極的に立て直そうとする何等の革新的方策も見出すことが出来ない。当時の儒学者の政治経済論は、所詮武士階級本位の、重農抑商を基調とする修正主義に終始するものであるが、武士の貧困化と農村の窮乏とに対する素行の観察はあまりに皮相的であり、彼の説く民政・治教・治礼・国用（『山鹿語類』）も、現実の政治経済問題の具体的・根本的解決策としては役に立たぬものであって、中国や日本の書物の中から過去の事例を引合に出すだけで、現実の社会状態そのものを科学的に調査・分析しようとせぬ点においては、彼が「聖人の罪人」と罵った当時の朱子学者や陽明学者と殆んど選ぶところがなかった。

事件の発生は予想された

『聖教要録』は「寛文乙巳（五年）季冬十月」の門人序に、

門人等、其の説を輯めて篇を為し、先生に謁して請ひて曰はく、「此の書以て秘すべく、以て崇ぶべし。広く人に示すべからず。且つ漢・唐・宋・明の諸儒を排斥す。是れ天下の学者に違ふ。見る者嘲を献ぜんか。」（「全集」第十一巻五頁）

とある如く、刊行前から事件の発生を懸念されたのであるが、間もなく幕府要路の人々に問題とされたことは、翌寛文六年（四十五歳）四月二十九日、素行の宅に近い牛込の法泉寺における板倉重矩との面談の模様によって推察される。素行は父の罹病・逝去・喪中によって前年末より殆んど外出せず、四月三日、亡父百ヵ日につき宗参寺に詣り、「五日始めて他出、板倉重矩亭に至り、」重矩が前年十二月二十一日大坂定番より召されて老中に任ぜられたのを賀し、「且つ慰弔の辱を伸」

重矩と会見

(『年譜』)べようとしたが、不在の為に面会出来ず、二十九日墓参に来た重矩より招かれて法泉寺へ伺候し、重矩の子の石見守重種と弟子の石谷市右衛門成勝(幕府御納戸頭、五百石)同席の上で(おくれて稲葉石見守正休も来会)、種々の物語が交わされた。会談の内容は、「滝川弥市右衛門宛書簡」(『全集』第十五巻八二〇頁)に詳述されているので、要点のみをあげると、――重

重矩の質問

矩が「保科肥後守殿御学問の筋は、如何承り候哉」と問うたので、素行は「保科公へ御目に懸り奉らず候間、存じ奉らず」と答え、「其の方存寄はいかが」と重ねて問われても、「尊意を得奉らず、風聞迄にて申上候事は、必ず相違多く御座候者に候間、申上げ難く存じ奉り候。」といい渋り、「達て」と催促されたので

素行の回答

「風聞迄にて申上候はば、御学問の筋、慮外ながら私共存じ奉り候とは、相違御

重矩も同意す

座候様に存じ奉り候。」と答えたところ、重矩も「此の方(自分)も左様に思召され候」と述べた。――というのであって、重矩が強いて保科正之の学問に対する素行の意見を求めたのは、既にこの時正之が『聖教要録』を問題にしていたことを暗示している。重矩は素行に兵学を学び、服喪中の素行に対し「度々御使者下され、毎度御念比に仰せ下され」た程で、個人的には好意を寄せていたのであろうが、当日の会談の記事には双方何となく打解けぬ点が見え、その時の素行の態度が無礼であったとの「風聞」があったので、素行は延宝六年(五十七歳)十月十六日付で松浦藩家老滝川弥市右衛門宛に弁明の書簡を書いている(二八二頁参照)。とにかく重矩が正之の意を承けて、それとなく素行を取調べたのか、或いは正之にとりなす為に自分だけの一存で会談したのか明らかでないが、情勢の切迫を思わせる。

四　弾圧

老中に対し諒解運動

それより五ヵ月ばかりは瘧疾再発、万助出生、妾不知の病死のほか、取立てていう程のこともなく過ぎたが、寛文六年（一六六六）九月二十一日石谷市右衛門（勝成）が、「今年聖教要録世に流布し、人以て誹謗を為す。且つ保科肥後太守切りに之れを怒る」（『年譜』）との重矩の命を伝えた。そこで素行は『聖教要録』述作の旨を記して重矩に捧げ、同時に老中土屋但馬守数直にも封書を献じ、二十四日には磯部善右衛門の宅で浅野因幡守長治・本多対馬守忠将等と来会したが、これは善後策の為であろう（『聖教要録』は『山鹿語類』の「聖学篇」の要約であるが、語類は公開されなかったので、出版された要録の方が問題にされた）。

『年譜』によれば承応二年（三十二歳）七月二日、素行は土屋数直（当時は御小姓組番頭）より供応を受け、その後も屢々来会し、寛文元年八月九日には数直邸で『孫子』の虚実軍形を講じ、同五年四月二十一日、村上宗古邸で来会する等、親密の関係にあり、稲葉正休の妻は数直の女である。なおもう一人の老中であった久世広之も、古くからの兵学の弟子であったが、素行は諒解運動をしていない。

然し事既に及ばず、翌二十五日本多忠将が来訪して、「聖教要録の罪、公儀既に定まる。」（『年譜』）と告げたので、十月一日大村因幡守純長の別荘で津軽越中守信

北条氏長より召喚さる

政・石谷市右衛門も来会して種々打合せをした。そして十月三日北条氏長より、「相尋（たず）ぬ可き御用之事候間、早々私宅迄、参らる可く候。以上」との自筆の切紙（きりがみ）が達せられた。そこで素行は次の返書（請書（うけしょ））を認（したた）めた。

素行の返書

御手紙成し下され、謹んで拝見奉り候。御尋ね成さる可き御用之義御座候間、早々貴宅迄参上仕る可く候旨、畏（かしこま）り存じ奉り候。追付（おっつけ）参上仕候。以上。

十月三日

山鹿甚五左衛門（判）

房州様（安房守即ち氏長）

素行筆　北条氏長宛請書（控）

素行は「盥漱（くわんそう）して神主（しんしゅ）（亡父の霊）を拝し」遺書を書き、「妻子に觴（さかずき）し」老母方

氏長邸に参上す

へはわざと知らせず、宗参寺に参詣した後、「若党両人召連れ、馬上」で氏長邸に赴き、後述するような会談となったのであるが（『年譜』『配所残筆』）、浅野長直は「此の時の作法、残る所之れ無し」と評し、吉田松陰も『武教全書講録』に於て、

何故余ガ殊更ニ先師（素行）ノ書ヲ信仰スルカナレバ、吾ガ先師ノ教ハ此書ヲ見レバ、具ニ知ル、コトナレ共、其ノ一端ヲ云ハヾ、先師曾テ北条安房守ノ宅ヘ召出サレ、赤穂謫居ノ命ヲ承ラレタル時ノ事ヲ見テモ、先師平日ノ覚悟筋ヲ知ルベシ。

と感嘆し、素行自らも次のように述べている。

此の節は人間の一大事相究め、五十年の事、夢の覚め候様に之れ有る時分に候へ共、聊心底に取りみだし候事、之れ無く候。尤も迷惑は仕候。此の段は我れ等日比学問工夫のつとめ故と、全く存候。（『配所残筆』）

氏長の宣告

氏長が素行に対して仰せ渡した宣告は、

其の方事、不届成る書物仕候間、浅野内匠頭所へ御預け成され候由、御老中仰せ渡され候由、申候。

素行の反問

というのであり、これに対し素行は、

先づ以て御意の趣、畏り存じ奉り候。然し乍ら御公儀様に対し、不届成る儀は、右の書物の内何の所にて御座候哉、承り度き儀に存じ奉る。

と反問したが、氏長は答えず、傍らの嶋田藤十郎重頼（目付、のち大坂町奉行、千五百石）に向って、

甚五左衛門、申わけも之れ有る可く候得共、斯の如く（老中より）仰せ付けられ候上は、申分には及ばず候御事。

と、もはや問答無用と暗示したので、素行も、

御意の上は、兎角と申上ぐ可き様、之れ無く候。（『配所残筆』）

浅野家に引取らる

とて罷立ち、直ちに浅野家に引取られて八日迄逗留し、九日未明に江戸を立ち、東海道を経て赤穂に着いたのは二十四日（寛文六年十月）であった。

迫害の発頭人は保科正之

素行の赤穂配流は徳川幕府の思想統制政策の犠牲となったものであったこと、そして迫害の発頭人は会津藩主保科正之であったことは定説となっている。

正之と町野幸和

『寛政重修諸家譜』の町野幸和の項には、「(寛永)二十年(素行二十二歳)五月六日、保科肥後守正之、会津に封ぜらるるのとき、幸和かの地をよくしれりとて、おほせをうけたまはりて、陸奥国におもむく」とある。正之は幸和からも素行のことを聞いたであろうし、自分の居城内で生れた縁故もあって、素行に対し特別の関心を持っていたので、却って逆縁を生じた。素行は天和三年(六十二歳)十月二十八日、「保科肥後守家人」向井新兵衛吉重が江戸から会津に帰るに際し、金百疋を托して、生産(うぶすな)の神である諏訪神社に奉納しているが(『年譜』)、六歳の時会津を去って以来、再び故郷の地を訪れることなく、会津藩には素行の学統は伝わらなかった。正之の死後、曾て素行にも学んだことのある大道寺友山が一時用いられたことはあったが、これは甲州流・北条流の兵学者としてであって、山鹿流が採用されたわけではなく、その後会津藩の兵学は長沼流になった。

正之の思想

保科正之は将軍秀忠の庶子で、家光の遺命により家綱の輔佐たること十九年、その間よく老中・幕臣を統率していわゆる寛文の治を致した人で、山崎闇斎(あんさい)より朱子学を、吉川惟足(これたり)より唯一神道を学び、『二程治教録』『三子伝心録』『玉山講義附録』『会津風土記』『会津神社考』等を編著した。彼は山崎闇斎の学説の影響を受け、既に寛文三年(一六六三)領邑(りょうゆう)に令して異色・異言を禁じた程の熱烈頑迷な朱子学の遵奉者(じゅんぽう)で、侍臣友松氏興が彼の事蹟を記した『土津霊神事実(はにつれいしん)』に、十月三日、誣惑者山鹿甚五左衛門を播州赤穂邑に錮す。是より先、霊神（正之）老臣に謂つて曰はく、当世造言者あり。是れ世を惑し民を誣ふるの賊なり。厳に之れを錮すべしと。執政これを頷づく。

とある。また横田俊益の『土津霊神言行録』、室鳩巣の『鳩巣小説』、大河原長八の『千とせの松』にも同様の記事がある。そして闇斎が正之を使嗾して、この挙に出でしめたとの説は、文献上の確証は無いが、闇斎の狭量・非寛容の性格・言動から、そう推定しても差支えあるまい（闇斎が書いた『土津霊神碑』『土津行状』に此の記事が無いのは、却ってその嫌疑を深くする）。

山崎闇斎の使嗾

その翌年、熊沢蕃山が京都から追放されたのも、闇斎が背後にあって正之を動かしたと想像されている。例えば小宮山昌秀の『楓軒偶記』に、「嘗テ一書ヲ閲スルニ、昔熊沢・山鹿等ノ名賢多ク罪ヲ得ラレシハ、山崎闇斎偏固ノ見ニテ、会津正之朝臣執政ノ時、異端邪説ノ如クマウ（申）セシ故ニ起レリトアリ。当時其ノ説、信ジガタクオモヒシニ、近頃『土津霊神言行録』ヲ読ムニ、寛文六年十月三日、造言者山鹿甚五左衛門ヲ播州赤穂ニ置ク。……コレニテ一書ノ説ノ誣ザルヲ知レリ」とある。なお相良亨氏『近世日本儒教運動の系譜』参照。

朱子学を論難しただけ

『聖教要録』は幕府の御用学問・官学たる朱子学を、学問上の見地から論難しただけのことで、幕府の政治を批判したわけではなく、また政治・経済・兵制等を論じた『山鹿語類』を見ても革新的な論調に乏しく、

> 当時は東照神君(家康)、草業の徳高く、知深くして、天地日月に相並び、万世の基を立て玉へば、相つづいて守成のいともかしこく、目出たかりし儀刑也。(君道一、君徳)

といえる如く、素行は衷心からの幕府政治謳歌者であり現状肯定主義者であった。同じく幕府の思想統制策の犠牲となった熊沢蕃山は、幕府政治そのものを批判した為に、元禄四年(素行死後六年)古河(茨城県)において禁錮の身として歿したのであるが、素行は正之の死後三年足らずして赦され、曾ては「不届なる書物」といわれた『聖教要録』も、延宝七年(一六七九)四月二十八日には老中久世広之が松浦鎮信に向って其の細注を求め、天和三年(一六八三)の末から翌年正月にかけて松浦侯父子(鎮信と棟)・津軽侯(信政)を始め、両家並びに大村侯(純長)の家臣に対して公然と講義されるようになり、『中朝事実』も板行され、素行の学問・思想は危険視されなくなっている。

後年は公然と講義さる

儒学上の対立

要するに『聖教要録』は具体的な政治・経済問題を論じたものでもなければ、幕府を誹謗（ひぼう）したわけでもなく、単に儒学上の見解に於て要路にあった保科正之と対立した為に弾圧されたのであるが、やがて正之が死ぬと問題は解消される。幕藩専制政治の下においては、思想・言論・出版の自由が極度に抑圧されたことはいう迄もないが、弾圧の発動においては、当路者の個人的見解によって緩急の差があるのであって、若し正之が将軍の輔佐の地位にいなかったら、或いは『聖教要録』の処分は行われずに済んだのではなかろうか。

老中の態度

当時の老中のうち、稲葉美濃守正則は素行を羅山に紹介した正勝の子で、春日局の孫に当り、弟の正吉は生前素行と親交があり、正吉の子の正休は、法泉寺に於ける板倉重矩との会談に同席していたことは前述した。また久世広之・板倉重矩・土屋数直の三老中は、いずれも素行に兵学を学んだのであるから、好意こそ持て、積極的に処罰しよう等とはしなかったのであろうが、彼等より一段上の権力者である保科正之の意向を阻止することは出来なかった（大老酒井忠清は、此の問題に就いては大した関心を持たなかったのであろう）。なお中江藤樹・伊藤仁斎も異学を唱えたが、朱子学に対する攻撃が素行ほどはげしくなく、また江戸以外の地でなされたこと、殊に藤樹は陽明学に転じてより僅かに四年にして慶安元年（正之が将軍の輔佐となる以前に）歿し、仁斎は生前その著書を刊行しなかったので、迫害に遭わなかった（但し会津の陽明学派は正之より禁止された）。

素行は浪人の身として江戸に於て多数の門弟を擁していたので、浪人統制の上からも看過出来なかったのであろうが、問題の重点は、素行が由比正雪などのように武力的反抗を試みるおそれがあったからではなく、「学問の筋」に於て正之と「相違御座候」（『配所残筆』）ところにあった。『千とせの松』に「言を巧みにし、人の迷と相成候者に付」とある如く、正之は素行の学説は社会を混乱に導く力を蔵していると考えたのであり、思想統制の面から、封建社会の教学としての朱子学に反する異学として抑圧したのである。

林春斎の態度

『聖教要録』は儒学上の著述であるが、官学の総師（そうすい）であった林春斎（しゅんさい）（羅山の子号は鵞峰）は積極的態度を示さず、却（かえ）って兵学者である北条氏長が、(1)大目付（おおめつけ）の職にいた為と（和辻哲郎博士『日本倫理思想史』下巻四五二頁に「素行は当時の町奉行北条氏長に呼び出され」とあるのは誤り）、(2)素行の兵学の師であった為もあろうが、表面に出ているのは注目すべきである。

北条氏長の態度

氏長の末男氏如（うじすけ）（常安）の門人であった松宮観山の『士鑑用法直旨鈔』に、

先生（氏長）唯君子の儒たらんことを期するのみ。門下に素行子と云ふ者あり。……国隆先生（氏長の妻の甥にして養子）と相並んで徒を董（ただ）す。……『聖教要録』を著して始めて宋学を破す。

（伊仁斎・物徂徠二先生其後に出づ。我国宋学を破す素行子其嚆矢なり。）氏長先生、見て実行を務めずして奇智を逞うするを以て、之を責めて交を絶つ。当時会津侯（正之朝臣）宋学を信ず。故に其の説を憤て、異端衆を惑はすと云ふを以て、官に訴らる。有司其の言を以て氏長先生に問ふ。先生対へて曰はく、人々所見同じからず。彼此各々一得あり。異端と称すといへども、天主教の国家を傾けんとするの類にはあらず。以て深く罪すべからずと。有司其言によつて議して、赤穂侯に附して其国に禁錮せしむ。後、赦に遇て回る。徒弟益々進む。世儒文有て武無きの類にはあらず。然ども其武を論ずる、唯広く事を知るのみ。事術練習の功甚だ疎漏、必勝の妙に於る、見る所なし。

兵学上の対立

とあるのは、『聖教要録』が儒学上における正之との対立であったのみならず、北条流と山鹿流との兵学上の対立であったことを暗示している。氏長の兵学は単なる戦争学ではなく、仏・老・神・儒（特に朱子学）を包摂して士たるの道を説いたものであるから、宋学を破して古学を唱えることは、北条流兵学より見ても「異端」であり、素行の兵学が北条流から離れて別派になったことを意味する。素行は氏長の門においては、北条流兵学の奥儀を得た福島国隆（遠山信景）と相並ぶ高弟であり、その社会的地位においては氏長の従五位下・安房守・大目付と比ぶべくもない一介（いっかい）の浪人であるが、儒学者としては師を凌ぐものがあり、兵学者としての名声においても師に比肩（ひけん）するまでに成長した。『年譜』延宝八年（五十九歳）正月七日の条に、

庶子万介（藤介高基十五歳）の為に『武教全書』を講じ、

立春の朝、万介初めて我が家の兵法を学び伝へぬ。おいさき（生先）かけてこれを賀し、読みてあたへける。

立春のあさくみそむる山川（山鹿派）の　ながれは四方の海にみちけり

山鹿派と自称す

とあるのは、素行自ら「山鹿派」と称したことを示すものである。素行が何時から山鹿流と自称したかは明らかでないが、明暦二年（三十五歳）には『武教全書』等を著わして、自らの兵学を「武教」と呼び、独立の兵学者として大いに門戸を張った。然し朱子学を奉ずる間は、まだ北条流兵学の中の一分派として、氏長との師弟関

係は持続されたのであるが、朱子学から古学（聖学）に転向することによって、北条流の外に出て実質的に別派の山鹿流兵学を開くことになったので、氏長は「之を責めて交を絶つ」に到ったのであろう。

北条邸における素行の応待

それ故に氏長が弟子の素行の盛名を嫉視して、正之の挙を助けたとの見解は、氏長を誣うるものかも知れぬが、少なくとも氏長が北条流兵学の立場から、流儀に叛く者として、素行の処分に協力したことは疑いを容れない。『配所残筆』において素行が、氏長から召喚されて北条邸へ赴いた時の模様を、

> 門前に人馬多く相見え候。唯今何方へぞ打立候様子に御座候。此の体、拙者若し参らず候はば、則ち拙宅へ押寄せ、御ふみつぶし之れあるべき様子と見え申候。私事一刀を下人に渡し、座敷へ上り申候て、笑ひ乍ら申候は、如何様の事御座候哉、御門前、事の外人多く候由申候て、奥へ通り候。

と記し、氏長が宣告に先立ち、

> 入らざる書物作り候故、浅野内匠頭所へ御預け成され候。是より直に彼の地へ参るべく候間、何にても宿へ用所候はば、申し遣はすべく候。

と「別して念比に申され」（正式の宣告の前に、個人的にその内容を好意を以て教えたのである）、福島伝兵衛国隆（氏長の妻の甥）が「硯を持ち候て、拙者傍へ参り、申遣し度事は伝兵衛申次ぐべく候由、申候間、」素行は氏長に向い、

> 忝く存じ奉り候。然し乍ら常々家を出候より、跡に心残り候事は之れ無き様に勤め罷有候間、書付越し申すべき事、御座無く候。

と答える等、双方の間には「念比」を通り越して何となく険悪の空気が感ぜられ、『年譜』にも「氏長、公命を伝ふ」「氏長云はく」と師を呼び捨てに書いているのは、素行が氏長を目して本事件の発頭人の一人と看做していたことを、示すものではなかろうか。

素行の無言の抗議

闇斎と氏長の教説は、正之が素行を弾圧しようとする際の精神的支えとなったのであり、氏長は素行の師であり、また大目付の職にあったので、宣告申し渡しのいやな役目を引受けた。そこで許

された範囲内で個人的に好意を示そうとしたのであるが、素行はこの好意を受けることを拒否することに依って、思想的弾圧に対する無言の抗議をしたのである。

『聖教要録』の板行は、初めて古学を広く天下に唱道した点において、日本儒学史上特記さるべきであると共に、山鹿流兵学が北条流から実質的に離れて独立したことを宣言したものとして、日本兵学史上からも重視さるべきである。

山鹿流の独立

素行の甥山鹿清吉の『山鹿流兵法系図』にも次の如く記されている。「高祐(素行)御預けの節、北条安房守大目付、保科肥後守朱子学逐一の人故、憎み深きに仍りて云々。世挙りて山鹿流と称す。此の旨、氏長の心に叶はず。不和疏遠にして二派二流とは成れるなり」(『全集』第十五巻五九二頁)

辞世の一句

『配所残筆』には「北条殿より呼びに参り候節……若し死罪に候はば一通の書付を指出」そうと、懐中に入れた左記の「辞世の一句」が載せられている。

蒙二千歳の今に当りて、大に周公・孔子の道を明にし、猶吾が誤りを天下に糺さんことを欲し、『聖教要録』を開板するの処に、当時の俗学・腐儒は身を修めず、忠孝を勤めず、況や天下国家の用は聊か之れを知らず。故に吾が書に於て一句の論ずべき無く、一

道は罪すべからず

言の糺すべき無くして、或は権を借りて利を貪り、或は讒を構へて追蹤す。世皆之れを知らず。……夫れ我を罪する者は、周公・孔子の道を罪するなり。我れは罪すべくして、道は罪すべからず。聖人の道を罪する者は、時政の誤りなり。古今天下の公論、遁るべからず。凡そ道を知るの輩は、必ず夭災に逢ふ。其の先蹤尤も多し。乾坤倒覆し、日月光を失ふ。唯恐むらくは今の世に生れて、時世の誤りを末代に残すことを。是れ臣が罪なり。誠惶頓首。

十月三日　　山鹿甚五左衛門

北条安房守殿

これは『聖教要録』の門人序に、

夫れ道は天下の道なり。懐にして、之れを蔵すべからず。天下に充ちて万世に行はしむべし。一天も亦此の書に因つて其の志を起すときは、則ち化育を賛くるなり。君子身を殺して以て仁を成すとあり。何ぞ吾が言を秘せんや。

とあるのに呼応し、学問・真理の為にはあらゆる迫害にも屈せず、邁進せんとする烈々たる気概を表白している。氏長より呼出しの手紙を受けてから赤穂までの厳重な警戒に及び、次いで辞世の一句を掲げ、更に「序乍(ついで)ら我れ等存寄(ぞんじょ)りの学問の筋、少々之れを記し置き候。」とて、「されば功名より入りて功名もなく、唯だ人たるの道を盡すのみなり。」と結んで自己の学問に対する信念を吐露(とろ)するあたりの『配所残筆』の叙述は、封建的抑圧に抗して学問の権威を擁護し、死生の間に処して従容自若(しょうようじじゃく)たる士道の体得者、聖教の護持者としての真面目(しんめんぼく)を発揮したもので、今もなお我々を反省せしめ激励せずにはやまない。

学問の権威を擁護

自己の従来の学問上の誤謬(ごびゅう)を認め、あらゆる苦難を経て発明した聖学を「一人の私する所に非ず」「吾が言一たび出でては、天下の人以て告ぐべく、以て毀(そし)るべく、以て弁ずべし。其の告げ其の毀り其の弁ずるを得て、其の過(あやまち)を改むるは、道の大幸なり。」(『聖教要録』門人序)との公明な動機から、門人の制止も押切って出板した『聖教要録』に対して、一句一言の論じ糺(ただ)すべき点無いにも拘らず、強(し)いて自分を罪するのは、恰(あたか)も周公・孔子の道を罪するようなもので、我は罪すべくして道

言論出版の自由
学問研究の自由

は罪すべからず、聖人の道を罪する者は時政の誤りで、古今天下の公論逃るべからずと喝破するあたりは、言論・出版の自由を極度に蹂躙する封建専制主義に対する、深刻・痛烈なる攻撃であるとともに、強権に対する学問研究の自由独立を高唱する近代的自覚の萌芽ともいうべく、自叙伝としての『配所残筆』に不朽の盛名を与えるものである。

弾圧の本質を理解せず

「凡そ道を知るの輩は、必ず天災に逢ふ。」真理の道を進もうとすれば、必ず徳川幕藩制の思想対策と衝突せざるを得ぬこと、かかる正しい認識に到達しながら、そこで彼の認識は停止し或いは歪曲されて、彼を、従ってまた聖人の道を罪せんとしたのは「当時の俗学・腐儒」(正之・氏長を指したのであろう)であるとて、幕藩専制政治との必然的連関においてではなく、個人的な動機に基づくものとして、俗学・腐儒に対する個人的な忿懣に終始し、封建的政治体制そのものに対しては肯定的であり、赤穂謫居七年にしてなお、「春風ニ葵ヲ仰グ朝哉」と徳川政権の余光を仰ぐが如き、屈辱的・敬虔的態度を以て一貫した。「道を行ふの本、又国家・人民のためにあり。」(『山鹿語類』仕法)との真理を表白しながらも、自らは人民ではなく武士であり、人民の封建的貢納に寄生した為に、この正しい認識を自己の学問・思想においてて貫徹し得なかった素行は、彼の身上に加えられた幕府の弾圧が、人民大衆に対する封建専制的抑圧と共通するものであることを理解せず、聖人の道の擁護が人民大衆から孤立して個人的になされた為に、幕藩政治に対する批判から全然離れた、学問上の個人的信念を爆発的に強調したに止まったのである。

学閥・学派あれど学界なし

此の幕府の学問・思想に関する弾圧に対して、当時の学者のうち、一人として素行を擁護して、弾圧反対の意見を表明した者は無かった。これは素行が学界から孤立していた為というより、むしろ当時の学者たちは、ひと握りの門弟をかかえて各々分散・割拠し、相互に協力・団結しようとしなかったこと。即ち先生と弟子という縦の関係(学閥・学派)はあっても、学者相互の横の結合(学界)に乏しかった為であり、市民社会の未成熟と照応している。

第六　謫　居

——寛文六年（四十五歳）より延宝三年（五十四歳）まで——

一　『謫居童問』

妻子と同居

素行より十日おくれて妻の浄智（四十一歳）、子の万介（一歳）と鶴（七歳）、猶子千介（兄の子、二十一歳）及び高橋七右衛門（二三六頁の註参照）が寛文六年（一六六六）十一月四日赤穂に着いて同居を許され、それより延宝三年（一六七五）七月迄の九ヵ年未満が謫居時代である。浅野家の待遇は、藩主長直が自ら「随分内々にて馳走仕るべく候」といい、

衣服・食物・家宅迄、段々念比浅からず候。大石頼母助（良重。藩主長直の息女を妻とし、兄の内蔵助良欽（良雄の祖父）とともに家老であった）事、朝夕の野菜、今日迄毎日両度宛送り候。頼母助、在江戸の内も、右の通り候。（『配所残筆』）

不自由の無い生活

とある如く、衣食住の不安の無い賓客のような待遇であった。そして江戸に残した母(及び長女亀)や祖心尼との音信も交わされ、弟平馬、姉の田村(布施)弥左衛門妻、甥の田村弥一右衛門・岡八郎左衛門(養子)・三木勘左衛門・田村藤太夫や布施源兵衛らが訪ねて来ることもあり(巻末の「略年譜」参照)、(門弟東惟純も江戸から来て浅野家に仕え、師事した)又時には、

> 大石氏(頼母助)の茶亭に遊ぶ。海棠の花盛りに開く。竜船を艤し、短棹長歌して夜に及ぶ。酒盃狼藉。(『年譜』寛文九年三月十四日)

というような事もあって、配所とはいえ不自由のない生活に恵まれた。

氏長が素行の思想を評して、「異端と云っても切支丹の類ではないから、深く罪すべからず」といった(二二二頁参照)のに従い、江戸から追放するにしても、最も居心持の良い赤穂藩を選んでくれたのは、(老中たちの配慮であろう。)素行にとってはせめて不幸中の幸いであった。

著述に専念

そして江戸におけるように大名・門弟との往来に煩わされることもなく、殆んど一日中が自分の時間であり、一万石以上で出仕したいとの野望も暫し抑圧せざるを得ぬ境遇に置かれたので、旺盛な世間的功名心は学問への努力となり、『四

書句読大全』『謫居童問』『謫居随筆』『中朝事実』『廿一史人名並小伝』『百結事類』『本朝事類』『武経七書諺義』『日本国図』『武家事紀』『武教余談』『翰墨訓蒙』『本朝古今戦略考』『湖山常清公行実並哀辞』『配所残筆』『家譜・年譜』『七書要証』等を次々に編著して、日本中朝主義の境地を開拓したのである。

四書句読大全

『四書句読大全』二十冊は、赤穂到着後十六日目の寛文六年十一月十日『論語』を読んで著述を思い立ち、翌年十二月二十九日完成したもので、宋学を否定する古学的立場は配流によっても挫折せず、『山鹿語類』の聖学篇と『聖教要録』とにおける概論より進んで、四書の具体的な読法によって聖学を基礎づけようとした。それ故に「孟子を読む法」において、「其の性善四端を言ふに至りては、（朱子の）集註と背馳す」といい、自序にて朱註の功績を讃えながら、「然れども其の本とする所、毫釐の差に起つて以て千里の謬に至る。故に其の経解、未だ疑なくんばあらず。」（『全集』第十一巻六頁）と論じているのであるが、また一方においては、

「訓詁字解は尤も朱子の章句に従ふ。聖学の大義を註するに至りては、悉く程朱と牴牾す。」（「大学を読む法」）と、訓詁註解においては朱子学を清算せず、大意においてのみ古学に向かおうとした為に、古典の解釈としては無理な点や不充分な点があり、中国古典学としては荻生徂徠の古文辞学は勿論、伊藤仁斎の古義学にも及ばぬようである（拙稿「荻生徂徠とその学風」（『歴史科学』昭和十一年十二月号）、同「荻生徂徠の歴史観」（『歴史』昭和十二年二月号）及び村岡典嗣氏『素行・宣長』第二章第二節参照）。

素行は大学

なお素行は「六経は皆大学の明証なり。天下古今の学、天下古今の治、此の一経（大学）を出でず」「書を読むの序は先づ大学を以てす。徹頭徹尾の工夫、這の裏に在り。而して後に中庸を以てす。此の二篇を精しく読みて、而して後に聖賢の問答、応接の条理を知るべし。故に語孟之れに次ぐ」（「大学を読む法」）と、『大学』を最も重んじ、中庸・論語・孟子の四書の後に六経をあげたことは、『謫居童問』にも「次に書籍の事、大学の経一章、中庸・論語、次に孟子を読むべし。六経は其の後にあり」（巻二）とあるに依っても明らかである。

仁斎は論語

ところが仁斎は『大学非孔子之遺書弁』を著わした如く、『大学』は告子の流の撰であるとて排し、『中庸』は子思の作か否かは疑ふべきも、その言『論語』に合するを以てこれを取るとし、『論語』は「最上至極宇宙第一」として最も重んじ、『孟子』を「孔門之大宗嫡派」とて論語に次ぐものとし、六経はさほど重視しない。

徂徠は六経

次に徂徠は、「六経即先王之道」とて、六経を最も重んじ、『論語』も重んずるが、『孟子』は軽視して、むしろ『荀子』を推している。かくの如く経書の評価に於ても、素行は宋儒の見解を殆んど鵜呑みにしている感があるが、仁斎はその考証最も精細で『大学』を否定して朱子学と対立し、徂徠もまた特に六経を重んずる等、独自の識見を以て古文辞学を基礎づけている。

謫居童問

『謫居童問』は寛文八年（四十七歳）の暮に完成したもので、奥書（跋文）に、

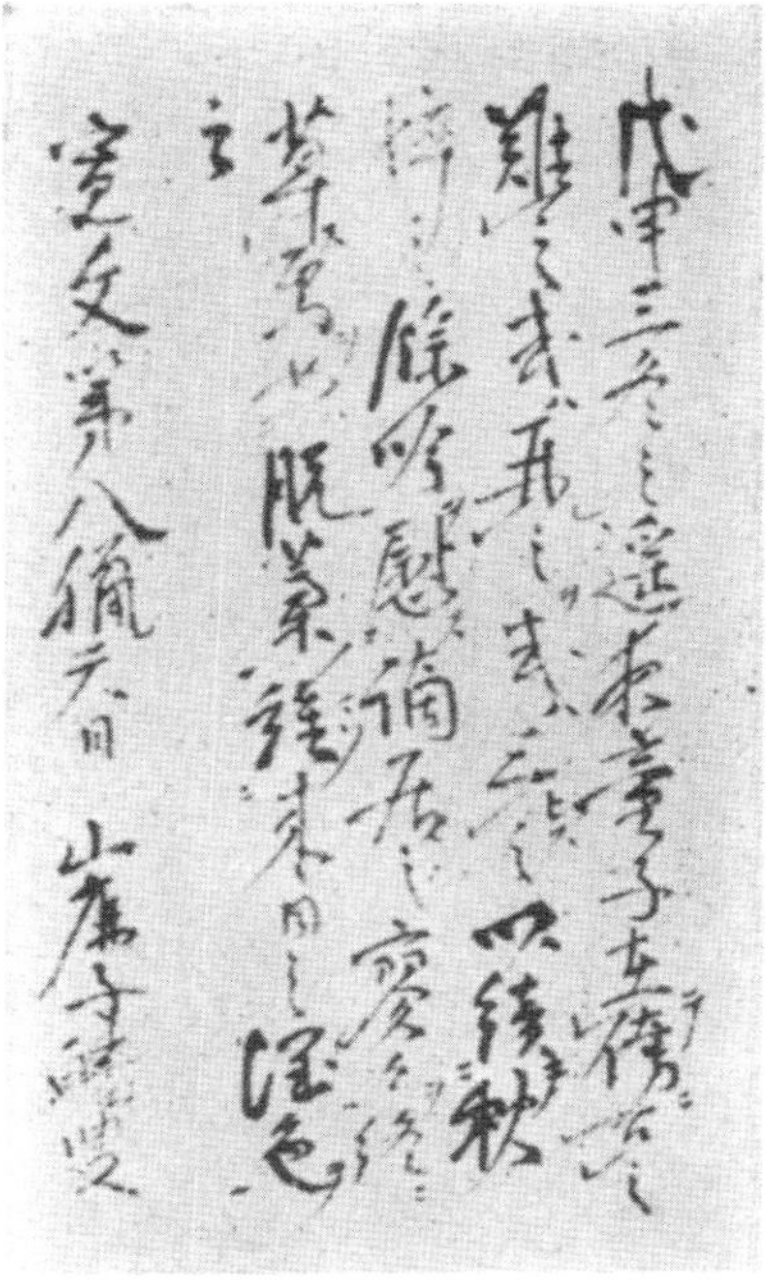

戊申（寛文八年）三冬（十月・十一月・十二月）の遙夜、童子傍に在りて、之れを問ひ之れを難じ、或は之れを再びし、或は之れを三びし、以て秋蟀の余吟を続ぎ、謫居の寥々たるを慰す。（「全集」第十二巻四九五頁）

素行筆『謫居童問』跋文
（大阪　貴田家蔵）

云々(うんぬん)とある如く、学問（上・中）・治平（下）の三巻に分ち、啓蒙(けいもう)的に問答の形式で仮名交(まじ)り文で書かれている。そして彼の古学的・実学的聖学が『山鹿語類』『聖教要録』よりも明快平易に説かれ、中国中華主義より日本中朝主義への転換過程を示している点に於て注目される（前頁挿図の「臘天日」は十二月八日、「山鹿子皤叟」は白髪の老人の意）。

『年譜』寛文八年十二月二十二日・二十三日の上欄に、「謫居童問三冊成る」とある。なお翌九年九月朔日の条に「今日童問を撰す」とあるので、或いは続篇を撰したのかとも思われるが、『積徳堂書籍目録』には「童問三冊」とあって、別に続篇と称すべきものは伝わっていないので、この時は補正を試みたものと見るべきであろう。

磯谷義言

なお奥書中の「童子」は当時十二歳の門弟磯谷義言（平介、のち十介）のことである。津軽耕道の『山鹿誌』に附された『磯谷氏伝』によれば、「幼にして先生の門に入」り、素行の配流の時は僅かに十歳であったが、浅野家の臣藤井又介に請い、長直から老中久世広之の許可を得て赤穂に来り、「先生の几辺(きへん)に在りて日夜勤学す。凡そ先生謫居の間の述作の書、磯谷氏輔佐す。」（なお藤井又介は、――宝永七年二月三日磯谷より耕道宛書簡（『全集』第十五巻八四九頁）によれば――藩主長直の御気に入りで、「先生様（素行）随分御懇意の者」であり、素行夫人一行を護衛して赤穂に下った高橋七右衛門の叔父に当る。）そして素行が赦されて江戸に帰った後も「再び先生の宅に寓して学を修す。先生卒して後、尚ほ積徳堂に在りて、以て三年心喪す」（『全集』第十五巻五八五頁）とある。延宝二年に著わした『翰墨訓蒙』

翰墨訓蒙

もその跋に「枯筆を滴し、翰墨の華を抜き、見る所に随つて童蒙に訓ゆと云ふ。」とある如く、初学者用の書翰文用語集であるが、これも側近に侍した「童蒙」即ち義言を対象としている。

日用卑近の学問

『謫居童問』においては、

聖人の教は専ら日用を事とす。日用は小事なり。近き事なり。ひき(低)きこと也。下学なり。これをつくすを聖門の教と云へる也。(「全集」第十二巻一三〇頁)

といい、また「我れ元来人倫なれば、人に交り、人につかへ、人をつかひて一生をすなほに送るべき」(三二頁)ための、社会生活を営む上の、日用卑近の学問を目指し、「山林にかくれ、樹下石上をすまゐと」する如き出世間的・形而上学的「俗学」を排撃した。

利心・欲心の意義

そして「利欲をたち欲心を廃」しようとする仏教や宋学の禁欲論は否定され、禁欲の代りに節欲が説かれたのみならず、更に進んで「此の欲心あるより、聖人にも至るべし。」(五三頁)、「利を本とするゆゑ、此の道立て行はれ、君君たり、臣臣たり。此の利心失却せば、君臣上下道たたず」(五五頁)、と欲心・利心

礼は聖人が制作

の積極的意義が認められた。嫌うべきは欲心ではなく、欲の過る惑であるが、この人欲（人情）の過不及を制するものは礼であり、「礼は聖人、人情を節し、過ぎたるをおさへ、及ばざるものは其の事物をかりて、これを中せしむるの教にして、人生日用の間、礼にもるることなし。」（七三頁）、「礼楽は位あつて、徳そなはれる聖人にあらずしては、制すべからず。」（七二頁）と、道徳的規範（道の準則）は聖人が制作した礼であり、人性に対する外在的秩序として理解された。（丸山真男氏『日本政治思想史研究』第一章第二節、相良亨氏『近世日本儒教運動の系譜』第二章三、参照。）。

原理・法則の差異

修身は聖学の本であり初めであるが、修身だけで「治国の功叶ふべからず。」「只だ家を斉のへたるのみにして、其の用を天下に及ぼさんことは、合ふべからず。よく格致するにあるべき也。」（三〇頁）と、個人修養と政治とは各々その原理を異にすることが認識された。

古今の差

かくて第一に、修身・斉家・治国・平天下の法則の差異は、「天下の政道、古今同異あるや」の疑問を導き、「古来の礼楽刑政と云へども、時宜を詳にせざるときは、決定し難しと知るべき也。」（二三〇頁）といわれ、古と今との相違を認識し、古の道を師としながらも古書・古法に泥まず、時代により時勢に従って損益・用捨あることが強調された。

内外の差

第二に、我が国と外国との相違を認識し、徒らに外国を模倣せず、我が国の風俗・水土に適するように異国の事例を取捨しなければならぬ、と説かれた。

> 文字の学者は異国を以て師と為し、大唐と日本と同じく一天下なりといへども、国の大小有り。処・人品・万物の次第同じからず。必ず異国の風俗になさんことを云ひ、大唐を以て日本を評し、本朝に居て異国を願ふゆゑ、日本の風俗に相応すべからず。（二三頁）

かくて古今の相違とともに、日本と中国との相違が詳細に弁ぜられ、当時の儒者が一般に中華・中朝と称していた中国を指して異国・異朝（『謫居童問』には、中国をなお中華と呼んだところが数カ所ある。）と呼び、「凡そ五方の民、各々其性を異にす、国々に異教あり。」（二六七頁）、天竺は仏法、南蛮は回々教（イスラム教）、北狄は北狄の道によって国治まり世々立ち来っているが、「是れを中華（中国）に行はんとすること、甚だ愚昧」で、世界いずれの国もその国の水土相応の独自の政があるべきを説き、「本朝・異国水土遥にことなれば」（三八二頁）、若し周公・孔子が日本に来るなら、中国の礼をその儘日本に行うようなことはしないだろうと述べた。

「夫子（孔子）も水土に襲ると、の玉へり」（三二六頁）とある如く、水土の論は『中庸』の説に基づき、『山鹿語類』巻第四十及び『謫居童問』（治平）において詳論されている。

このように素行が日本と中国との水土の差異を重視したのは、実学の主張に基づくのみならず、彼が単なる儒学者ではなく兵学者であったことに因る。日本の兵学も中国の孫子・呉子を祖述するが、戦争学なるものは山岳・平野・河川等具体的な水土との関連において成立し、儒学と比べて抽象的・形而上学的分野が少なく、日本の国土・民情に即した築城・用間（ようかん）（間者を用うる方法）・陣法・兵具・戦法等を工夫しなければならず、従って日本の歴史・地理・思想・人情・風俗等に対する関心は、四書五経の詮議（せんぎ）に没頭している儒学者より強かったのである。

神道は治国平天下の道

『謫居童問』は日本と中国との弁別を強調したのみならず、日本歴史の検討によって、第一に日本にも聖人の道が行われたこと、即ち神道は中国の聖人が説いた治国平天下の道であって、儒教と同様であること。第二に日本と中国とを人物・水土によって比較すると、日本がすぐれており、日本こそ万邦に冠絶する国であるとの結論に達した。次に朝鮮は、

日本は万邦に冠絶す

　其の国亡ぶること二度、姓を易（か）ふること四度也。其の俗甚だ陋隘（ろうあい）にして尤も釈氏を信じ、王の子弟必ず僧となる。鬼神・巫史（ふし）を信じて聖教をしらず。（三三二頁）

然るに我が国は、

　神武帝天下を平均ましく〳〵て、天神地祇（ちぎ）の宗廟を祭り、万々世の政を示し玉（たも）うて、人

皇の正統相続して姓をかふることあらず。君君たらざれども、臣臣道を失はずと云ふべし（三三頁）。

それ故に「四海広しといへども、本朝に比すべき水土あらず。大唐といへども、本朝のごとく全きことあらざる也」（三三四頁）との信念を抱くに至った。

二　『中朝事実』と『武家事紀』

中国崇拝思想の自己批判

素行は『配所残筆』において、

> 我れ等事、以前より異朝の書物をこのみ、日夜勤め候故、……覚えず異朝の事を諸事よろしく存じ、本朝は小国故、異朝には何事も及ばず、聖人も異朝にこそ出来り候得と存候。此の段は我れ等斗に限らず、古今の学者皆左様に存候て、異朝を慕ひまなび候。近比初めて存入、誤なりと存候。耳を信じて目を信ぜず、近きを棄てて遠きを取り候事、是非に及ばず、寔に学者の痛病に候。詳に中朝事実に之れを記し候。（「全集」第十二巻五九一頁）

と、従来の中国崇拝思想を自己批判して、日本中朝主義への転向を述べているが、ここで『謫居童問』ではなく『中朝事実』を挙げたのは、この書において初めて日本を指して中華・中朝・中国と呼んで、日本中朝主義への転換を完成したと自認したからであろう。

外国風模倣の否定

明暦二年（三十五歳）の『治教要録』『武教小学』等において、素行の関心は日本の史実と中国の典籍との対照に向けられ、本朝は異国と水土・人質・風俗が異なるから、武家の治法・作法・祭礼等において、徒らに外国風を模倣すべきではないと、実学の立場から主張したが、日本と外朝（中国及び朝鮮）との文化的・道義的優劣の問題に発展したのは其の後のことである。

日本と中国との文化的優劣の比較

即ち寛文二年（四十一歳）に記した『掇話』において、「日本の風俗を異朝に比すれば、甚だ善事多し。正統を違へずして王代を貴ぶ。これ第一。臣として君を弑するの人少し。異朝には正統をみだり、臣として君を弑すること多し」（『山鹿随筆』第五巻、「全集」第十一巻三七四頁）と、日本がその国体において中国に優れていると述べ、翌年より編輯し始めた『山鹿語類』においても、「異朝の風俗よりは、本朝遙にこえたる処多し。」（「全集」第五巻四五頁）、「本朝は人の心すなほにして、物の正統を糾し、上を上とし下能く下たるの風俗、異朝に合せては遙にこえたる所多し。是れ専ら天神地祇を重んずるによれる也。」（「全集」第五巻四一四頁）、「本朝天下の正統は、開闢より今日に至るまで、一日の廃するなし。其の大義、中華（中国）も亦企て望むべからず」（「全集」第九巻三二六頁）

と論じているが、又「唯だ中華（中国）のみ四時の気候正しく、日月星辰其の稟くる所以て正し。故に人物恒に秀づ。朝鮮之れに次ぎ、本朝之れに次ぐ」（「全集」第十巻八五頁）と、人物においては日本より朝鮮が、また朝鮮より中国が秀でていると述べているのであって、『謫居童問』を経て『中朝事実』に至り、初めて全面的に日本が中国より優れており、日本こそが中華・中国であるとの結論に到達したのである（池田雪雄氏「山鹿素行の聖学」（『歴史地理』七九の三・五）、及び内藤晃氏「山鹿素行論究」（『日本史研究』昭和二十一年五月、第一号）参照）。

中朝事実

『中朝事実』は『年譜』寛文九年（一六六九）十二月二十七日の条に「中朝実録成る」とある如く、初めは「実録」と称せられ、天先・中国・皇統・神器・神教・神治・神知・聖教・礼儀・賞罰・武徳・祭祀・化功の（皇統）十三章及び附録（或疑）の十三条より成っている。

自筆本自序

「自筆本」の自序には、「恒に蒼海の窮り無きを観る者は、其の大なるを知らず。常に原野の畦無きに居る者は、その広きを識らず。是れ久しうして狃るれば也。豈唯だ海野のみならんや。愚中華文明の土に生れて、未だ其の美なるを知らず。専ら外朝の経典を嗜み、嘐嘐として其の人物を慕ふ。何ぞ其の心を放にせるや、何ぞ其の志を喪へるや。抑も奇を好むか、将た異を尚ぶか。夫れ中国の水土は万邦に卓爾として、人物は八紘に精秀たり。故に神明の洋洋たる、聖治の緜緜たる、煥乎た

板本の自序

中朝事實自序
恒觀蒼海之無窮者不知其大常居原野之
郷者不識其廣是久而狃也豈唯海野乎
愚生中華文明之土未知其美專嗜外朝
之經典嘐嘐慕其人物何其放心乎何其喪
志乎抑好奇乎將尚異乎夫中國之水土卓
爾於萬邦而人物精秀于八紘故神明
之洋洋聖治之緜緜煥乎文物赫乎武德
以可比天壤也今歳謹欲紀 皇統武家之
實事睡課之煩繙閲之乏冬十一月小寒
後八日先編 皇統之小冊令兒童誦焉不
忘其本未知武家之實紀之成在何日
寛文第九己酉除日之前二謹筆於播陽之

自筆本『中朝事実』 自序

る文物、赫乎たる武徳、以て天壌に比すべき也。今歳謹んで皇統と武家の実事を紀さんと欲すれども、睡課の煩しく、繙閲の乏しきを奈せん。冬十一月小寒（十六日）の後八日（即ち十一月二十四日が起筆の日）、先づ皇統の小冊（中朝事実）を編み、児童（磯谷義言）をしてこれを誦みて、その本を忘れざらしむ。武家の実紀（武家事紀）はその成ること、奚れの日に在るやを知らず。寛文第九己酉除日（おおみそか）の前二（大晦日の前二日は即ち十二月二十七日）、播陽（赤穂）の謫所にて筆を渉る。」とあるが、『武家事紀』の完稿後、刊行された「板本」の自序には、「皇統の実事を編み、児童をして、これを誦みて其の本を忘れざらしむ」と書改められている。なお自筆本と板本とは、本文・割註・頭書・訓読等が若干異なっているが、本書では自筆本による「全集」第十三巻に拠り引用した。挿図右下の印は「積徳堂」で書斎の名。左の上の印は「藤子敬」で「謫所」の二字の上に捺されている。藤は藤原氏、子敬は素行の字。また左下の丸印は「常」であるが、その意味は分らぬ。序でながら『積徳堂書籍目録』にも「中朝実録二冊」とあり、『年譜』延宝六年六月二十九日（完稿後約八年半）の条に、「中朝実録校見相済む。是れを津軽（侯）に捧ぐ。」また延宝九年六月二十一日の条には、「夕、津軽監物（鶴の夫）来る。中朝事実板行成りて十部を持参す」とある。最初は「実録」と称されたらしいが、延宝三年の『配所残筆』には前引の如く「中朝事実」とあるので、両用されていたのであろうか。延宝九年津軽藩より出板された時「中朝事実」としてから、この書名に落着いた。

主たる典拠

『中朝事実』は『謫居童問』の後を承け、『日本書紀』を主たる典拠とし、『旧事紀』『古語拾遺』『続日本紀』『令義解』『聖徳太子伝暦』『麗気記』『神皇正統記』『職原抄』『元々集』『本朝神社考』等を援用して（この頃はまだ『古事記』の重要性は一般に認められていなかったので、素行は『古事記』を読んでいない。）、——㈠日本を中国と称したのは往古よりのことであって、天地自然の勢いより見ても、また神々相生、皇統連綿たる開闢以来の歴史を見ても、中国ではなく日本こそが中国であること（中国章）、㈡我国は「開闢より神聖の徳行は

史実に拠り日本の優秀性を述ぶ

れ、明教兼ね備はらざるなく、漢籍を知らずと雖も、亦更に一介の闕くることなし。」（神教）、治国の道は儒教の渡来を俟って初めて成立したのではなく、天孫降臨の際の神勅や智仁勇の三徳を表わす三種神器は、我が国教学の根本であり「後世聖教の淵源」であること、(三)神道（神職神道・宗派神道ではなく、天壌無窮の神勅を以て万代宝祚を践む帝王授受唯一の神道）は中国の聖人の説く聖教と同様なものであるから、儒教は我が国の道の採長補短の資として役立つが、神教が主であり、儒教は従であること（神教）、(四)仏教は異教で「その道は西域に可くして、これを中国（日本）に施すべからず。」（附録）、本地垂迹説は泰伯皇祖説と同様に誤りであること（附録）、(五)日本と中国とを比較すると、水土においては外朝はその失五ありて、本朝の「天の正道に中り、地の中国を得」（中国）たるに及ばず。歴史上から見ても「外朝は姓を易ふること殆ど三十姓にして、戎狄入りて王たる者数世」（皇統）なるに対し、日本は「天神の皇統竟に違はず。その間弑逆の乱は指を屈してこれを数ふべからず。況や外朝の賊、竟に吾が辺境を窺ふことを

神道が主、儒教は従

万邦無比の国体

得ざるをや。」（統皇）、即ち日本は万邦無比の国体を持っており「今日の澆季も亦尚ほ周の末より優」（儀礼）っていること、㈥それ故に徒らに中国を崇拝し、中国の学問のみを努めて、日本の事は知らぬというような事があってはならぬ。「教諭の道、多く外朝の書籍を以て事と為す。是れ後世の訛」（儀礼）であり、学問・教育・民生・登庸・祭祀・憲章・礼儀・法令・賞罰・武徳・外夷投化の点においても、日本が優秀であること——を史実に拠って述べようとした。

史料の考証をせず

素行は『日本書紀』『旧事紀』『古語拾遺』等の記載そのままを、すべて史実であると考えたのであって、これを史実か否か、考証することを知らなかった。

そして跋文において、「此の一編、仁徳朝以下はその尤なるものを挙げて、余は姑くこれを舎」（「全集」第十三巻二二四頁）いたのは、儒教渡来以前において我が国には、聖教の事実が（聖教の名は無くとも）行われていたことを論証する為である。

日本中朝主義の展開

要するに素行の日本中朝主義への展開は、日本古代の歴史のなかに儒教の伝統を見出し、儒教と神道とを合一せしめることから出発するのであって、中国古代の聖人の道や古学の立場が否定されたのではない。かくて『山鹿語類』『聖教要録』時代における聖教とは、中国の聖人が天地自然の法則(理条)に即して定めた人間の日常守り行うべき道、即ち周公・孔子の道であったが、『謫居童問』を経て『中朝事実』に至ると、伊弉諾・伊弉冉尊より天照大神を経て歴代の天皇へと授受された神道こそが真の聖教であって、中国の儒教は採摭斟酌さるべきものと考えられ、儒教より神道が重んぜられ、中国より日本がすぐれていると信ぜられるようになった。

神道が真の聖教

『中朝事実』において初めて、神・乾霊・天皇・帝・王・詔・朝廷・中国・本朝の上一字を空けて敬意を表しているが、外国の聖人に対しては闕字していない(本書の引用文は闕字を省略した)。

武家事紀

『武家事紀』は延宝元年(五十二歳)三月(九月二十一日改元ゆえ正確には寛文十三年)の自叙(序)に、

往年窃に中朝実録を輯め、将に余年を竢ちて以て武家の事に覃ばんとせり。頃歳此の集を草し、題して武家事紀と曰ふ。

とある如く、既に『中朝事実』が書かれた時、これに続く二部作として計画されたもので、『中朝事実』の巻頭に「皇統」と記されたのも、『武家事紀』の「武統」と対応するものと見るべきであろう。

武家百科全書

本書は前集三巻（皇統要略・武統要略）・後集二巻（武朝年譜・君臣正統）・続集三十八巻（譜伝・家臣・御家人・諸家・諸家陪臣・戦略・古案・法令・式目・地理・駅路・地理図）・別集十五巻（将礼・武本・武家式・年中行事・国郡制・職掌・臣礼・古実・武芸・雑芸故実）の五十八巻より成る大冊で、その内容は左の「自叙」が示すように、武家に必要な一切の知識を蒐めた武家百科全書ともいうべきものである。

> 皇統要略は帝徳の盛衰を述べ、武統要略は薄か中古朝政の武人に移ることを述ぶ。共に以て前集と為す。後集は専ら近代を紀す。所謂近代は織田家以来、施いて大神君（家康）の万万世に及ぶ。附するに武家君臣正統を以てし、書するに国史の法を以てし、之れに譜伝及び家臣小伝を纘ぐ。戦略・古案・式目・地理・図会も亦続集と為す。別集は窃か

に武士の典刑を輯め、以て一家の礼儀を著し、武徳の懿訓を述ぶ。

本書は『山鹿語類』と共に素行の日本の歴史、特に武家の歴史に対する該博な知識を示すもので、武士が日本人として日常実践すべき道、即ち国体論の上に築かれた実学的士道論が、ほぼ完成の域に達している。彼の国体論は万世一系の皇統の尊厳を高唱し、神代・上代に行われた皇祖皇宗の「まつりごと」そのものが、即ち真の聖教であるという点から出発するのであって、『中朝事実』の後を承けて「皇統要略」を冒頭に掲げ、以て「武家之実紀」たる本書の序編としたのは、上古聖教の伝統はなお武家政治に存することを明らかにしようとしたのである。

上古聖教の伝統

即ち「皇統要略」において源頼朝の守護・地頭の設置に就いて、「天下ことぐく武家の支配になりて、朝家の政を施行し、国司の吏務を用ふるに及ばざるにな(れ)る原因を、「是れ公家の政道衰微して、天下の政事正からずして、賞罰・法令ことぐく道にたがへるが致す処也。」(「全集」第十三巻三九五頁)といい、また、然れども上古神聖の実義日に疎くなりて、御学問は鴻材利口のためにわたり、詠歌・管絃は風流におち入りて、礼楽の実を失ふになれること也。このゆゑに政道日々におこたりまし〳〵、君臣皆逸楽を事として、天下の苦楽つひに通ぜず、故に武臣これを受けて、天子に替て（「全集」本は「天子に替て」の句を削除してある）、億兆の民を安んじ、四海を静謐せしむ。されば詠曲・管絃のあやまちにあらず。これを用ふるに道を失へばなり。武臣上をなみして世を政するに非ず。上に君道明ならざるがゆゑに、武臣これを承けて天下を安んずる也。保元よりこのかた建武の乱に至るまで、朝廷の礼楽・政道正しきに、武臣己れが私をほしいままに致す事あらず。全く上に無道あって（「全集」本は「上に無道あって」も無断で削除してある）天下困窮するがゆゑに、武臣日々に盛にして、是を静謐せしむる也。（「全集」第十三巻三九九頁。削除部分は「山鹿素行先生全集刊行会」の三冊本により補った）

武家政治の擁護

と論じたのは、彼が武家政治を擁護し讃美していることを示すもので、ここに彼の国体論の全貌が露呈されている。彼が『謫居随筆』に、「朝廷の依頼と為りて、天下の守禦を設くるものは武臣なり」（「全集」第十二巻五一四頁）といえる如く、当時一般に徳川幕府は朝廷の委任に依って天下の政を行っていると考えられていたので、朝廷を

崇幕的尊王論

尊崇することは、同時に朝廷の委任を受けて政治を行う幕府を尊崇することになるのであった。将軍の近親たる徳川光圀が尊王を説いたのも、実は幕府の政権が朝廷から委任されたとする近世封建国家形成の為の観念的支柱をなす理論と関連しているのであり、幕末の反幕的(斥覇的)尊王論とは反対の、幕府支持の立場にあった。『謫居随筆』にはまた、公家より武家への政権の移行を正当化して、

> 武朝の治は武将これを獲たるに非ず。王者之れを与へたるなり。王者之れを与ふとは、天之れを与ふるなり。王者の沈淪せるは王者自ら取る所にして、武将の為す所に非ざるなり。(「全集」第十三巻五〇七頁)

と論じ、『武家事紀』にも別集、武本に「朝廷を尊ぶ」の一条を掲げ、

> 朝廷は禁裏也。辱くも天照大神の御苗裔として、万々世の垂統たり。此の故に武将権を握りて、四海の政務・文事・武事を司ると云へども、猶ほ朝廷にかはりて万機の事を管領せしむることわり(理)なり。(巻第四十五、武本、「全集」第十三巻五六四頁)

武家の根源を皇統に求む

と述べているのも、武統の根源を皇統に求め、武家政治を合理化する為の尊王を

説いているのであって、反幕府的、武家政治否認の傾向は全然無い。

謫居随筆

『謫居随筆』は『積徳堂書籍目録』には五冊となっているが、今は一冊しか伝わらない。然し此の一冊は天地陰陽五行に始まり、文武を論じ武治を宣揚し武学に及び、水土論に終って首尾一貫し、小冊ながらも注目すべき内容を持っている。述作年代は不明であるが、書名によって謫居中のものであることは明白であり、日本を中国・中州と呼称しているので、『謫居童問』より後、おそらく『中朝事実』と同じ頃の作と推定される。

徳川政権の謳歌

素行の武家政治、特に徳川政権に対する謳歌は、既に『謫居童問』において、

されば武家、何れも王を勤め朝廷を宗とすといへども、王王たらず、朝廷朝廷たらざるゆゑ、宗廟・社稷の神も悉く武家より是れを祭祠し、万機の政ともに武家これを奉行するに至れる也。中にも大権現(家康)天下をしろしめすより、朝家を崇敬すること他に異にして、公家の政道天子の作法(古)にかへらんことを欲し玉うて、其の制法を奉じ玉ふといへども、朝家の勢万牛を以て之れを挽くとも、古にかへりがたし。然れども武家崇敬の怠り玉ふことなく、王事に勤め朝儀を尊ぶこと、頼朝卿已来此の如きことあらず。サレバ朝家ノ勢ハ、日々ニ衰テ、武家ノ成敗ハ、日々ニ正シ。是天ノ与スル所、武家ニアツテ公家ニ非ズ。天下の是非は公論にして、私を以てすべからざれば也。」(『全集』第十二巻三三〇

全集本の無断削除

頁。片カナ交りの部分は「全集」本又び「素行集」本では無断削除されているので、博文館蔵版本と続々群書類従本（第十・教育部）とにより補った）

と明示され、また『謫居随筆』においては、

王朝の政儀は信に美なりと雖も、今日の用に非ず。君子は能く時変に通じ、其の行ふ所、必ず徴ありて民之れを信ず。是れ其の時務を知る所以なり。（五〇九頁）

王政復古の否定

と、実学の立場から時務の論によって王政復古を無用と説き、武家政治を是認しているのであって、ここにおいてか彼が『中朝事実』において日本は中国より優れたりといい、万世一系の皇統を讃えたのも、実は武家政治を合理化する為のものであったことは明らかであり、後世の尊王討幕論と同一視すべきではない。

楠木正成をまねるな

『山鹿語類』巻第十五、臣道において、「士の出処・去就」に関し、「朝廷を重んじて武家を軽んずるは、往古の式、君臣の礼たり。然れども末世に及んで、朝廷は名のみにして武家のはからひに任す。爰を以て食禄・官位に至るまで、皆武家の心に任せれば、往古に相称はずといへども、世々皆是れを例とす。今又改むべきに便りなし。あるべきことにあらざれども、当時（楠木）正成が依頼の如くならんことありとも、更に正成を以て準拠すべからざる也。」（『全集』第六巻二一〇頁）と、反幕府的尊王を厳に戒めている。

公家と武家との正統を論ぜず

彼が『山鹿語類』において、

抑々(そもそも)天下は正統と云ふことを弁ずべし。正統と云ふは、天応じ人順(したが)ひて、共に天子の位を嗣続あること也。臣として君を侵し、夷狄(いてき)として中国を奪ふの類は、皆暫時(ざんじ)の調略(ちょうりゃく)にして、始終を全くするの道にあらず。故に春秋に、春王正月を挙げて、魯国(ろこく)の史の首(はじめ)に蒙らしめ、大一統の義を示す。（巻第二、君道二、「全集」第四巻一四四頁）

といい、『武家事紀』の巻第四「武朝年譜」において、孔子の春秋の筆法を用いて「春王何月」と書いているのは、公家と武家との正名を論じて正統を正そうとしたのではなく、武家の間における君臣正統を強調し、武将正統たる大権現(ごんげん)宮（家康）以来の徳川政権を正統化し尊厳化しようとの意図を持つものであり、王政復古的・反幕府的思想の無いことは素行学の歴史的意義を知る上からも看過出来ない。

封建と郡県

また『中朝事実』（神治章）に封建・郡県を論じて、

封建は天下を公(おおやけ)にするが如くにして、天下を私(わたくし)す。王侯を世々にするが如くにして王侯を害す。百姓を利するが如くにして百姓を毒す。王室を護るが如くにして、王室に敵(あだ)す。

とあるのを「大胆にも封建制度の幕政時代に之を罵倒し」と評する人もあるが、素行は徳川時代を以て純然たる封建制度の社会とは考えず、幕府直轄地である天領には郡県制度が行われていると見て、

天領は郡県制度

封建・郡県交々行へば、維持の制、自ら磐石の固あり。(『謫居随筆』五六五頁)

大権現御治政の後、封建・郡県共に行ひ玉ふ。諸国に封建あれば、又郡県の治あるがゆゑに、互に維持して政治一に化し、風俗異ならず。凡慮の及ぶべからざる也。(『謫居童問』三五七頁)

と論じている。要するに彼の思想を一貫するものは、徳川政権の謳歌であり、現状肯定的・維持的保守精神であって、革新的気魄に乏しい。

封建制度の概念

封建制度について素行は「諸侯を四方に立て、国を与へて治をなさしめ、王城を守護せしむるを封建と云ふ。」(『謫居童問』三五五頁)と考えているから、「景行帝の四年、七十余の子は皆国郡に封さして、各々その国に如かしむ」るを「是れ人皇封建の始なり。」(『中朝事実』神治)というのである。彼が考えている封建とは、諸侯が帝王より世襲的に一定の領地を与えられている政治体制のことであって、その領土内において如何なる生産関係・社会組織が行われているかは問題外である。

徳川時代の儒者が封建という場合は大抵こうした意味であって、我々の持っている封建制度の概念をそのまま押付けると誤りを生ずる。

古文書の利用

『武家事紀』の古案（巻第二十九より第三十五まで）は織田・豊臣・神君（家康）・今川・武田・北条・長尾（上杉）・毛利その他諸家の文書を収録したもので、日本において初めて古文書をひろく歴史の研究に用いたものとして注目される（日下寛博士「古文書を歴史に応用するは何人に昉まるか」『史学雑誌』四ノ一）。

三 『配所残筆』

日光門跡に赦免運動

江戸に比べて狭隘な社会に閉じこめられた赤穂での安穏な生活は、素行の眼界を狭く深くし、日本中朝主義・国体論の展開となり、多くの著作をなしたのであるが、彼の最大の願望は赦されて江戸に帰ることであった。『年譜』寛文九年四月二十七日の条に、「今日保科氏肥後守隠居す」、同十二年十二月十八日「保科氏肥後守卒す」とあるのは、正之を以て赤穂配流の発頭人と看做し、その動静に就いて注意していた為であろう。また寛文十年五月二十九日「北条氏長、江戸に於て卒」（『年譜』）したので、赦免（しやめん）の見通しも明るくなり、上野東叡山輪王寺門跡（とうえいざんりんのうじもんぜき）（後光明天皇の弟守澄法親王）に対して嘆願運動を行った。

寛文十三年六月十八日、側近の門弟磯谷義言が赤穂から淀に赴いたのは、「上野門跡京（京都）に至りしとき、磯谷の父も石川八郎兵衛に供して淀に至」（『年譜』）ったので、その機会を捉えて門跡の扈従（こしょう）石川を通じて、輪王寺宮に赦免の嘆願をしたのであろう。

この間の注目すべき出来事は左の如くである。

亀と岡八郎左衛門の結婚

○寛文八年（四十七歳）十二月十四日、江戸から飛脚が来て、長女亀が岡八郎左衛門と結婚したとの報をもたらした。八郎左衛門は素行の同母妹（兼松七郎兵衛の妻）の子で、かねて養子として（万助が幼年であるため）母方の岡の姓を名乗らせていた。二人の婚約は配流前に決まっていたので、亀を赤穂に呼びよせず、江戸の母のもとに置いていたのであろう。そして寛文十年十月

岩之助生る

二十二日には「岡氏妻平産の告（しらせ）あり。」（『年譜』）、素行にとっては初孫で、江戸への帰心つのるばかりである。

千介病死す

○寛文九年二月六日、猶子千介、疱瘡にて歿す。二十四歳。○寛文十一年正月十一日、実子万助六歳、初めて『三略』を読む。○三月五日浅野長直致仕し

浅野長直歿す

孫子諺義

武経七書諺義

て隠居。長友嗣ぐ。〇寛文十二年七月二十四日、浅野長直江戸にて歿す。六十三歳。十月二十九日「新大守」長友江戸より帰城。翌年四月六日素行宅に「新大守来臨」。〇寛文十三年二月十八日「始めて孫子諺解始計を編む」(『年譜』)。なお『武経七書諺義自序』に「茲年の春、偶々孫子を解するの次、牽きて六書の諺義に及ぶ。侍童(磯谷義言)側に在り脱藁す。」(『全集』第十四巻一〇頁)とある如く、三月十日孫子、二十一日呉子、四月三日太宗問対と次々に素行が講義したものを磯谷が書留めて、三月十五日武経七書全部の諺解(諺義)十三冊を完了した。この『孫子諺義』(『武経七書諺義孫子』)は十八―九歳の時の『孫子諺解』及び三十五歳の時の『孫子句読』の後を承け、兵学者としての多年の修業と専門的知識を以て、「文と武とは用を異にして、其の情同じからざるに、文士の武書を解するは、唯だ文字の間に在りて、文字の外に超えず。」「儒人兵法の実を知らず。」と従来の儒学者の註疏に対する絶対的優越心を以て著わされたもので、巻第一始計の「兵者、詭道也。」を魏武註に、「詭詐を以て道と為すと云へるは、甚だあやまれり。」といい、「道の字甚だ軽し。兵は詭詐の術なりと云へる意也」と解し、「往年余、兵法を学ぶとき、北条氏長、此の一句を以て詭も亦道也と為す。余も亦嘗て其の説を張皇して、詭も道也、いつはりを行ふも皆大道にあたると云ふ心とす。」といい、近来その牽強附会(けんきょうふかい)なるを知り、「詭詐を以て道とすると云ふにはあらず。詭詐にもまた道其の中に在りとは云ひつべき也。」(『全集』第十四巻六四頁)と解すべきを主張し、『武教要録』の所説を更に進展せしめた。然し最も注意すべきは『中朝事実』の後を承けて、兵学の基礎に日本中朝主義を置いたことで、「凡そ州(くに)異なれば人の性同じからず。性異なるが故に俗又一ならず。」本朝は「其の武徳兵道や、更に異邦と同日の談に非ず。」孫子・呉子・張良・韓臣等の戦法・兵術を聞知しなかった時代でも、「本朝の古今兵を善くする者、皆暗合」しているが、これは「神兵・聖武」が天地に満ちているからで、「何ぞ必ずしも外邦の七経(武経七書)を待たんや。」である。然し「博聞多識は学習の通義」であるから、「能く吾が邦の兵法を致(きわ)めて、而る後に此の書(七書)に逮(およ)び、」これを活用すれば「以て大成すべし。」(自序)と述べている。

（兵学と日本中朝主義）

（配所残筆）

延宝三年(一六七五)五十四歳の春を迎えた素行は、

今年は配所へ参り十年(足掛け十年で、満八年二カ月余)に成候。凡そ物必ず十年に変ずる物也。然れば今年、我れ等配所に於て朽果(くちは)て候時節到来と、覚悟せ令(し)め候。(『配所残筆』)

と死の近きを予感し、「延宝第三卯正月十一日」の日付で遺言状として、弟の山鹿三郎左衛門義昌（平馬）と甥にして娘亀の婿養子である岡八郎左衛門（山鹿興信）に宛てて自叙伝を書残した。これが『配所残筆』で、前引に続いて、

> 我れ等始終の事は、所々に書付之れ有り候得共、御念比の御方々次第に残少に成行候間、我れ等以前よりの成立・勤並に学問の心得、能く耳底に留め被れ、我れ等所存立候様に、相勤め被れ候事、希ふ所に候。……能々得心を遂げ被れ、万介成長せ令め候はば、利禄能き仕合の願は指し置か被れ、子孫迄不義・無道の言行之れ無く、覚悟せ令め候へば、我れ等生前の大望、死後の冥慮に候条、斯の如く記し置き、磯谷平助に之れを預け置き候。仍て斯の如くに候。以上。（「全集」第十二巻五九九頁）

と結んでいる如く、当時十歳になったばかりの万介の将来を慮り、後事を近親に托した。

当時は、宛先の平馬は平戸に、八郎左衛門は江戸にいたので、近侍の磯谷義言に預けたのである。

子孫教戒のために書く

本書は元来子孫教戒のために書かれ、公表すべきものではないから、

> 右の品々自讃の様にきこえ候得共、各々へ遠慮せ令む可きに非ず候間、書付候。所々

に我れ等覚悟の所之れ有り候間、能々心を付候て、読み申さ被可く候。

と、自己の高名や心情を隠す所なく記しているので、人間素行を知る上には無二の文献である。そして「我れ等儀凡下の者、殊更無徳・短才、中々御歴々の御末席へ出座の者に之れ無く候所」云々に筆を起し、村上宗古（次郎左衛門三正、幕府小普請組、千五百石）が兵学の弟子になる迄の前半は、自己の履歴や学者としての評判等を略述した一種の覚書又は回想録的なものに過ぎぬが、寛文六年十月三日北条氏長の召喚を受けて出頭しての氏長との問答や、「我れは罪す可くして道は罪す可からず」云々の辞世の一句、及び「唯今は一入天道のとがめを存候て、病中の外一日と雖も朝寝仕らず、不作法成る体を致さず候。……子孫共は愚成る我れ等に十倍勤め申さず候はば、人間の正義に叶ひ申す可からず候と存候」といい、「序乍ら我れ等存寄の学の筋、小々之れを記し置き候」とて学問に対する確固たる信念を吐露し、

心情を吐露

此の学相積む時は、知恵日々新にして、徳自ら高く、仁自ら厚く、勇自ら立って、終

には功もなく名もなく、無為玄妙の地に到る可し。されば功名より入りて功名もなく、唯だ人たるの道を盡すのみなり。

と結論し、死の近きを覚悟して子孫に対し、利禄を望まず「不義・無道の言行」の無いようにと遺言するあたりの後半は、学問・真理に対する封建的抑圧にも屈せぬ真摯なる求道者の体験の記録として、おそらく日本における自叙伝文学の先駆をなすものであろう。

自叙伝文学の先駆

素行が「凡下の者」というのは、自分は武士ではあるが浪人であって、「御歴々の方」と肩を並べられぬ者であるというのである。そこでこの「凡下の者」から「御歴々方」になるべく幕府出仕の機会をねらったのであるが、遂に達成出来なかったのである。「凡下の者」とは「御歴々方」に対する卑屈の語であるが、三民に対しては「我れ等、今日武士の門に出生せり。」と倨傲に構えたのである。

古い自叙伝

なお『配所残筆』より古い自叙伝としては、叡尊の『感親学正記』（弘安九年）、中巌円月の『中巌和尚自暦譜』等まず僧侶によるものが表われ、次いで井伊直政の家臣木俣守勝の『木俣土佐紀念自記』（慶長十五年）、毛利元就の臣玉木土佐守吉保の『身自鏡』（元和三年）、福島正則の家臣可児才蔵の『誓文日記』、小幡景憲の『景憲記』（寛文十九年）等があるが、いずれも家訓・家記或いは覚書風の回想録とも称さるべきもので、外界（社会生活）との関連における個性の自覚、或いは主観の客観化という点において不十分であり、まだ真の自叙伝文学というに価しない。『配所残筆』も前半はメモワールであり、後半に於ても文学的形象化の点では不充分で、新井白石の『折たく柴の記』の如く統一された自叙伝文学の形態を有していないが、思想・言論の抑圧に抗して「我が言の大道疑ひ無く、天下之れを弁ずること無きことを」と自覚せる個性を表現するあたりの雄渾(ゆうこん)な文字は、部分的には文学以上の文学的効果をあげている。

近代的意識の未発達

日本において、ひろく東洋全体において自叙伝叙述の発達が著(いちじる)しくおくれたのは、アジア的・封建的専制並びに家父長権家族主義が、近代的個性及び人間性への覚醒を妨げた為であって、西欧における自叙伝が封建主義的・家族主義的束縛に抗する商工市民の擡頭を地盤として現われたのに対し、日本においては『配所残筆』や『折たく柴の記』の如く、市民ではなく武士の、封建的権力に依って抑圧されたことに対する消極的抵抗または自己擁護・自己弁解の産物として現われざるを得なかった(羽仁五郎氏『白石・諭吉』(大教育家文庫7)拙稿「新井白石とその歴史研究」(『世界文化』昭和十年七月号)参照)。

赦免の通知

『配所残筆』は然し幸いにも遺書にならず、それより約半年後の延宝三年七月

日光門跡

三日、江戸より赦免の通知が齎らされた。即ち『年譜』に、

去月廿四日御赦免の告、今日(七月三日)朝来著す。去月廿四日御赦免、日光御門跡に憑り赦免せらる。

とある如く、保科正之・北条氏長の歿後に乗じ、松浦鎮信や本多忠将等の有力諸侯が東叡山(日光)門跡に哀訴運動を続け、素行もまた四月二十一日「書を江武(江戸)に奉る。昨日上野御祭済の賀なり。」続いて五月十日・六月五日・二十九日にも「書を江武に奉」っているので、門跡より幕府に対して申入れがあり、やがて赦免の運びとなったのであろう。

宝永七年(素行死後二十五年)二月三日、磯谷義言より津軽耕道宛の書簡に「御免の御剪紙は、御門主様(上野東叡山門跡)より松浦肥前守・本多備前守様にて御座候。」(『全集』第十五巻八五〇頁)とある。このほか兵学の弟子であった土屋数直・丹羽光重・津軽信政、及び祖心尼・町野壱岐守等も盡力し、老中久世広之も斡旋の労をとったのであろう。

この間の主な出来事は次の如くである。

長治・長友歿す

○延宝三年正月十九日、備前三次藩主浅野因幡守長治卒す。六十二歳。長照嗣ぐ。○

正月二十六日赤穂藩主長友（長直の子）江戸において卒し（三十三歳）、長矩（九歳）嗣ぐ。〇二月六日猶子千助（千介）の七回忌を行い、香典銀一枚を華岳寺（浅野家の菩提寺で、ここに千助を葬ったからであろう）に贈る。〇二月二十二日『武教余談』成る（『年譜』前年十二月十日に「筆功畢る」とあり、その後加筆して、この日完成したのであろう）。

武教余談

幡・幕・合図器・合図書・合図烟火・甲冑・刀剣・鎗・弓・鉄炮・船等、兵器に就いて記したもの。〇三月三日『家譜』成る。

祖心尼歿す

〇三月十一日祖心尼歿す。八十八歳、二十四-五日頃その訃音を受け、二十九日迄精進す。〇六月十七日万助『尚書堯典』を読む。

延宝三年七月二十四日赤穂発

かくて足掛け十年（満八年三カ月）の謫居生活に別れを告ぐべく、素行はまず七月二十四日浅野長直の忌日に際し華岳寺に詣で、翌二十五日妻子を残して赤穂を発し、東海道を経て八月十一日江戸の地を踏んだ。

『年譜』によれば、岡八郎左衛門が江戸から参著し、素行のみが「先達として下るべきの旨」の告があった為である。

四　四十七士との関係

赤穂浪士が本所松坂町の吉良邸に打入り、主君浅野長矩(ながのり)の仇を報じたのは、素行の教育・学説の影響を受けたものであるとは、学界の通説となっているが、以下これを否定したいと思う。

山鹿護送

第一は、講談・浪曲の「山鹿護送」で、寛文六年十月赤穂に配流される途中、箱根山中に門人等が待ちかまえて素行の駕籠(かご)を奪おうとするのを、護送役の大石良雄(よしたか)が門人等に理否を説いて事無きを得たという話であるが、当時良雄はまだ八歳の子供で、護送役など勤める筈がない。

この時の「供の輩」の人名は『年譜』に記されているが、勿論その中に良雄の名は無い。『配所残筆』には、御公儀より素行の弟子たちが「道中は申すに及ばず、江戸罷立(まかりたち)候時分、芝・品川等にて奪取り候事など之れ有る可く候間、油断仕らず候様に仰せ渡され候由にて、付き候て参り候者共も気遣(きづかい)仕候」とあるので、こうした事から「山鹿護送」の伝説が作り出されたのであろう。

良雄は素行の門人に非ず

第二は、大石良雄が素行に兵学又は儒学を学んだという説。謫居中に素行は良雄の祖父内蔵助良欽(よしちか)及び良欽の弟の頼母助良重(たのものすけ)の邸宅に招かれ、また良欽を自宅に招いたりして大石一族とは親交を重ねているので、素行と良雄と顔を合わせる機会はあったであろうが、『年譜』その他素行が書残したものの中には、良雄のことは全然記されていない。従って良雄が素行に学んだとの確実な証拠は無い。

門人説はすべて臆測

太宰春台の『赤穂四十六士論』には「初め山鹿氏、兵法を談ずるを以て、赤穂侯に事ふ。良雄之れに従て学ぶ。吉良子を殺すを謀るに及んで、悉く其の法（素行の兵法）を用ふ。是を以て計に遺策無く、能く其事を済す。山鹿氏の教、乃ち爾るのみ。」とある。佐藤直方の『復讐論』にも、「内匠家（赤穂浅野家）、素ヨリ山鹿氏ガ軍法ヲ尊ミ、大石ヲ初、此教ヲ学ブ。」また伴蒿蹊の『閑田次筆』にも、「山鹿甚五左衛門の疑を蒙ることありて、赤穂に蟄してありし時、良雄これに就て儒学・軍学を学びしなりといへり。さもあらんかし。」とあるが、これは春台・直方・蒿蹊の推測・臆説であって、確証とはいえない。また平戸山鹿家に伝わる『御大名御旗本 御名前並門弟中名前別控帳』（『全集』第十五巻六七七頁）にも浅野長矩・同大学の名は見えるが、良雄の名は見えない。

若し良雄が謫居中の素行の門に屢々出入すれば、『年譜』に何等かの記載がある筈であり、また良雄より二歳年長の磯谷義言が津軽耕道に宛てた書簡（『全集』第十五巻に二通収録）、及び耕道の『山鹿誌』にも良雄のことが見える筈である。書簡及び『山鹿誌』が書かれたのは宝永七年（一七一〇）で、元禄十五年（一七〇二）より八年後であり、良雄の名は天下に知られているのであるから、若し素行との間に師弟の関係があれば、これを書きもらす筈はない。従って吉良邸討入に際し、良雄が山鹿流の陣太鼓を打ちならしたというのも、史実ではない（山鹿流では陣太鼓のことを押太鼓という）。

山鹿流の陣太鼓も史実に非ず

殊に『山鹿誌』には「元禄十五年四十七の忠士、仇を江都に報ず。其の始末、殆ど先生の余徳か。」と復讐事件を素行の感化と結びつけようとしており、また素行の甥山鹿清吉の『山鹿流兵法系図』（『全集』第十五巻所収）にも赤穂浪士の復讐の記事があるが、「書簡」『山鹿誌』『山鹿流兵法系図』ともに師弟関係の記載が無いことは、良雄が素行の門人でなかったことの有力な証拠となる。

打入の時は鉦を打った

『年譜』天和元年十一月三日の条に、浅野長矩が火事番を命ぜられたので「押太鼓」を貸したとの記事あり。『武教全書』巻之一上「制法」には、「押太鼓を以て人数をつかふ徳の事」「押太鼓打やうの事」が説かれているが、『江赤見聞記』に「表門にて相図の鉦を打、裏門にて合せ候時、松明一同にとぼし」云々とある如く、打入の時は太鼓ではなく鉦が用いられた。

松浦厚氏の『素行子山鹿甚五左衛門』に『敬孝述事』『甲子夜話』を引いて、「越後流のカケリ太鼓」又は「甲州の推太鼓」を打ち鳴らしたと説いているが、両書とも良雄を以て山鹿の門人で、軍法の奥秘を極むとしている点から見ても、良質の史料として信ずるわけにはいかぬ。

四十七士のうち一人も素行の門人はいない

第三、四十七士のうち、素行に学んだとの確証のある者は一人もいない。重野安繹博士の『赤穂義士実話』（明治二十二年 吉川弘文館）に、

謫居中……堀部・間瀬・小野寺・間等の人々はみなこれ（素行）に親炙し、一藩の士人其の薫陶を蒙るもの尠からず。素行赤穂を去る時、内蔵助（良雄）は十七歳、父権内は早く歿し、祖父内蔵助良欽の後を承く。祖父は頼母（良重）の兄なれば、内蔵助（良雄）幼少より素行門下に在りし事、疑を容れず。……去れば内蔵助以下、忠義の士の赤穂に輩出せしは、其原因遠く父祖の代に在りて、山鹿の力多しと云ふべし。

とあるが、『年譜』を見ても素行は赤穂配流中「一藩の士人」に兵学・儒学を教えるようなことはしていないし、堀部・間瀬等四十七士の誰とも交際していたような形跡はない。復讐事件のあった元禄十五年は素行死後十七年、素行が赦されて赤穂を去った延宝三年より二十七年後であり、延宝三年には良雄は十七歳である。そして良雄より年長の者は吉田忠左衛門ほか十名で（同年一名）、切腹した時十代が二名、二十代が十二名、三十代が十六名と若い者が多く、素行と面識のあった者は

数名を出ない筈である。また沼田頼輔博士の「山鹿素行と赤穂義士」（『歴史教育』昭和九年一月号）に、

> 赤穂の藩士がその熱誠なる彼（素行）の教導に感化せられて、文武二つながら、その道に獲る所があつた事は云ふ迄もない。その一例を挙げると、弘前市に大石良雄の後裔に係る大石良郷氏の所蔵中に、義士の一人たる（大石）瀬左衛門が、素行の講じた『武教小学』といふ講義筆記がある。この『武教小学』といふは、素行の著述で、素行がこの時赤穂藩士のために講述した筆記である。……かくて忠孝の道を注入せられ、これに加ふるに、山鹿流の軍学を以てしたのであるから、彼等が忠肝義胆、秋霜烈日の如く、後年に至つて復讐の快挙に出でたことは当然の帰著である。

素行は赤穂で弟子を取らず

とあるが、『年譜』を見ても素行が赤穂において一般藩士の為に『武教小学』その他の著書を講義したようなことはない。当時の素行は配流謹慎の身で、隠山・潜夫・播陽隠士等と号して著述に専念し、広く藩士に対して兵学・儒学を教授するようなことはしていない。といっても四十七士の中には、勿論素行の著書を読んだ者はいたであろうが、素行の著書から得られた感化が、直ちに復讐の原動力

素行の復仇説は官庁の許可が必要

となったと結論するわけには行かない。例えば『山鹿語類』に「君の讎（あだ）を奉ずる事、是れ勇士の節に死するの大義也」（巻第十四、臣道二、仕法）と説かれているが、また、

但し君の仇と云ふに子細（しさい）あるべし。其の君無道にして、天子命じて罰せられなんは、仇を報ゆるの義あるべからざる也。此の如き所、専ら究理する事を詳にすべき也。

とも説かれている。勿論四十七士から見れば、浅野長矩は無道の主君ではない。然し幕府によって処罰されたのであり、素行の考え方からすれば幕府の命令は天子の命令と同様に従うべきもので、「仇を報ゆるの義あるべからざる」（『全集』第六巻一〇六頁）ものである。しかも彼らの復讐の計画は公儀の免許を得ず、徒党を組み飛道具（弓）を以て押入るのであるから、素行の思想からすれば幕命に叛く許すべからざる暴挙である。素行の著書のどこにも「国法を犯してまでも主君の讐を報ぜよ」とは教えていない。

井上哲次郎博士『日本古学派之哲学』にも「素行の教育ありて始めて義士の挙あり。」として、

『山鹿語類』「巻十七に仇を報ゆるの道を論じて曰く。」とて、素行の報仇説を引用している（二六頁）。然し素行は「次に復仇の事、必ず時の奉行所に至りて、其の父兄の殺さるるゆゑんを演説して、而して其の命をうく。是れ古来の法也。」（『全集』第六巻三七〇頁）と、まず官庁の許可を受くべきことを教えているのであって、幕府の許可を受けずに復仇する（幕府の許可を受けられそうもない復仇を企図する）、四十七士の行為は、素行の教説に反しているのであり、従って復仇を以て素行の教育の感化とするわけには行かぬ。

素行の門人は一人も復讐に参加せず

第四、赤穂藩士にして素行の門弟又は素行と親交のあった者は、一人も復讐の挙に参加していないが、これは素行の教えに忠実なる所以であったと評してよい。素行に直接教えを受けた者は一人も参加せず、素行に学ばぬ者だけで実行した復讐事件を、素行の感化に依るものと強調するのは、牽強附会ではなかろうか。

『年譜』貞享元年（六十三歳）八月二十三日の条に、

今日浅野内匠頭（長矩）宅に到る。内匠頭兵法の門弟と為り、藤介（嗣子万介）に誓状を為す。大嶋出羽守（雲八）来会。享礼盃酒あり。奥野将監・安井彦右衛門各々血判。

奥野将監

とある。奥野将監は番頭で『年譜』延宝九年（六十歳）八月十八日の条に、「奥野将監・

同長大夫来礼、去る頃播州赤穂より来るなり。」次いで同月二十三日の条には、

今日浅野内匠頭家老奥野将監・外村源左衛門より黒川小介をして予が宅に使せしめ、内匠（長矩）兵法稽古の義を告ぐ。（正式の入門は満三年後の貞享元年同月同日。前頁及び次頁参照）

廿八日、快霽。浅野内匠亭に到る。奥野将監を問ふ。将監此の間江府に到り、先頃予の宅を問ふ。

とある如く、その後累次（るいじ）の交際があった。元禄十四年（一七〇一）四月赤穂城の明渡しをする際、決死籠城の連盟をした六十一人の中に加わり、禄高からいっても一千石で良雄に次ぎ（家老の大野九郎兵衛・安井彦右衛門は各々六百五十石）、副将格として暫く良雄を輔佐したが、途中脱盟した。また江戸家老安井彦右衛門は最初から籠城・復仇に反対しており、その他赤穂藩士で素行の門に学んだ者（或いは交際のあった者）としては、東一郎兵衛惟純・加藤平大夫・藤井又助・浅井一角・外村源左衛門・小島喜兵衛・小山喜右衛門・滝二郎左衛門・岡野又右衛門・近松伊看（勘六の祖父）・間（はざま）左兵衛（十次郎の祖父）・大西七郎兵衛・篠田

安井彦右衛門

浅野長矩兵法入門誓状

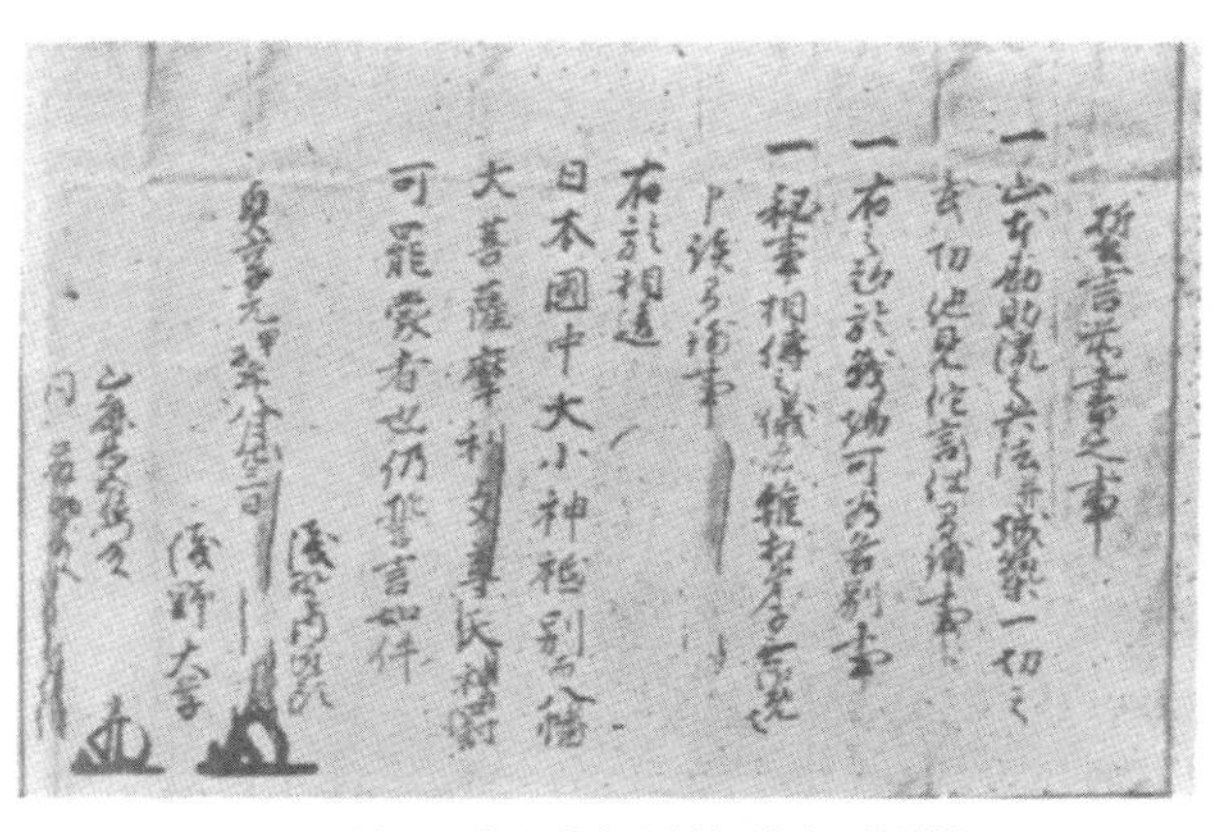

浅野長矩・長広兵法入門起請文（誓状）

彦左衛門・八嶋惣左衛門（片岡源五右衛門の舅）・奥野長大夫・田中清兵衛・小山源五左衛門（良雄の父方の伯父）等がいるが、いずれも復讐に参加していない（外村・近松は素行在世中に死亡）。

貞享元年八月二十三日の誓紙（上掲写真）は浅野内匠頭長矩（十八歳）・浅野大学長広（十五歳）の兄弟から山鹿甚五左衛門・同藤助の父子に宛てたもので、その本文は次の如くである。

「誓言前書之事。一、山本勘助流之兵法幷に城築一切之武功、他見他言仕る間舗事。一、右之趣、戦場に於ては各別為る可き事。一、秘事相伝之儀は、相弟子と雖も、御免無ければ申談ず間舗事。右相違に於ては、日本国中大小神祇、別しては八幡大菩薩・摩利支尊天の神罰、罷り蒙る可き者也。仍て誓言件の如し。」（平戸山鹿家蔵)。なお長矩・長広は花押のみで、奥野と安井が血判したのは(二七四頁参照)、兵学の秘事を他言しないとの誓約を保証(又は代理)する意味であろう。

素行の感化を過大視するな

以上、要するに素行は赤穂藩士に対して若干の感化は与えたであろうが、その感化を過大視して、復讐事件の原動力であるとする通説に反対したのである。

素行は弟子の浅野長矩に対してどんな感化を与えたか。佐藤直方はその『復讐論』において長矩を評して、「勅使大礼の節、大法を背き、其上(吉良)上野介を討つ事も、急迫未練腰抜の仕方也。上野介、梶川与三兵衛と立ながら事を談ずる時、後より短刀を抜て二ケ所を切と云へども、其疵小にして死に至らず。梶川氏にとらへらるる事、勇なく才なき事、笑ふ可き者也。死刑に行はれ、城池を取上玉ふこと、理の当然なり。」と論じている。

『先哲叢談後篇』に、素行が浅野長友に対して、「臣、経義と韜略とを以て侯の諸臣に教ふ。臣が精力の蘊ふる所、皆此にあり。故に臣が旨に達す。若し倫理の変に処しては、万一服勤して償ふ所あることなからんや」といい、「侯大いに喜ぶ。爾後殆ど五十年……其の遺臣四十七人、果して吉良氏を襲殺し、君が志を殉成するの事あり。」と述べているが、これも由比正雪の容貌を見て予言忠告した話(一二一頁参照)と同じく、後世の作り話であろう。

吉良義央と同宿

最後に素行が赤穂より江戸へ帰る途中、延宝三年(一六七五)八月六日阿部(安倍)川の

川止めの為、丸子（静岡市丸子町）で偶然にも吉良上野介義央（三十五歳）と同宿したことを記しておく。即ち『年譜』に、

六日、彼岸入、朝大雨。江尻に宿らんとす。昼丸子に休む。昨夜雨、阿部川大いに漲り川越なし。終に丸子に宿す。夕天晴、昼雷一声忽ち止む。吉良上野介も亦此の宿に留る。

とあり、延宝八年八月十二日の条にも、

今日鷹司左大将殿（兼熙）下著す。上使と為て酒井雅楽頭（忠清。大老）・吉良上野介彼処に趣く。

素行と義央との関係

とあるが、両者の間に直接の交際があったわけではない。然し、(イ)吉良義央の母は、素行が曾て家光の直参になろうとして後援を求めた大老酒井忠勝の弟忠吉の娘であり、(ロ)義央の妻（富子）の兄上杉綱勝（米沢城主三十万石）は、保科正之の娘（春子）を娶り、(ハ)義央の娘あぐりは津軽侯（信政）の一族津軽政兒（信房、旗本寄合）の妻であり、(ニ)あぐりの妹菊子は酒井忠吉の弟忠重の曾孫忠平の妻である——という縁戚関係があったので、素行は義央に対して若干の関心を持っていたのであろう。

第七　晩　年

――延宝三年（五十四歳）より貞享二年（六十四歳、死去）まで――

一　積　徳　堂

素行江戸に帰着す

延宝三年八月十一日昼、江戸に着いた素行は品川で弟の平馬や岡部有節（門弟医師）等の出迎えを受け、まず浅野邸に入って長矩より「著衣上下を賜」わり、「酒肴饗応」をうけた。夕暮に「老母宅」（本所の弟平馬の宅）を訪い、次で松浦鎮信に謁し、その夜は浅野邸に泊った。翌十二日老中久世広之や丹羽光重・大嶋雲八・戸田忠昌・浅野隼人（良雄の大叔父大石頼母良重の子で、浅野家の養子となる。名は長恒、三千石）等を訪ね、十三日には老中土屋数直、前田涼心（祖心の三男）・町野壹岐守邸に到り帰府の御礼挨拶を述べ、また祖心尼開基の済松寺に

浅草に借家

陳元贇筆「積徳堂」の扁額

詣でる等多忙の日が続き、二十三日には赤穂をおくれて出発した妻子も到着し、二十四日は岡八郎左衛門の宅に至り、それより約一ヵ月後の九月二十八日、本所の平馬の宅より「浅草田原町三丁目、渡部善兵衛宅」を借りて引移った。この借家に明（ミン）の帰化人陳元贇（ちんげんぴん）（芝山）の書いた「積徳堂」の文字額があったので、これを襲用して堂号とし、翌年邸内に新宅を作り（老母の新宅も作る）、延宝六年七月二十六日には、「当屋敷売券全く相済む」（『年譜』）、即ち土地も旧宅の借家の方も買取り、ここに住むこと満十年、この積徳堂において六十四歳の生涯を閉じた（元贇の伝記は『先哲叢談』巻之二にある）。

借家を買収

此の借家を買収してから約八十日後の、延宝六年十月十六日付、滝川弥市右衛門宛の書簡において素行は「浅草田原町と申候所に借屋仕り、今以て罷有候。」と、借家住まいのように書いているのは、後述の如く此の書簡は久世広之に示す為のものであり、経済的に余裕が無いように見せかけたい、との配慮からであろう。

庭に鶴飛び来る

家主の渡部とは、どんな縁故があったのか分らぬが、津軽耕道の『山鹿誌』に「松浦主、先生(素行)の為に宅を浅草にトす」とあるので、或いは松浦家の世話であったかも知れぬ。また屋敷の広さに就いては『山鹿古先生由来記』に、「表口十七-八間、二十二-三間」とあるから、四百坪前後と見てよい。『年譜』貞享二年正月十五日の条に、「今日庭上の松の上に冠雀鸛鳥飛び来り集まる。之れに依り詩に題す。藤介・清介皆之れを賀し、詩文を奉る」(蘆田清介は家僕)。また『山鹿随筆』にも「正月望、未の刻、大鶴来り、積徳堂の庭に集ふ。」とある。今の浅草田原町三丁目の繁華街も、二百七十年前は鶴(実は、こうのとり)が飛んでいたのである。

陳元贇

元贇は『素行号記』を書いた朱舜水と同じく、明から帰化した人で、尾張侯の客となった。彼は書を能くしたので、素行は此額を珍重し、堂号としたのである。なおこの額は『山鹿誌』には元禄十一年九月の火災に「積徳堂の牓も亦失す」とあるが、平戸山鹿家に現存している。

素行の蔵書

『積徳堂書籍目録』には約五三八種、約一、一三八冊の書名が記載されているが、『三教一致書』『晨昼夜書留』の如く記載もれもあるから、素行の蔵書はこの数よりもっと多かったのであろう。

有力者との往来頻繁

赦免帰江後死去迄の江戸における十年間が素行の晩年であって、松浦肥前・壹岐守父子、浅野長矩・長恒をはじめ、久世大和・土屋但馬・大村因幡・稲垣信濃(重祥、のち重昭。重種の孫)・同淡路(信濃の伯父)・本多備前・戸田越前(伊州)・同日向(越前の子)・秋元摂津(戸田越前の子)・津軽越中・内藤若狭・小笠原山城・同丹後兄弟・同能登・同佐渡兄弟(山城の子)・丹羽左京・菅沼主水・大石頼母・大嶋雲八等との往来は頻繁になされ、流謫前より却って多忙な生活が続いた。素行は帰江後三日目の八月十四日、大石頼母の同道で老中久世広之を訪ねた時、広之より、

以前よりの近付衆へは出入仕る可く候。浪人などあつめ候事、無用に仕る可く候。(「滝川弥市右衛門宛書簡」「全集」第十五巻八一六頁)

方々徘徊の説

と言渡されたが、諸侯との交際は活溌となったので、身辺には種々の流言がまき起った。そして延宝六年十月十日久世広之が松浦鎮信に向って、「素行方々徘徊の説ありと」(『年譜』)いったとの情報を松浦家の家老滝川弥一(市)右衛門より受けたので、同月十六日付の「書付三通」を鎮信に献じ、以て広之の嫌疑を解こうとした。

滝川弥市右衛門宛書簡

この書付は「滝川弥市右衛門宛書簡」の控書として現存しているが(二通は平戸山鹿家に、一通は東京都斎藤胤雄氏蔵)、この中において素行は、

四年以来（延宝三年八月赤穂より帰府以来）、筋目御座無く候衆へは近付に罷り成らず候。尤も御大名衆へ新敷く御出入仕らず候。御小身成る御方へも、一人も御近付に罷り成らず候。殊更筋目御座無く候家中の衆、浪人は断を申候て、近付に罷り成らず候。……拙者儀、松浦肥州公・津軽越州公御家中の御仕置を（政治向に）口入仕候て色々新法を立て、下下痛み候事申付け候などと、方々沙汰仕候由、風聞承候。中々存寄も御座無く候。……四年以来拙者師を仕り、幷に書物他所へ取あつかひ仕らず候。（「全集」第十五巻八一八頁）

と弁解し、先年由比正雪の徒党中にも「私方へ出入仕候者は」一人もいなかったと述べ、

拙者体の凡下の者、御公儀様（幕府）御恩、悉く存じ奉り候由申上候事、慮外千万成る様に存じ奉り候得共、斯の如き御静謐に御座候て、数十年心閑に相勤め罷有候儀、恐れ乍ら天下の御恩浅からず有難く存じ奉り候。殊更不慮に御赦免を蒙り奉り、御当地（江戸）へ罷下候上は、弥々以て日夜相慎罷有候事、似合の志にても御座有る可く、恐れ乍ら存じ奉り候。若したはぶれにも（幕府に対して）不義・不忠成る事を口に申候へば、心にもうつり

申候間、冥加忽ち盡き申す可く候。此の段堅く相勤め候様に、世悴共にも平生教戒仕候。然者御公儀様をかろしめ、御法度をないがしろに仕り、御作法を評判（幕府の政治を批判）仕候事かりそめにも御座候はば、恐れ乍ら冥加の罰、甚重に罷り蒙る可く、常々つつしみ罷有候。（「全集」第十五巻八一九頁）

と心情を吐露して将来を誓った。

久世広之の嫌疑解く

そして鎮信も種々弁疏したので広之の嫌疑も解け、翌延宝七年（一六七九）四月二十七日には広之が鎮信に向って素行を称歎し、『聖教要録』の細註を求めるようになり、要録の講義も憚り無く行われ、素行の思想はもはや危険視されなくなったので、その後は平穏な生活が続き、彼の学問は老いて益々盛んとなるの観があった。

『年譜』延宝六年十月十七日の条に、「今晩松浦公に到る。公（松浦）今朝久世公に到り、具に予の他出なき事を告ぐ。久世公得心」とある。素行が献じた「三通の書付」（滝川宛書簡）をおそらく鎮信は広之に示したのであり、素行もまた滝川・鎮信を通じて、広之に読んで貰う為に書いたのであろう。『年譜』同月二十日の条に、「朝松浦公に到るの処、久世公より御手紙到来、予に安堵すべしとの告ありと。公の御触あり。」また二十一日の条に、「予、松浦（滝川）弥一右衛門・水野新右衛門（松浦家の家人）宅に到り、今度の義を謝す。」とある。

晩年において素行が読み或いは筆写した書に、

春秋（公羊伝・穀梁伝）・駿府政事録・後太平記・旧事本紀・旧事大成経・管子・古文奇賞・新語・春秋繁露・新書・論衡・中論・申鑒・風俗通義・孔子家語（けご）・韓非子・淮南子（えなんじ）・易経・書経・礼記・周礼・儀礼・小笠原備前守弓馬故実書・孟子・孝経・武功雑記（松浦鎮信著）・東鑑・韻鏡・親元日記・定家卿歌・中庸・家忠日記・豊臣実記・白氏文集・半陶藁（彦竜周興著）・居家必用・本朝編年録・楊升奄文集・謠抄・春秋左氏伝・古列女伝

読書と著述の書

等があり、編著したものに『原源発機』『原源発機諺解』『武家忠臣伝』『古将弁』『万家類聚』『画家秘訣』『画法書』『斉修旧事』『正誠旧事』『治平旧事』『天馬賦』『政事録』『合戦年月短歌』『雑録』『章数附』『神君言行』『伊呂波歌之人伝』『古今武事紀』等がある。『年譜』は詳細になって日記の体裁となり、死去前約四ヵ月半の貞享二年（一六八五）五月九日迄続いている。

絵画に詳し

右のうち『画家秘訣』は絵画の心得を書いたもの。素行は絵師の狩野法眼永真とは承応二年（三十二歳）より交際があり、特に晩年には永真が武者絵を書く為に、武家の故実を聞きに来た事から益々親しくなり、また自分でも合戦図・武具の図・城の図・地図等を書いているので、絵画の事にはかなり詳しかったのである。

章数附、絶筆となる

また『章数附』は延宝七年から貞享二年までの間に書かれたもので、元・亨・利・貞の四冊より成り、読書の抄録随感、兵学・儒学の講義案、他人との談話要領等である（「全集」第十一巻、「素行集」第八巻の『山鹿随筆』に収録）。そして貞享二年五月二十五日に書かれた終りの部分、即ち晉語（国語）の「心は以て志を守る」に就いて、「たとへば前方無事の時に、此の如く志を定むといえども、事に当りて惑ふことあり。利禄・女色・飲酒皆然り。ここに於て心にて前の志を守るなり。廿五日」が現存する素行自筆の最後のものである。

経学と兵学

なお『兵法伝統録』の頭書朱書に、「赦ニ遇ノ後、専ラ兵学ヲ唱ヘテ経学ヲ廃ス。其見ル所、時流ト忤フヲ以テナリ。故に其著ス所、多ハ兵書ナリ。」とあるが（『先哲叢談後篇』にも同様の記事がある）、『年譜』によれば素行は晩年においても、『大学』『論語』『中庸』『書経』『詩経』『春秋』『易経』を講じ、屡々『聖教要録』を講ずる等、経学につとめ、遂に『原源発機』三巻、『原源発機諺解』三巻の主著を遺したのである。

素行の後継者や弟子たちによっては、素行学の経学的方面は殆んど発展せしめられず、兵学としての山鹿流のみが継承されて行った。

二 『原源発機』

著述年代不明

津軽信政に伝授

自筆本『原源発機』巻首

『原源発機』『原源発機諺解』の両書は、著述年代は不明であるが、発機は延宝六年五月、諺解は貞享元年三月に門人津軽越中守信政に伝授されているので、それ以前に一応述作されたものであろう。然し両書とも浄写するに到らず、未定の稿本として遺(のこ)された。

津軽信政に伝授されたことは、信政筆写、素行批点の原本の奥書による（「素行集」第一巻解題）。なお『年譜』延宝六年十二月二十六日の条に、此の夕の夢に「松平主殿頭(とのものかみ)（名は忠房、肥前島原藩主）礼服を著し、予に対して云はく、開闢以来の物語を記する書、発機と云ふものをとり出でたりと。」とあるのは、発機がこの時既に一応完成していたことを示す。

素行学の哲学的基礎理論

『原源発機』は紙数僅かに二十六枚の自筆の小冊子で、上巻に述作の所以(ゆえん)と象数説(しょうすうせつ)の総論を述べ、中巻に象(しょう)を建て図を作って天機の至微(しび)を洩らし、下巻に六十四の係辞(けいじ)を挙げてその意を発したもの。また『原源発機諺解』は発機を註解したものであり、要するに聖学の道源を探求し、万有万物の大理大道を究明しようとしたものであり、素行学における哲学的理論の極致(きょくち)というべきものである。素行によれば万物万事の根原は象数であり、「象数の総図」を以て天機の妙(みょう)を窺(うかが)おうとした。

象数の説

象数の説とは一を基とし、二・三・四迄を生数とし、五・六・七・八を成数とし、この八がそれぞれ八を生じて六十四の象となり、この六十四が又それぞれ八を生じて五百十二の象となる如く、無限に展開して万有を成すというのである。即ち万有万物はかかる象数の発現・展開であるから、不規則的な集合変化ではなく、条理の発現であり、その変通は古今に亘っている。天地の変は一見究むべからざるもののようであるが、この象数の説を根拠として考究すれば通ぜざるはなく、況や人事においては猶更のことである。そこで、

> 形象の画は自然の道なり。然らざれば乃ち道建つべからず。古は文字無く、唯だ形を画き象を画き、以て其の心を示す。後世文字多く成りて、始めて天機の妙没す。故に聖人の機を示し事を察するは、専ら形象の画に在り。形象の画存して、其の道機観るべく言ふべきなり。形象の画は造作すること無く、唯だ自然の道を以てす。（諺解上）

といわれるのである。

以下「象数の総図」に就いて説明すべきであるが、紙数の関係上省略する。詳しくは読者自ら両書（「全集」第十四巻または「素行集」第一巻収録）を熟読して会得されたい。なお山鹿平馬義都（素行の

弟平馬義行の裔）及び山鹿高元（高基の裔、巻末の「略系図」参照）に山鹿流兵学を学んだ平戸藩士長島加右衛門元長の著『発機諺解中図説私淑言』『発機諺解私淑言跋』（『素行集』第一巻所収）を参考されるとよい。拙著『山鹿素行』下巻にも若干の解説を試みた。

陰陽論を根底とす

要するに『原源発機』において展開された象数説は陰陽論を根底とし、八個の形象を以て天地万物（人間を含む）の生成を現わし、八象・六十四象・五百十二象と八を倍数とする無限の展開によって、即ち已むを得ざる道によって万変の業あるを以て、形象によって宇宙万物の法則を究め得るとするものである。素行は、

易と類似

識らざる者は、必ず言はん。吾が此の象は易に準拠すと。天機の妙は、斯くの如くせざれば、古今に亘らず。象数は大いに易に異なりて、其の用は易に表裏す。（発機上）

我れは唯だ聖学の実に因り、以て源を原め、其の機を発して、始めて知る。聖人の易は此に在ることを。（諺解上）（「以原レ源発二其機一」とあるのが、この書名の由来を示すもので、聖学の道源を探求して、天地至微の機気を発見しようとするものである）

と自説が易に来由することを否定しているが、かかる象数説が『周易』並びにその祖述者、特に象数派の邵康節（字は堯夫。宋代、共城の人）の思想の影響に因ることは疑いを容れ

易との相違点

ない。ただ長島元長が、

発機ハ香時計ノ如ク、周易ハ異人工夫ノカラクリ仕掛ノ自鳴鐘ノ如シ。香時計ハ珍シキヿ無ク、誰人ニテモ直ニ其訳合点シテ、其時ヲ知ルヿ丈夫ニシテ聊気遣ナシ。カラクリノ自鳴鐘ハ、其巧ミ深クシテ見ヿナルヿ目ヲ驚セドモ、功者ニテ無クテハ道具ノ訳相分ラズ。其人ヲ失フトキハ、新ニ仕掛ルヿモ叶ハズ。肝心ノ大事ノ処ニハ用イ難シ。……発機ノ簡ニシテ事理明ナルニハ若クベカラズ。（『発機諺解中図説私淑言』『素行集』第一巻六六二頁）

といったのは一面の真理を道破したもので、易に類似しながらも易より簡易明瞭であり、また易の如く吉凶未来を説かぬ点において、発機の独自性が認めらるべきであろう。

邵康節

本書では解説を省略したが、象数の展開は易における太極より陰陽の両儀、老陽・少陽・少陰・老陰（夏・春・秋・冬）の四象、乾・兌・離・震・巽・坎・艮・坤の八卦、更に八卦を互に相重ねた六十四卦への展開と類似している。素行が邵康節の『皇極経世書』を読んだことは『山鹿語類』巻第三十五、聖学三、雑子の儒家者流「邵子」に確証がある。

『原源発機』の象数説は、現代の科学的宇宙観の批判に堪うべくもないことは勿論であるが、素行学の発展過程より見て左の四点を注目すべきである。

哲学的原理の重視

第一に、素行は老荘的・仏教的・宋学的思弁工夫を排斥し、日用事物の上に役立つことを主眼とする実学を強調するが、その学問・思想の哲学的理論並びに形而上学的根拠に対する思索を軽視するものではない。象数説は修身斉家治国平天下の規範となるものであり、天機の妙を泄らすという如き哲学的原理は、実学の基底となるものである。

八規伝

第二に、経学に関しては古学を唱えても、素行学は基本的には兵学であり、これに関連して『原源発機』と兵学との結合、即ち哲学と戦略、象数と戦術との連繋を説いたのが「山鹿流大事極意の伝」たる『八規伝』である。『八規伝』はその構想『原源発機』に似て、象数も発機の所説に基づくものであり、「天地人物事法盡誠」を八機と呼び、又「八規は発機也。秘して八規と謂ふ也」と説いている。

平戸山鹿家所蔵の「秘伝目録」の控には『八機伝』とあり。また『飛竜』には「大星の伝授に八起の伝と云ふあり」とあるように、『発機伝』を秘して、八機伝・八規伝・八起伝等と書いたのであろう。素行自筆のものは無く、写本が平戸山鹿家にあるが、簡単な目録である。

宋学的理気説の清算

第三に、太極の上に無極を立てる宋学の宇宙観は、既に寛文二年(一六六二)八月十九日に否定され古学への転向となったが、理気論はなお『聖教要録』においても重要な地位を占めて、理気相合・理気妙合・理気交感等の語が用いられ、『謫居童問』に至って漸く理気論より脱しようとし、『原源発機』においては理気を全然言わず、『原源発機諺解』においては、「人物は地に属し、理気は天に属す。」「天は道なり、理なり、気なり。」「人は形象ありて道理を包む。故に理有り。気有り。」(上)等と説いているが、宋学的理気説は殆ど清算されたといってよく、ここに宋学を否定する素行の古学(聖学)は、『聖教要録』よりまた発展したことを知り得る。

日本古来の大道

第四に、宋学の否定、聖学の唱道は、やがて日本中朝主義の境地を開拓したの

であるが、『原源発機諺解』においても、

本朝往古の聖人が著はす所の神道宗源の妙は、皆是れ形象の画にして、世伝へざること久し。故に外国の聖人を仮りて、以て之れを証するなり。(上)

とて、象数説の来由を中国ではなく本朝往古の聖人に求め、我国の「聖人之大意」を遺そうとした。

聖人の道は天下に在り。天下の外聖人焉れを論ぜず。今我が此の象数は悉く天下に在り。故に其の用、易と相表裏するなり。表裏とは一致の義なり。物に表有れば則ち裏有り。是れ其の知趣を一にするなり。象画同じからずと雖も、其の致一なるときは、則ち周易の説、此の中に在るなり。(上)

とある如く、象数説は外国聖人の易に類似するもので、我が国の大道の原理を発揮しようとする素行の意図はまだ充分に実現されなかったが、『中朝事実』における日本中朝主義を前進せしめ、哲学の領域において日本思想の原理を確立しようとした、その意図は認めるべきであろう。

母の喪は日本の礼に倣う

そして『年譜』延宝六年（五十七歳）十一月一日の条に、「凡そ去年十月十四日（母死去）より服忌、本朝の礼により凶服十三月にして吉服に帰す。」また翌七年十一月一日の条に、「凡そ母君の三年の喪、去月既に終る。予、本朝の例に依り、去年既に喪服を脱す。」とある如く、母の喪に際しては中国ではなく、日本の礼に倣おうとしたことも、彼の思想の推移——日本中朝主義の進展を示すものである。

寛文五年（四十四歳）十二月二十二日、父死去の際は中国聖人の説に因って喪に居るの礼を守り、「父の喪には斬衰（喪服）三年、苴の杖竹を用ふ、黲服は本朝の服色なり」（『枕塊記』上）とて、寛文七年十二月十九日より、「斎戒して大祥忌（三周忌）を」営み、満二年後の二十二日になって初めて「黲色の服」（喪服）を脱し、「廿四日より酒肉を復」（『年譜』）しているが、母の喪は日本の礼に倣い、十三ヵ月にして喪服を脱したのである。

三　『治平要録』

三旧事

『正誠旧事』（一冊）『斉修旧事』（四冊）『治平旧事』（四冊）の三旧事も編述年代は不明で

あるが、『年譜』延宝九年(六十歳)七月三日の条に、「今日斉修旧事臣道の筆功を終る」とあるのは、この時『斉修旧事』第二巻臣道篇(この巻は欠けて、伝わらず)を脱稿したことを示すものである。そして三旧事ともその後補訂されたらしく、『治平旧事』が完結したのは翌天和二年(六十一歳)のことであり、書名並びに筆蹟より判断して、正誠・斉修・治平の順に完結したと推定される(「素行集」第一巻及び「全集」第十四巻解題)。

治平旧事

三書は『大学』の八条目に基づき、誠意正心・修身斉家・治国平天下の旧事を編述したもので、『正誠旧事』『斉修旧事』は中国の経典からの抜萃に若干の註と意見とを加えたに過ぎず、まだ編纂の域を脱しないが、『治平旧事』は五巻に分れ、巻之一「学問」において学問の意義を論じて、

人君の学問

> 人君の学問、其の本意尋常に同じからず。天下を治平するを以て本と為す。天下を治平するの道は古今の事迹に通じ、其の治乱興亡を考え、之れを糺すに聖人の道を以てするなり。(「全集」第十四巻五六八頁)

治平要録と改題

と聖学の本義を明らかにし、以下各項目毎に所見を述べ、次に中国のみならず日本の文献からも旧事を援用し、著書の形態・内容を具えているので、『治平要録』と改題された。

古今武事紀

素行は晩年において中国の典籍から必要な事項を分類配列して政治学大系を作ろうと企図し、この三旧事と『古今武事紀』（「周礼」を分類したもので王国・邦国・卿大夫・士庶人之義に分る）を編輯したのであるが、未完のうちに歿したのである。

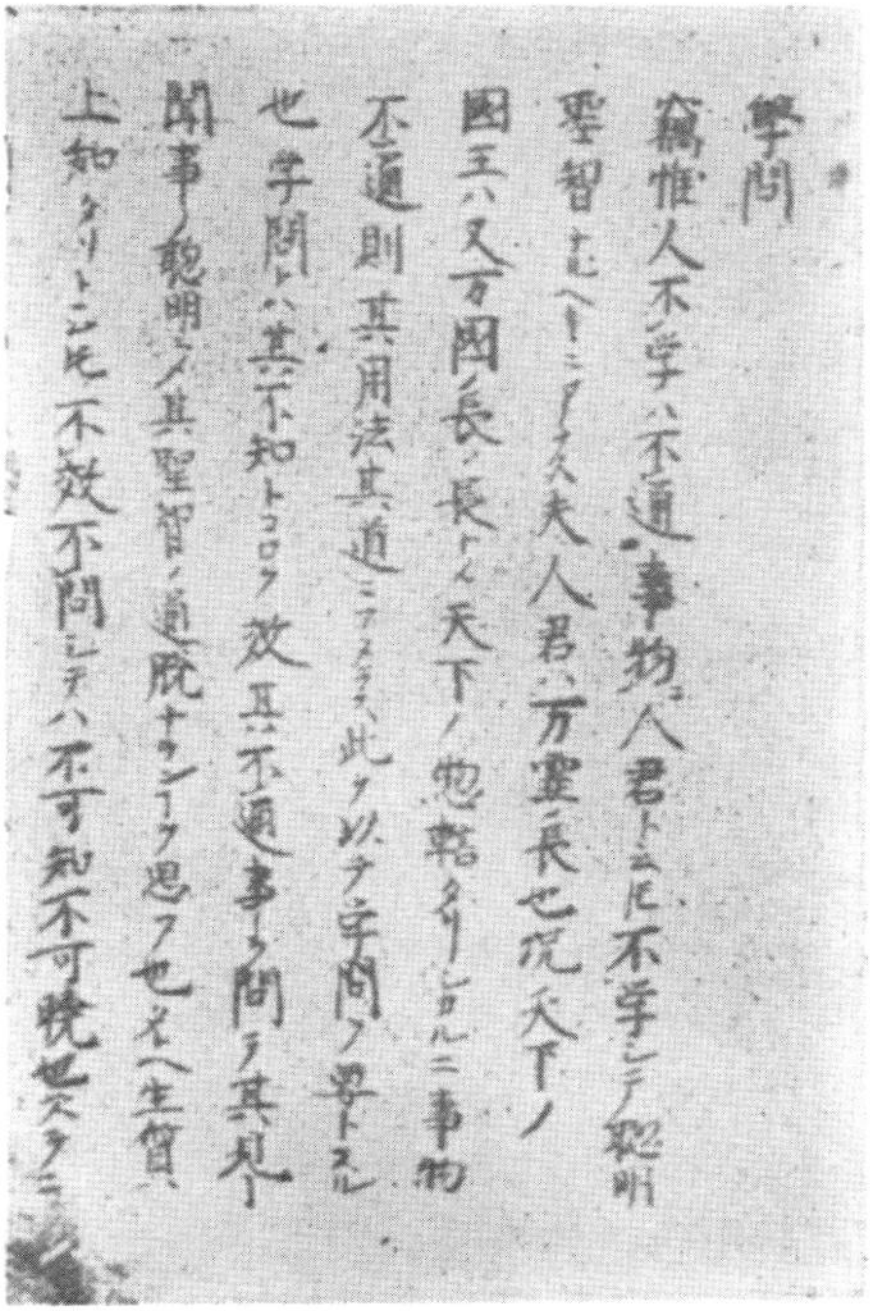

自筆本『治平要録』巻頭

『治平要録』巻

俗学の弊

之一、「学弊」は、彼の聖学の主意を説いたもので、まず学問を俗学と実学とに分け、俗学の弊を第一に記誦、第二に詞章とし、「利世安民の道にあらざれば、人君の学ぶ可きの道に非る也」と断じ、これに対し実学は、

道を論じ経書を学んで、義理を糺し心性を味ひ、王覇をわきまへ仁義を談じて、己れを修め人を治め、国家天下の治平を本とすといへども、是れ又其の志す所、其の糺す所によつて其の弊あり。（「全集」第十四巻五八三頁）

実学の弊

とて、実学における五つの弊害を列挙した（素行は「人君の学問」を説いているのであって、支配される者、即ち一般武士や民衆の為の学問ではない）。第一は「議論に過ぎて、学を弄するに至る」こと。第二は「性心を弄し、虚遠に鶩す」ることで、いずれも「政事急務を次といたし、」「其の用、治国平天下にわたらず。」以上は既に『聖教要録』『謫居童問』において論述された所であるが、次の第三・第四において、素行の聖学の反王朝主義的・武家主義的性格が最も明確に説かれている。

即ち実学の第三の弊は「専ら王道を言ひ、覇道を棄つ」ることで、「後世の俗儒、皆王道を談じて覇道を賤するになれり。……是大いに学者の弊なり」といい、王道沈淪（ちんりん）して覇道が行われている徳川治世の現実を擁護して、次の如く説いた。

錦は上品（じょうぼん）の服たりといへども、暑夏に至りては草麻の単服（たんぷく）におとれり。今夫れ王道は錦のごとしといへども、時ことなれば先とするに足らず。しかればとて、王道を棄捐（きえん）せよと云ふにはあらず。且つ又俗儒の謂わゆる王道とは、いかなることぞや。今夫れ聖人の道について正さざれば、王道の名は一つにして王道の実を得ず。されば聖人は、王覇両（ふた）つながら用ひて、時宜（じぎ）に従つて之れを損益す。本朝の古（いにしえ）は専ら朝廷の政（まつりごと）以て四海に行はる。是れ王道也。王政也。保元・平治の末より朝廷の政おとろへ、武家これを輔佐し、遂に武臣の威天下を平治せしむ。是れより朝廷日に衰へて、武家の政道日に新なり。朝廷これを憤りて武臣を亡ぼさんことを志すといへども、遂に事ならず。

朝廷、王道を失い無道となる

是事ナラザルニハ非ズ。朝廷々々ノ道ヲ失テ、名ハ王者ニシテ実ハ王道ヲ失テ、武家頗ル王道ヲ得レバ也。天下ハ有道ニ帰シテ無道ニ帰セズ。水ノツイニヒキ(低)キニ流ル

ルニ同ジ。何ゾ今ノ世ニ居テ、専ラ古ニ反ランコトヲ願フヤ。甚ダ時宜損益ヲ知ラザル也。(巻之一学弊)

前半は「全集」第十四巻五八九頁、後半の片仮名交りの部分は「素行集」第一巻五四二頁による。太平洋戦争の継続強行による一億一心のための思想統制は、「全集本」の編纂者をして「下略」として、片仮名交りの部分を省略させたのであり、その他にも無断省略があることは前述した。

第四に、「湯武の兵を言ひ、兵法を賤しむ」ことで、「是れ又古の道に反らんとして、時宜に通ぜざる也。」といい、続いて次の如く論じた。

王朝復古の否定

古は文臣・武臣分れず、宰相・軍将の権、唯だ一人なり。中古より王道稍や衰へて、文を崇び武を卑じ、将軍の任といへども、其の相当は五位に出でず。然るに武臣天下の権を執りて、四海に政を布くの後は、其の官職大臣・大将を経て位一品を極め、是れを公方衆と号して万機の政務ここに決せり。此の時に至りて、しひて王者の兵を談じ、湯武の古を慕つて、武を賤しんじ文を専にせんとならば、天下を王朝に譲り政道を公家にかへして、元弘・建武のふるき跡をたづぬるの外なし。しからば天下の乱、日を数へて待つべく、四民の困窮前車の覆るためし、言はずして知る可し。是れ災の其の身に及ぶといへる聖人の戒ならずや。故に武を賤しめ兵を止めんと欲し、口に湯武の兵を談ずるものは、皆虚遠に鶩て、まことの聖学を知らざるの弊なり。

覇道と兵法とを賤めるのは聖学の本義ではないこと。時代に随って或いは王道を用い、或いは覇道を用うべきを説いているのであって、ここにもまた時宜相応を主張する実学の立場が一貫されている。彼は時代を無視して抽象的に王道と覇道の善悪を比較することを「俗儒の鄙見」として退け、日本においても、中国においても、古代は王道が行われたが、後代においては「已むを得ず」覇道が行われたこと。即ち現在武家政治が行われているのは、時宜に従っているのであり、武を尚ぶことは「本朝今日の急務」であると、武家政治を謳歌した。「今の世に居て専ら古に反らんことを願ふ」こと、即ち「政道を公家にかへして、元弘・建武のふるき跡をたづぬる」ことを、虚遠にはせて聖学を知らざるの弊と却けたのは、

建武中興・楠木正成を真似るな

さきに『山鹿語類』において楠木正成を評して、反幕府的尊王論を厳に戒めたの

と（二五五頁）相呼応するのであって、素行の王道論は武家主義（道覇）と矛盾しないだけでなく、むしろ徳川幕府の政権を合理化し讃美するものであり、王朝復古を否定するものであったと評せざるを得ない。

第五は、「仁の説を味ひ、慈恵に陥る」ことで、

今の学者、仁を物に用ふるに及んでは、皆小恵姑息の仁までにして、聖人の仁と云ふにこと（異）なり、是れ全く仏氏の平等の慈悲と云ふに同じ。されば民の苦をみては、倉廩をひらいて是れを恤むことを本とし、人の貧を見ては、己れが衣食をはぶいて、彼れを贍ぜんことを思ふ。咎あるものを赦し、罪ふかきものを罰せざるの類、これを仁と心得。是れ聖人の仁を知らざるがゆゑなり。（「全集」第十四巻五九五頁）

要するに盲目的な博愛・仁慈は聖学の本旨ではないと斥けたのであるが、ここに彼の武断主義の立場が露呈され、また巻之三「守武」においては、「武は柳営今日の当務なり。……我れ武を以て起り、武を以て治めて、武を忘るることは、

本を棄て基（もとい）を失ふに至るべし」と尚武（しょうぶ）主義を説き、巻之四「武治」においては、

武家には独特の政治あり

> 朝廷には朝廷の治あり。武家には武家の治あり。況（いわん）や中朝自ら中朝の治あるをや。外国も亦然り。古今は同じくすべからず。中朝と外国とは混ずべからざる也。朝廷・武家の治相雑（まじ）へ、中朝・外国相混ずれば、則ち治の体を失ふ。夫れ武家は自ら一家の治を張る。故に大綱（たいこう）・大政を建てて、礼楽制度の文章各々武治の式を定め、百世の成敗を察し、千古未行の法を振ふ。是れ治の大体也。

とて、日本の武家政治には日本独特の、武家独特の「式」があって、王朝政治と混雑すべからざるを説き、「末代之治」（巻之四）においては、

武家政治出現のやむを得ざる理

> 朝廷は管絃・遊宴の地と為り、公卿は詠歌・有職（ゆうそく）の家と為り、国家の治政を知らず、身を修め心を正すの道を致さず。故に武家遂に之れに代り、以て国家の治を為す也。

とて、徳の衰えた王朝の治に代って、武家政治が出現したことの已（や）むを得ざる理を論じ、「武家の治」（巻之四）においては、頼朝・泰時・時頼を称讃して、「当時（そのかみ）の治は殆ど武治の美談と為す」とした。『山鹿語類』『謫居童問』より『武家事紀』

へと進んだ武家政治の合理化は、『治平要録』において一層の進展を見せたのである。

武治の宣揚

要するに素行晩年の思想は、武治の宣揚を中軸として『原源発機』における哲学的原理の樹立、三旧事における修身斉家治国平天下の歴史的反省となって表われ、まさに一段の思想的飛躍を遂げようとしながらも、未だその成果を十分に挙げ得ざるの感がある。『原源発機』において、孔子の易における「亦数年を仮るの嘆有り」(上)といったのは、素行自身の心境を寓したのであろう。

四　瑞夢と終焉

晩年も元気

素行は延宝六年(五十七歳)十月十六日「方々徘徊」との老中久世広之の嫌疑を解く為、松浦鎮信に提出した書付(「滝川弥市右衛門宛書簡」)において、

近年は病者に罷り成り候て、慮外乍ら行歩不自由に御座候故、大方何方へも罷り出でず

候。（『全集』第十五巻八一六頁）

と述べているが、これは弁解の為の言辞であって、この頃はまだ矍鑠として親戚・知友の間を往来し、兵学・経学の教授もつとめ、多くの著述を遺したことは前述の如くである。

身辺寂寥を加う

子よ孫よ　まどゐて花をながむれば
老がひがめの　恥もけぬべし

これは延宝五年三月十六日、積徳堂の「後庭にて花を宴し」み、暮春花に題して詠じたもの。前年五月三日岩女（鶴の妹、享年不詳）が、この年の五月一日弟平馬の妻が、また十月十四日には母妙智が病歿し、翌六年正月二十六日には鶴女が津軽藩士喜多村源八（津軽監物）に嫁し、素行の身辺も漸く寂寥を加える。延宝七年十月十四日、母の第三回忌に宗参寺に詣る者は「愚妻・万介並に平馬息女・予」の四名、懺法祭の来会者は「平馬（弟）・八郎左衛門（亀の夫）・三木惣右衛門（異母姉の子の三木勘左衛門の一族）・田村藤大夫

母妙智病歿

次女鶴結婚

親戚知友

（異母姉の子）・喜多村源八・田村弥一右衛門（藤大夫と兄弟）」（『年譜』）の六名。翌八年正月四日には、今日卑族を祝うて（自宅に於て）饗応あり。二汁七菜。同氏平馬・同八郎左衛門・喜多村源八・岡部有節（医師。友人）・三上泰元（医師。友人）・三木惣右衛門・田村弥一右衛門・同藤大夫・松田五郎左衛門（津軽藩士）・高橋十郎左衛門（加賀大聖寺藩松平飛騨守家来）・野上彦右衛門（友人）来会。（『年譜』）

延宝九年（六十歳）正月四日「族親を招きて享（饗応）」した時の来会者は、八郎左衛門室（亀女）・監物室（鶴女）・岩之助（亀の子、後の高豊）・田村藤大夫・野上彦右衛門・東一郎兵衛（惟純）・三木惣右衛門・高橋十郎左衛門・河内山与五右衛門（加賀前田藩の老臣長九郎左衛門の家来）の九名で、これに多田藤大夫（妹の夫）・駒木根七郎右衛門・同三郎兵衛（妾不知の一族）・磯谷十介（義言）・同新八（十介の弟）・戸沢弥五兵衛（津軽藩士）・貴田孫大夫・松浦（滝川）弥一右衛門・石谷市右衛門等が、晩年の素行を取巻く親戚・知友である。そして大名では松浦鎮信・津軽信政・浅野長矩の三名が最も親しく、いずれも素行に対して弟子の礼をとっていた。

三大名は素行を経済的にも援助す

延宝五年の元旦より、素行は伊勢神宮・大峰権現・諏訪明神の三神を礼拝したが、これは、「呪を唱ふる」ことを始め、また延宝八年（五十九歳）閏八月三日には三日月を拝したが、

朝夕の神拝呪文

凡そ予、播陽（赤穂）に配せられしは十月三日なり。帰国の左右（知らせ）は七月三日なり。各々三日に吉凶の瑞あり。故に三日月を祈る。（『年譜』）

というのであり、また晩年においては夢想を信ずること甚だしく、我々から見れば迷信深くなっている（慶安四年正月十一日及び承応二年、明暦二年に僧実相院を招いて日待（ひまち）の祭を行ったのは、軍敗術の修学とも関連があるが、また素行の信仰を示すものである）。

五十二回の夢の記事

『年譜』により瑞夢・霊夢のことを記した回数を示すと、

○寛文三年（江戸高田居住）一回、○同七年・八年・九年・十年・十二年（赤穂配流中）各一回、○延宝六年（浅草積徳堂）五回、同七年二回（或いは三回）、八年九回（ほかに妻二回、松浦鎮信二回、鶴女一回）、九年（天和元年）四回、天和二年十四回、三年四回、四年（貞享元年）七回、貞享二年一回、○計五十二回の多きに達している（小柳司気太博士「山鹿素行の一面」（『近世日本の儒学』岩波書店、所収）及び古川哲史氏「日記に現われた日本人の夢」（『日本文化研究』第二巻、新潮社）参照）。

朝夕の神拝呪文について『年譜』天和二年九月二十九日の条に、「凡そ朝夕の神拝呪文、申歳(延宝八年)九月より今日に迄るまで、殆ど三年之れを勤む。明日より已後、唯だ朔望晦(一日・十五日・末日)の三度之れを用ふ。数々すれば神を瀆すに似たり。」とある。即ち殆んど三年間は神拝呪文を毎日行って来たが、以後は毎月三回のみにするというのである。

いまそのうち主要な夢を記すと左の如くである。

原源発機の夢

(イ)延宝六年十二月二十六日松平主殿頭が『原源発義』に就いて、「開闢以来の物語を記する書」といった夢に就いては前述したが(二八八頁)、天和二年九月二十日――今暁の夢「紅紙に堀田筑前守(名は正俊。老中)の状二行あり。其の言に云はく。予の書(『原源発機』)を借りて之れを見る。是れ人間の作に非ず。抑も神作か」。これは『原源発機』に対する素行の自負・自信を示すもの(堀田正俊は素行の幕府出仕運動に関係があることは後述)。

心願成就の夢

(ロ)延宝八年六月二十四日――「廿四日夜の夢想、常に持神に祈をなすときは、心の願かなはぬはなし。」この心の願いとは、幕府に仕官することであった。

去年の霊夢により吉祥を待つ

(ハ)同年八月十日――「今朝饗応を家僕等に賜ふ。是れ去年今暁瑞夢の告ありしに因るなり。予昨夜より斎戒。今暁野荊(妻)瑞夢あり。」昨年の当月当日「さえかへるよの光りうれしさ」との「霊夢」を見たので、満一年後に更に之を祝って召使達にまで御馳走をし、自らは昨夜より斎戒したところ、その暁に妻が吉夢を見たというのである。そして同月十六日の条には「凡そ九日より予、夢想を感じ去歳夢想する所の神詠斎戒して今日に到る。今朝家僕等を饗す。凡そ十日より今日に到るまで、毎日吉祥あり。所謂人々相会祝するものなり。」次いで十八日の条には「凡そ去年夢想の告に依り、十日より十六日に迄るまで吉祥を待ちし処、十八日石谷市右衛門方より堀田備中守の事を告ぐ。今日又堀田氏侍従に任ず。且つ予も亦肴を浅野主に献ず。殆ど吉祥の兆あり。浅野主今年十四歳、故に官位の望なし。俄に此の仰せあり、甚だ恐悦」。去年の霊夢により斎戒して吉祥を待ち設けていたところ、堀田正俊は侍従に、浅野長矩は僅に十四歳で従五位・内匠頭に任ぜられ、このように自分の理解者・後援者が栄達することは、幕府出仕という大望の実現に一歩でも近づくものとして悦んだのである。

これより十六日後の閏八月四日の条に、「神主（両親の霊）幷に尊神（伊勢・大峰・諏訪・稲荷）を拝す。是れ昨日堀田氏の状を得しに因るなり。夕、松浦公に到り、昨日の義を謝礼す。」とある。老中堀田正俊から素行宛の書状の内容は分らぬが、おそらく素行の幕府出仕運動に関係があり、松浦鎮信がこの間にあって斡旋の労をとったことに対し謝礼したのであろう。そして同月十八日の条には、「太守（鎮信）昨日堀田丈に到り、予の事迹を云ふ」とある。鎮信が素行の履歴を正俊に述べて、幕府出仕の実現促進に資したのである。更に同月二十四日の条には、「昨夜松浦太守、夢想の随陪の二字、今朝夙く之れを書し、予に賜ふ」とあり、鎮信が夢に見た「随陪」の二字は、素行が将軍の側近に随身陪席することの前兆瑞祥として、これを祝って書き与えたのであり、夢想の信仰は素行から弟子の鎮信へと伝染し、同月九日の条にも「今夕吉夢、松浦公も亦、一画中蔵山の五字を夢むと云々。」とある。

将軍から歌と絵を書いた物を貰つた夢

㈡延宝九年正月三日――「今夕甚だ瑞夢あり。」この瑞夢の「告を賀祝し家僕を享」したのは十一日のことで、吉夢・霊夢を見た時はすぐ他人に知らせるのではなく、一定の期間これを秘し、吉日を待って発表して祝い（これを啓くという）、家人・下僕に御馳走するのを常例としている。この時の瑞夢とは——「公方家より色紙の梅に題するの御製歌（歌は忘る）并に惜日の二字を題さるるの御絵を賜ふ。謹みて頂戴す。」即ち将軍から歌と絵を書いた物を貰った夢を見て、十一日に祝賀の宴を開いたのである。そしてこの日岡八郎左衛門の老母（素行の同母妹）が「上野に到り元三大師に詣で、鬮を取り予（素行）の今年の事を卜」ったが、

元三大師のくじ

繇（卜の卦）に云はく。災轗（災難）時々に退き、名顕はれ四方に揚る。政の故に重乗の祿、高きに昇り福自ら昌なり。

とあった。三日の夢想といい、また十一日の鬮といい、いずれも素行の大望実現の日の近きを思わせるものである。十五日には素行の妻が「元三大師に詣で、十一日の占を賽礼」し、十七日には素行自ら近くの浅草寺に参詣し、「十一日の占瑞を賀し、大いに家僕を享」した。三月五日朝、素行は子の万介とともに、

夙く礼服して松浦太守に到る。太守も亦礼服を著す。床の具足櫃上に恩賜の御衣（白綾に御紋あり）を置き、旁に親筆の素絹の中に文字あり。風雲は人前に向つて暮れ易く、歳月は老底に従つて還り難し。是れ朗詠（和漢朗詠集）の歳暮の部、春道の詩なり。傍に御諱あり。此の二色、此の間牧野備後守（成貞）より太守（鎮信）に附与す。殆ど拝領に異ならず。之れを予に示す為め今朝の招あり。

将軍親筆の詩の句は夢と照応

ここに恩賜・親筆・御諱とあるのは、天皇のことではなく将軍綱吉のことである。即ち綱吉の葵の紋のついた白綾の着物と、親筆の良春道の詩とを、鎮信は綱吉の寵臣牧野成貞から貰ったので、これを素行に見せ「綾の御衣の切れ二つを予（素行）に賜ひ、又御切れ二つを万介拝領、甚だ以て恐感し奉る。再三頂戴す。饗応盃酒あり。正月三日の夜、惜日の瑞夢あり。今日拝する所の御親筆歳暮の二句は、甚だ惜日の意に協ふ。甚奇々々。」将軍自筆の詩の二句は、正月三日の夢の惜日の二字を題した将軍の絵と照応しているというのである。

将軍自筆の扇子を貰った夢

(ホ)同年五月二十一日——「今暁瑞夢あり。初め夢み、途中に於て扇子を得。後牧野備後守扇子二本を以て松浦公に与ふ。公一本を予に貺ふ。此の扇の中に五言四句の詩あり。将軍家の親筆なり。其の句中、唯だ醒めて一字を得。彌字なり。字書を見れば満つる（の意）なり。是れ予の心願満足の義、甚だ瑞吉あり云々。以に二十七日寿を為して之れを祝ふ。」将軍自筆の詩を書いた扇子を貰った夢を見て、心願満足の前兆とて、二十七日に之を啓いて祝賀のため家僕を饗応し、妻は元三大師に参詣している。

檜垣の能の夢

(ヘ)天和二年五月二十四日——「今暁奇夢あり。台命あり。僕をして檜垣の能を為さしむ。僕答へて云はく、檜垣の名も亦知らず。況や其の能をや。然れども台命黙止すべからず。畏まりて之れを承る。則ち今日より之れを習ふべしと。此の時予、上下礼服して答ふ。夢覚めし後、檜垣の能を問ふに、此の能は謡家の四座（観世・宝生・金春・金剛・）共に大事と為す。三老女の一なりと云々。」将軍の命ともあれば、知らぬ能をも為さねばならず、夢ではこれを習う決心をしたが、実行してはいないようである。六月一日此の「夢を開き家僕を饗」した。そして三日に鎮信邸に到り「松浦太守貺ふ所の金扇並に暑服を見る」と、去年五月二十一日に夢に見た扇子と「今之れを想ひ合せ、甚だ奇とす。」（六月二十一日「松浦太守、公方家御所持の金扇子貳本を貺ふ。去年五月廿一日夢みる所、果して相応す。」）去年の夢と合致したと信じた素行は、鎮信に檜垣の能の夢の事も話した。「太守云はく、是れ秘曲なり。其の言に云はく。氷は水より出でて水より冷なり云々と。甚だ奇瑞云々。」

秀吉から天下を貰った夢

(ト)天和二年十二月二十三日――「今暁（廿四日）夢む。太閤家（秀吉）天下を予に与ふ。之れを督邃に告げよ云々。督邃は父の義なり。之れを父に告ぐべしと云へり。予謂へらく。是れ吉夢に非ず。我れは其の器に非ず。又其の事に非ず。甚だ怖畏すべきなり。廿四日夙く起き、之れを反古の裏に書く。」豊太閤から天下を貰ったという大きい夢には、野心家の素行も流石に驚き、自分は天下を取る器ではない。これは吉夢に非ず、と考えたのである（素行はこの日『豊臣実記』を読んだので（『年譜資料』）、翌暁こんな夢を見たのであろう）。

葵の紋のついた小袖を着る夢

㈩貞享二年（六十四歳）三月二十八日――今夕の夢、「葵の紋の小袖を著る。」徳川家の紋のついた小袖を着る夢、即ち幕府に仕えて天下の政治に関与しようとの年来の大望は、晩年に到るもなお失われず、殊に素行を尊信し陰に陽に保護後援を惜しまなかった松浦鎮信は、その従兄弟にして綱吉の寵臣（側用人）であった牧野備後守成貞を通じて、素行推挙の猛運動を続け、成貞もまたその意を諒とし、天和二年（一六八二）の春、朝鮮国より天馬（珍馬）の皮を将軍に献ずるや、鎮信を通じて素行に

天馬賦

「天馬賦」を作らしめ、素行はその後成貞の需（もとめ）に応じて数巻の書を作って奉り、また成貞は鎮信を通じて素行の門人を所望したので、富田義兵衛を成貞に仕えしめる等、その手筈着々と進んだ（堀田正俊は貞享元年八月二十八日、殿中にて稲葉正休に刺され、宿所にて歿したので、専ら牧野成貞を頼るようになった）。

『年譜』天和三年九月二十七日の条に、「牧野備後守、松浦太守を以て予の門人を招く。水野宇兵衛、媒价と為る」とあり。水野は平戸藩臣で、鎮信の命を受けて斡旋の労をとったのであろう。

貞享元年七月二十五日付、素行より水野宛書簡（「全集」第十五巻八三九頁）によれば、富田義兵衛は引続き下総の国関宿（成貞の居城の地）に滞在して「昼夜兵学の講習間断之れ無く、」成貞も「此の法（素行の兵法）を有難がり申され候。」とある。

牧野成貞と松浦鎮信

松浦壹岐守隆信
　＝
牧野右馬允康成 ─┬─ 女（四女）
　　　　　　　　　　　└─ 肥前守鎮信 ─┬─ 壹岐守（棟）
　　　　　　　　　　　　　　　　　　　　└─ 女（松浦信知妻）─ 女（鎮信養女）＝ 山鹿高基（萬介）
　　　　　　　　└─ 成儀（三男）── 備後守成貞（次男）

かくて素行は鎮信や成貞の盡力に期待しつつ、一方では神に祈って素志の貫徹を図ろうとし、瑞夢・霊夢あれば家僕を饗して祝い、ひたすら時節到来を待った。

大願成就せんとす

そして鎮信がひそかに素行の旧門人に対し、

予れ、先生（素行）の大徳を以て詳に牧野主に告ぐ。牧野氏も亦既に先生をして天下の政治の津梁と為さしめんと欲す。按ずるに先生の大幸必ず旦暮の間に在らんか。以て喜びに堪へず。（『山鹿誌』、「全集」第十五巻五八二頁）

と告げた如く、素行畢生の大願まさに成就しようとしたのであるが、貞享二年八

黄疸に罹る

山鹿素行の墓

月十日黄痰（おうだん）（黄疸）に罹（かか）り、「身体の色迄変易仕り」（『滝川弥一右衛門蔵秘覚書』）、九月下旬には重態に陥った。

『年譜』は貞享二年五月「九日、曇」を以て終っており、最終の筆跡は五月二十五日『章数附』貞巻であることは前述した（二八六頁）。『山鹿誌』に「秋八月壬戌（じんじゅつ）の日十日先生採薪（さいしん）（病気）の憂あり」とあるが、五月下旬にはもう筆を執り得ぬ程、衰弱していたのであろう。黄痰の病名は鎮信の命を受けて平馬と共に臨終の枕頭に侍した松浦藩の家老、滝川弥一（市）右衛門の覚書『滝川弥一右衛門蔵秘覚書』（『全集』第十五巻及び松浦厚氏『素行子山鹿甚五左衛門』附録六所収）による。

かくて嗣子藤介（万介、二十歳）・養子政実（津軽将監亀の夫・

三十九歳）を初め、松浦・津軽・本多侯以下門弟等昼夜看護し（『山鹿誌』）、殊に鎮信は自ら駕を走らし名医井関玄説（常甫、曲直瀬玄朔に学び家綱の侍医となる）を招いて「薬を施すも終に験な」（『山鹿誌』）く、九月二十六日辰刻（午前八時）積徳堂において卒した。行年六十四歳。牛込弁天町（東京都新宿区）の菩提寺雲居山宗参寺に葬った。

素行病死す

松浦鎮信の子孫静山の随筆『甲子夜話』に次の記事がある。「貞享二年八月素行子病に罹り、日々に重し。其子藤助、養子政実及び門弟等昼夜看護す。松浦鎮信・津軽信政の二人も、亦之に加はる。一士人に対すること、此の如し。其敬愛の深きこと、以て知るべし。」

素行の墓

素行の墓は宗参寺に両親の墓と並んで立てられた。墓碑には「月海院殿瑚光浄珊居士墓」（東面）、「先考名高祐、藤姓、山鹿氏、別号素行子、生ニ元和壬戌載八月庚戌一。歿ニ貞享乙丑歳九月癸未一。孤子政実高基泣血稽顙立」（西面）とある。

前頁の写真の向って右（北側）が素行、左（南側）が母妙智の墓で、写真には見えないが、その左に並んで父貞以の墓碑がある。この三基の墓石と向い合って、南（墓地の奥）より妻浄智・次女鶴・

嗣子高基（至徳院殿活水真竜居士）ほか二基の墓石があるが、長女亀その他の山鹿家の墓は、近年東京都北多摩郡小平霊園に移された。

「門下の諸侯及び士大夫、先生の廟に詣づ」（『山鹿誌』）。津軽信政は心喪に服すること三年、藩中に令して音曲を停止すること三日、又松浦鎮信は素行の位牌を別に天祥庵に安置し、藤介（高基）をして幕臣たらしむべく牧野成貞と謀ったが、やがて成貞は致仕し鎮信は隠居して事成らず（『山鹿誌』）、藤介（妻ミキは鎮信の孫）の子孫（平戸山鹿家）は平馬の子孫（平戸山鹿平馬家）と共に松浦家に仕えて平戸に住し、政実（岡八郎左衛門、のち津軽将監、亀の夫）と喜多村源八（津軽監物鶴の夫）の子孫（津軽山鹿家及び喜多村家）は共に津軽家に仕えて弘前に住し、いずれも今日に及んでいる（巻末の「略系図」参照）。

素行の子孫

藤介（高基）は素行の歿後、礒谷義言と共に三年の喪に服し、積徳堂に在って山鹿流兵学の門戸を守ったが、昔日の面影なく（『山鹿誌』）、元文三年三月十九日死去した。行年七十三。子の高道（通称源之進）の代となり延享元年（一七四四）平戸に移った（『平戸山鹿系図』）。素行死後五十九年である。

浅草より平戸に移る

第八　素行学の意義

思想的成長発展の六段階

素行の思想的成長発展段階は六つに分けられる。第一期は修学時代で林門における訓詁註解的儒学(朱子学)と、甲州流軍学とが無批判的に忠実に受容れられ、かたわら神道・国学・歌学を学んだ。第二期は『修身受用抄』と『兵法奥義集』を中心とする神・儒・仏・老の四教一致的思想時代で、小幡景憲の軍法的兵学より北条氏長の士法的兵学へと転換し、第三期は『修教要録』『治教要録』『武教要録』『武教本論』『武教小学』『武教全書』等における朱子学信奉時代で、士法より武教への飛躍をなし、兵学と儒学との融合がなされ、いわゆる武士道理論が体系化され、山鹿流兵学が一応整備された。第四期は『山鹿語類』『聖教要録』を中心とする古学(聖学)唱道の時代で、山鹿流兵学は聖教を基底とすることによって、方円神心の理（四教一致）を説く北条流兵学より分離独立した。第五期は『謫居童問』を先駆とし、『中朝事実』において完成された日本中朝主義（日本的聖学）時代で、聖教は中国の聖人の道より日本古来の神聖の教えに重点が置換えられた。第六期は『原源発機』を中心とする古学的・象数的世界観・人生観の樹立時代で、『治平要録』においては武教主義が完成の域に達し、山鹿流兵学の大事極意秘伝たる『八規伝』も成立し、思想的転向とはいえないが、素行学成熟の段階として一期を劃すべきであろう。以上を便宜上表解すると次の如くである。

	第一期	第二期	第三期	第四期	第五期	第六期
経学	訓詁的朱子学（四書諺解）	四教一致（修身受用抄）	朱子学（修教要録 治教要録）	古学 中国的聖学（山鹿語類 聖教要録）	日本的聖学（中朝事実）	象数的宇宙観（原源発機）
兵学	甲州流的軍法（兵法雄備集）	北条流的士法（兵法奥義集）	武教の確立（武教全書 武教本論）	山鹿派の独立	山鹿流の発展（武家事紀 七書諺義）	武教主義の完成（八規伝）

かかる素行学の成長過程を見るとき、彼が自らの思想的行詰(ゆきづま)りに対して絶えず全力を以てぶっつかり、苦難に充ちた思索の後に一条の光明を見出しながらも、なお思想的安住の地として停滞せず、死に到る迄孜々(しし)として学問的進歩に精進(しょうじん)した偉大なる足跡を認めなければならぬ。殊に彼が師伝相承を本義とし、秘伝を尊重する兵学の世界に成長しながらも、師説を墨守(ぼくしゅ)せず、甲州流・北条流から脱却して山鹿流兵学を樹立し、古学・日本中朝主義・象数的宇宙観の境地を開拓した努力は充分に評価さるべきであろう。

素行学の特質

次に素行学の本質・特徴を明らかにする為に、第一実学、第二武士道、第三兵学、第四古学、第五華夷論、第六武教主義に分けて述べる。

第一、実学的傾向

第一の実学的傾向は素行学に一貫する特質であって、日用事物の上に役立たぬという実践的要求を以て、記誦・詞章の学（国学・歌学）・老荘・仏教・陽明学・朱子学・中国中華主義等を次々に批判し揚棄(ようき)して行った。『原源発機』の象数説は形而上学的なものであるが、「善く之れに通ずるときは、則ち天下国家を治むること其の掌（たなごころ）を示（み）るが如し。」（上）という如く、「修斉治平之要」を明らかにするため、実学の基礎的原理を樹立しようとしたのであり、決して実践主義と矛盾するのではない。然し実学の主張は素行学に特有のものではなく、既に朱子や陽明が強調し、藤樹・闇斎・蕃山・仁斎を始め多くの陽明学者・朱子学者・古学者が繰返し、また氏長も教えたところであり、彼の学敵であった保科正之でさえ『近思録』に啓発され仏・老を棄てて実学・聖学を説いている。

第二、武士道理論の樹立

第二の武士道理論の樹立は実学的傾向の帰結であって、武士として日常役立つべき教養知識を体系化すること、即ち現実の武士生活における規範を立てることが素行学の目的であった。素行はよく武士道の権化（ごんげ）といわれ、武士道学派の始祖と称せられるが、彼より以前、或いは同時代において武士道を論じたものに中江藤樹の『翁（おきな）問答』、熊沢蕃山の『集義和書』『集義外書』、貝原益軒の『武訓』等がある。殊に蕃山の武士道論は素行のそれと対峙的な立場にあって注目すべく、又氏長の『士鑑用法』『大星伝口訣』も「国家護持ノ作法、天下ノ大道」たる士法、即ち「武士道正法ノ理」を説いたものである。それ故に武士道理論建設の功を素行のみに帰することは出来ないが、彼ほど武士道——戦国武士道と区別するため士道と呼んだが——を詳論し深化した者は曾て無かったといっても不当ではない。

素行の士道論の批判

素行の士道論に就いては、その批判を左の六項に要約して置く。

君臣論

(1) 彼は君臣関係を天地自然の儀則で不滅のものと考え、封建的主従関係を絶対視して人倫の大綱、道徳の基本とし、この上に士道論を構成し、士農工商の身分制度の固定化に努めているが、明治維新はかかる封建的主従関係も士農工商の身分的差別も撤廃して、彼の武士道論の基底を根本的に覆した。

王政復古の否認

(2) 素行の武士道論は封建的主従関係を絶対視し、武教主義を強調する結果、徳川幕府の礼讃となり、王朝政治(王政復古)を否定し、反幕的尊王論に反対し、いわゆる大義名分上、頗る明徴を欠く（従って素行が戦前・戦中を通じて日本精神の権化として持てはやされたのは、見当違いであった）。彼の畢生の大望は幕府に出仕して帝王（将軍）の師となることであり、天皇に仕えることではなかったから、彼の学問・思想もまた徳川幕府本位の（徳川幕藩制の合理化の為の）ものであり、人民大衆の利益の擁護者となり得なかったことは、既に幾度か前に触れておいた。

(3) 彼は奉公と恩賞との交換関係であった戦国武士道を、義の精神を中核として純化し（義利の弁によって奉公と恩賞との連繫を打破し）、近世武士道を確立したといわれるが、これは主従関係が固定し家格が一定して、世襲された秩禄はもはや家臣（当主）の武功・才能を表徴するものでなくなった現実に相応するものであって、主従の情誼が失われて、敬愛の情ではなく理知に訴える義務の問題としての忠が、儒教的な、形式的にして冷い教理として、こまごまと説かれて人を動かす気魄に乏しく、当時の一般武士の思想・言行とも一致しなかったのであり、素行自身の行為（浅野家退去の場合）においても彼の教説を裏切ることとさえあった。

徳川時代の譜代関係における知行（ちぎょう）・封禄は——主君の立場からいえば、家臣の手腕力量に相応するだけを与えるのではなく、その子孫に至るまで家臣として引きとめて置く為に、曾て彼の祖先に与えられただけをそのまま世襲せしめているのであり、——家臣の立場からいえば、主君の為に働いているからそれに相当するだけの祿を貰っているのではなく、祿を与えられているから働くのである。従って非役（ひやく）であっても、また父が死んで跡目をついだ子供が幼少であっても、先祖から承け継いだ祿は減額されることなく与えられるのであり、このように家臣個人の手腕力量と祿高とが正比例しなくなった現実が、奉公と恩賞との連繫を打破せしめる思想的地盤を提供したのである。

婦人論

(4)　素行の婦人論は封建家父長制的・女大学式的隷属を強制するもので、男女・夫婦の別は君臣の別に準ずべきものとされ、子孫の断絶することを防ぐためには（家を維持し、祖先から受けた封祿を子孫に伝えることは、武士の最大の義務であった）、妾も必要であると説かれたことは前述した。

武士の倫理的優越論

(5)　素行は武士が道徳的にすぐれているから、三民（農工商）の上に立つのだと説いているが、これは彼の主観的・独断的見解であって、客観的標準となるのではない。たとい武士が独善的にそう考え、また百姓・町人も武士の倫理的優越性を認めたとしても、これは武士が封建社会において絶対的優越性を占めていたという事態を正当化するための観念的表現であって、武士が現実の社会において三民の上にいるから、儒者によって無理に道徳的責務を負わされたに過ぎない。武士が農工商を支配するようになったのは、道徳的感化によるのではなく、武力(暴力)を行使した結果であり、一般の武士もまた彼らが特殊の道義を有しているから武士なのではなく、武士であるから平民とは異なった道徳を持つべきである、——特殊の道徳的責務・倫理的優越性は武士という身分に随伴するもの、武士という職業と地位とから必然的に導き出されるもの——と考えていた。武士の身分的性格として与えられた倫理的優越性は、現実的に彼らが農工商に対して支配的地位を占めているという客観的事実を反映し、且つ合理化しようとするものであって、素行の考え方は原因と結果とを顚倒(てんとう)している。

(6) 農民を商工の下に置き、あらゆる拘束・収取を加え、食うや食わずの境涯に置くことを以て、民を愛する所以であると強説する素行の武士道論は、幕藩制封建主義の現実の政治そのものを反映するものであるが、あまりに反動的・抑圧的で、恥を知らぬも甚だしいと評すべきである。「余輩の聞く所にて人民の権義を主張し、正理を唱て政府に迫り、其命を棄てて終をよくし、世界中に恥ることなかる可き者は、古来唯一名の佐倉宗五郎あるのみ」（『学問のすすめ』）との福沢諭吉の言はやや極端であるが、素行学はあまりに武士階級本位の武断主義を強調して、人民大衆の真の幸福、或いは権利・自由を認めず、経済的には消費者・遊民であった武士階級の、生産階級たる農工商に対する搾取・抑圧を合理化するものであったという点において、救うべからざる本質的欠陥を包蔵している（素行は士農工商の順に従わず、「工商は之れに次ぐ、農士はこの下なり。士、工商をかろんじて、農民を先とすること、聖人の政にあらずと知る可し」（『謫居童問』治平）と述べている。）。

第三、山鹿流兵学

第三に素行学が本質的には兵学であり、甲州流の軍法より士法へと転化した北条流を、更に武教へ飛躍せしめ、聖学を基底とすることによって、山鹿流の独立を完成したこと。また山鹿流兵学の特徴は文武一致・道法一致・兵儒一致思想の深化、中世思想からの脱却、治法の重視にあることに就いては前述したが、更に、(イ)北条流の方円神心の理は、山鹿流のみならず、甲州流においても批判されたこと。(ロ)山鹿流兵学は素行以後殆んど見るべき発展無く、殊に経学の領域においては停滞のみならず、退歩さえ感ぜられる状態であったのに対し、北条流兵学は松宮観山によって整備され深化され、神・儒・仏・老を抱擁する独特の国体論を展開せしめたこと、——を指摘しておかなければならぬ。

山鹿流兵学の最もすぐれた継承者は吉田松陰であるが、松陰は山鹿流を以て任じながら、客観的には山鹿流を超脱している。

啓蒙的態度と秘伝精神

なお兵学に関連して、素行学の啓蒙的態度と秘伝精神との混淆(こんこう)に就いて注目しておく。彼が多数の門弟を擁して、兵学・経学の教授に当り、四民の上位にある武士階級の為に必要な教養を、兵学と儒学とを基礎として思想的に体系づけ、行為規範の学としての士道論を樹立し普及しようとした啓蒙思想家としての役割は、充分に認めらるべきであるが、歌学・神道・兵学、特に兵学における秘伝精神を固執した点においては人後に落ちぬのである。秘伝精神は学問・技芸を家業として、セクト的勢力の保持に努めた封建教学の特質をなすもので、かかる神秘主義的秘伝精神が学問・真理の発達を甚だしく阻害したことは言及する迄もない。

然し素行の啓蒙的態度にも拘らず、その著書は徳川時代においては、兵学書を除いては広く流布せず、山鹿流兵学を家学とする吉田松陰ですら『中朝事実』『謫居童問』を入手するのに多大の困難を感じ、安政四年正月十五日久保清太郎に与えた書簡において、「中朝事実二本慥(たしか)に相届、欣慰無量」と書いており、本居宣長ですら素行の著書を一冊も読んでいない。

第四、古学唱道の先駆

第四に素行は古学唱道の先駆者であって、日本儒学史上重要な地位を占めるが、中国古典学の研究家としては仁斎・徂徠に及ばない。古学は儒学の行詰りを打破しようとするのであるが、現代がそこから発展して来た古代を以て現代を克服する――即ち歴史の動きを逆に歩むという不可能なことを企てようとするのであって、客観的には儒学の行詰りを表明するものである。そして古典を絶対的に信仰するという教学的態度において、一般に古学者は朱子学者や陽明学者よりも強いのであって、「徂徠の教は、聖を信ずるを以て先と為す。其の意は則ち美なり。然れども其の学を為すや、其の信ずべき所以を知るを欲せず。則ち何ぞ老婆の弥陀を信ずるに異ならんや。」（『非徂徠学』）との蟹養斎の徂徠学批判は、素行学・仁斎学の短所をもよく剔抉している。真理の規準を認識の客観性に求めるという科学的態度ではなく、古典に記載された教祖や聖賢の言葉の中に求め、この教義を疑うべからざる絶対的真理として、この上に思弁的な自然・社会の解釈を行うという教学的態度は、日本思想史を強く支配して科学的世界観の発達を妨げて来たのであって、この為にいわゆる「日本精神」の精華が誇りとされても、「日本哲学」の貧困は覆うべくもなかった。素行が朱子学的な教学を脱却して、中国古学的教学に遡り、更に日本的教学に進んだ学問的苦難の道は十分に評価さるべきではあるが、なお教学的視角から解放されず、古典信仰に依拠する神秘的世界観に低迷した限界性は、はっきりと認識して置かなければならぬ。

「我々は古学が現実から遊離せんとする宋学を批判し、社会的実践を重視して、以て現実を克服せんとした点に於て、其の清新性を認めるとともに、封建社会の行詰り、従つて又儒学の行詰りを充分に認識し得ず、宋学と根本的に対立する新たなる観念形態を形成するのではなく、同じ儒学の体系内に於て復古的形態に於て現実の社会に適応せんとした点に於て、其の限界性を認めなければならない。此の時代を前後として復古思想は、学問・宗教・芸術等のあらゆる領域に於て勃興した。……此等の復古運動は封建社会の矛盾による思想上・宗教上・芸術上の発展の否塞を破らんとする意識が、伝統的権威に対して批判反抗の刃(やいば)を向けるが、而もその批判反抗が封建的支配に根本的に対立する勤労階級を地盤とする意識のそれではなく、武士階級又は封建制に寄生する町人階級を地盤とする意識のそれである為に、根本的・変革的たり得ずして歪曲(わいきょく)的・妥協的なものに止まり、従つて伝統的体系に根本的に対立する新たなる体系を建設し得ずに、其の対立物が曾て対立した所の過去の体系に立論の根拠を求め、過去的な形態を借り乍ら、現在の桎梏(しっこく)・否塞(ひそく)に対立し、現実の矛盾を徐々に修正改良せんとするものであった。」(拙稿「荻生徂徠と其の学風」〈『歴史科学』昭和十一年十二月号〉)

第五、華夷論(日本中朝主義)

第五、華夷論に就いて——中国ではなく日本を以て中華・中朝とする日本中朝主義は、素行によって初めて主張されたのであるが、外国に対して日本国体の優越を説く神国思想は上代以来の伝統で、林羅山も『倭賦』や『随筆』において日本の人物・風土が中国に劣らぬことを述べ、熊沢蕃山・貝原益軒もまた我が国俗の美を説き、殊に山崎闇斎・浅見絅斎は日本を中国と称しているのであって、かく見る時素行の日本中朝主義における先駆者的意義は認めても、素行学の独自性は主張し得ない。

神話と史実を混同

素行は古を究めて今を知り、異朝を明らかにして日本を知ることを学問の本領としたが、彼が見た日本の古代とは『日本書紀』その他の記載をそのまま信ずることであり、異朝の批判も、中国の歴史的社会並びに当時の中国社会の現実を正しく認識した上でなされたのではなく、独断的な排外自尊でしかなかった。彼が「皇統の事実を編み」といい、「中朝実録」「中朝事実」と称したのは、あく迄も日本古代社会の歴史的事実に拠って論断しようとの意図を示すもののようであるが、神話と史実とを混同して区別せず、古典の所伝をそのまま歴史的事実として信じ、「此の間、庸愚の舌頭を容るべからず。」「俗学の以て疑ふ可き無し。」と

古代社会の事実を追求し得ず

いい「末季の俗意を以て、上古の霊神を量る」ことを非難した。これは原始儒教に後人が加えたところの解釈を排して古学を唱えた如く、日本古代社会に関する典籍に、新しい批判的な考察を加えることを否定したのであって、彼は『日本書紀』や『旧事紀』の記事を分折し批判し、それによって古代社会の現実を追求しようとしたのではなく、儒教的な現実の仮象を探求し、それを分類・配列することによって満足するが如き教学的態度を以て一貫した。素行の日本古代史に関する理解は、『古事記』『日本書紀』の所載の矛盾を指摘し、「神とは人なり」とて人間の行為として合理的に解釈しようとした新井白石の業績と比肩すべくもないことは勿論、『古事記』を絶対のものとして、批判的態度を捨てながらも、なお国語学的・註釈的研究において多くの遺産を残した本居宣長にも及ばない。彼は古学を唱えながら、その註釈的研究たる『四書句読大全』は中国古典学として不徹底を免かれなかった如く、『中朝事実』も歴史学・考証学的には大した価値無く、要するに彼の古典研究は科学者としてではなく、道学者の立場からなされたのである（拙稿「新井白石とその歴史研究」（『世界文化』昭和十年七月号）参照）。

儒教的潤色

彼は『日本書紀』に内在する儒教的潤色に気付かず、「三韓来服の後、外朝の典籍相通ず」るを以て「姑らく是を舎」き、それ以前の儒教渡来以前の日本を見ても、天孫降臨の神勅や三種神器等において治国の道が成立し、聖教が実現されたと説くのであるが、国学者（本居宣長）に依れば、これも後世的な儒教的潤色であって、「古への大御代には道といふ言挙もさらになかりき」で、儒教の如きことごとしき教えは無かったが、素朴なる中に自然に道が行われ、そこに理想の社会があったとするのである。三種神器を智仁勇三徳の象徴と見るのも（此の説は林羅山にも見られる）、宣長によれば、「くさ〳〵の理をこちたく説る説どもおほかれど、皆古意にあらずなむ」と否定されたのであって、要するに国学者から見れば、素行の説は儒教の「さかしら心」を以て、日本古代を歪曲したものとして反対さるべきものであった。

素行は『神皇正統記』にならって、万世一系の皇統・天壌無窮の神勅・三種神器等において聖教の真の実現を認め、神儒一致を説いているが、神道に就いては「旧記分明ならず。」（『配所残筆』）「神代の治は五徳自ら備はる。今議する所の五徳の神治は、某（それがし）未だ旧記を考見せず、唯だこれを推論す。恐らくは意見に陥らんか。尤も後覚を竢（ま）つ。」（『治平要録』巻之四、太古の治）とて、あく迄も儒教的立場において日本古代の事実（書紀に書かれたものを其儘事実と信じて）を美化しようとしたのであって、儒教的潤色を排斥する国学者や神道家の日本思想と対立している。

神道を標榜せず

素行の思想学説は内面的には神道の影響も受けているが、神道を標榜するようなことはなかった。『原源発機』に展開された象数説に於ても、太極に相当する「無象」を立て、「万物の精微は象無くして自ら見（あら）はるるなり。」（『諺解、中』）というのみで、闇斎の如く、太極即ち国常立尊（くにとこたちのみこと）として、儒学（朱子学）より神道に転向するようなことはなかった。

また日本を中国・中華という説も、宣長に依れば「中国といふを、漢国（からくに）の人のみづからほこりて中華・中国と言と同じさまに説なすも、彼をうらやみたるひがごと(辭事)なり。ただ葦原の中なるものをや。」(『古事記伝』六ノ巻)で、自国を華と誇り他国を夷と賤む中国思想の盲目的模倣の感なしとしない。

中国思想の盲目的模倣

中華(中国)崇拝は、中国聖人の道を信奉する儒学者が、その学問に忠実な限り当然抱くべき思想であって、若し中国よりも日本を尊しとするなら、必然的に中国古代の教えである儒学よりも、日本古来の道である神道の方を尊しとして、儒学より神道に転向すべきである。徳川時代の華夷論を見ても、中国を崇拝して華とする者は一般に神儒合一論に反対し、湯武放伐を肯定しているが、日本を中国より尊しとする者は神儒合一を説えるか、或いは神道に転向し放伐を否定する者が多い。そして中国崇拝論者は戦前・戦中は国体論者より国賊であるかのように攻撃されたが、外国の優秀な学問・文化を尊崇して、これを学ぶことと、自国の政治的尊厳を無視し冒瀆することとは、全然別個の問題である。中華崇拝論者は、国体論者の昂奮状態に比し、むしろ冷静な学問的な態度を以て事物を評価しようとしているようである（拙稿「荻生徂徠の歴史観」（『歴史』昭和十二年二月号）参照）。

独断的排外自尊

学問上自国を知り、また政治上自国の主権を守ることは正しいことであるが、その為に直ちに外国及び外国文化を排斥し侮辱しなければならぬ道理は無いのであって、かかる盲目的な排外自尊はその主観的意図は如何にもあれ、客観的には盲目的な外国崇拝と同類である。福沢諭吉が明治三十一年三月、三田演説会において、

> 古学は気の毒な事には腐敗し易いと云ふ性質がある。其の腐敗し易いと云ふ其働きが、如何にも恐ろしい事である。その古学流の腐敗した其毒気が、どれ程の毒をなして居るかとかう云ふと、自尊・自大、即ち他を卑めて自から得々（とくとく）として居ると云ふことは、即ち自国を辱（はず）かしめ自身を侮ると云ふことになるが、如何（どう）だ。（「続福沢全集」巻七）

と演説した如く、盲目的な自国崇拝と盲目的な外国崇拝とは、一見反対の物のようであるが、自国並びに外国の政治・経済・文化を歴史的に国際的に冷静に正しく

非科学的な偏執思想

認識把握し得ぬという点において、同一性質の偏執（へんしゅう）思想である。それ故に朱子学より神道に転向し、日本国体の優秀を説いた山崎闇斎の高弟であった佐藤直方・三宅尚斎の如きは、極端に中国を崇拝し、我が国には道なしといい、日本国体の尊厳を認めず、神道を否定して遂に師の闇斎より破門されるに到ったが、彼らは一見師説に対立しているようでも、実は自国・他国の現実を正確に直視しようとせぬ固陋（ころう）・偏狭（へんきょう）な非科学的態度において、師弟一致しているのであり、盲目崇拝の動・反動に過ぎない。日本を知れということは、我々日本人が学問をする上において常に心得べきことであり、それ故に盲目的に外国の思想・文化を崇拝することを排し、日本的学問の確立を叫んだ素行の意図は一応正しかったのであるが、日本古代社会を正しく理解する上において殆んど学問的業績の見るべきものなく、「今云所、異朝の道を本朝に附会せしめ論ずるに非ず。」（『謫居童問』）といいながらも、結局儒教的な歪曲に止まり、非科学的な尊内卑外説に陥っている。

第六、武教主義

第六、武教主義——素行が日本国体の優越性を強調し尊王の必要を説きながらも、公家政治の道に違えるを難じ、武家政治の撥乱反正の功を讃えて、覇道を認め徳川幕府の政治を正当視し、王朝復古論・反幕的尊王論に反対したことは前述の如くで、彼の思想を一貫するものは武教主義であり、日本中朝主義・神儒合一論・覇道承認論・崇幕的尊王論等は、渾然として彼の国体論を形成している。

『中朝事実』の神治章に「夫れ天下の本は国家に在り。国家の本は民に在り。民の本は君に在り。」とあるのは、『孟子』の「天下の本は国に在り。国の本は家に在り。家の本は身に在り。」（離婁章句上）に倣いながら、「民の本は君に在り」という点において素行の創見であり、日本国体（君臣関係）の尊厳なる本質を道破せるものと考える人もあるが（『歴史教育』第八巻第十号「山鹿素行と日本精神」特輯）、前引に続いて、「君明かなるときは民安く、民安きときは国治まり家斉ふ。国家治まり斉ふときは天下平なり」と説明しているのを見れば、人君（封建君主）の為に徳の必要なる所以を説く儒教思想であることは明白である。素行の国体観念は武教主義を本質とするもので、彼の崇拝者たちが期待する如き「皇室（天皇）中心主義」のものでは断じてない。

皇室中心主義に非ず

素行が見た日本は表面だけの武家的・儒教的社会であって、その基底には生産力の発展の為、人類の真実の平和・進歩の為に、日夜営々として働きつつある勤労階級、特に農民の歴史・社会があることを正しく理解・評価し得ず、武士階級の独善的・利己的立場から日本の社会・文化を歪曲して観察したに過ぎなかった。

日本を正しく知るということは、他人の労働の寄生・搾取によって生存せる武士階級の立場からではなく、日本の真実の進歩に協力する生産大衆の観点によってのみ可能であり、日本を愛するということは日本の正しい進歩を愛するということであるが、それは盲目的・偏狭的な排外自尊ではなく、日本並びに外国の社会・文化・歴史に対する科学的認識を前提とすることによって初めて可能であることの確信を、今我々は素行学の批判を通じて一層強めることが出来たのである。

山鹿家略系図

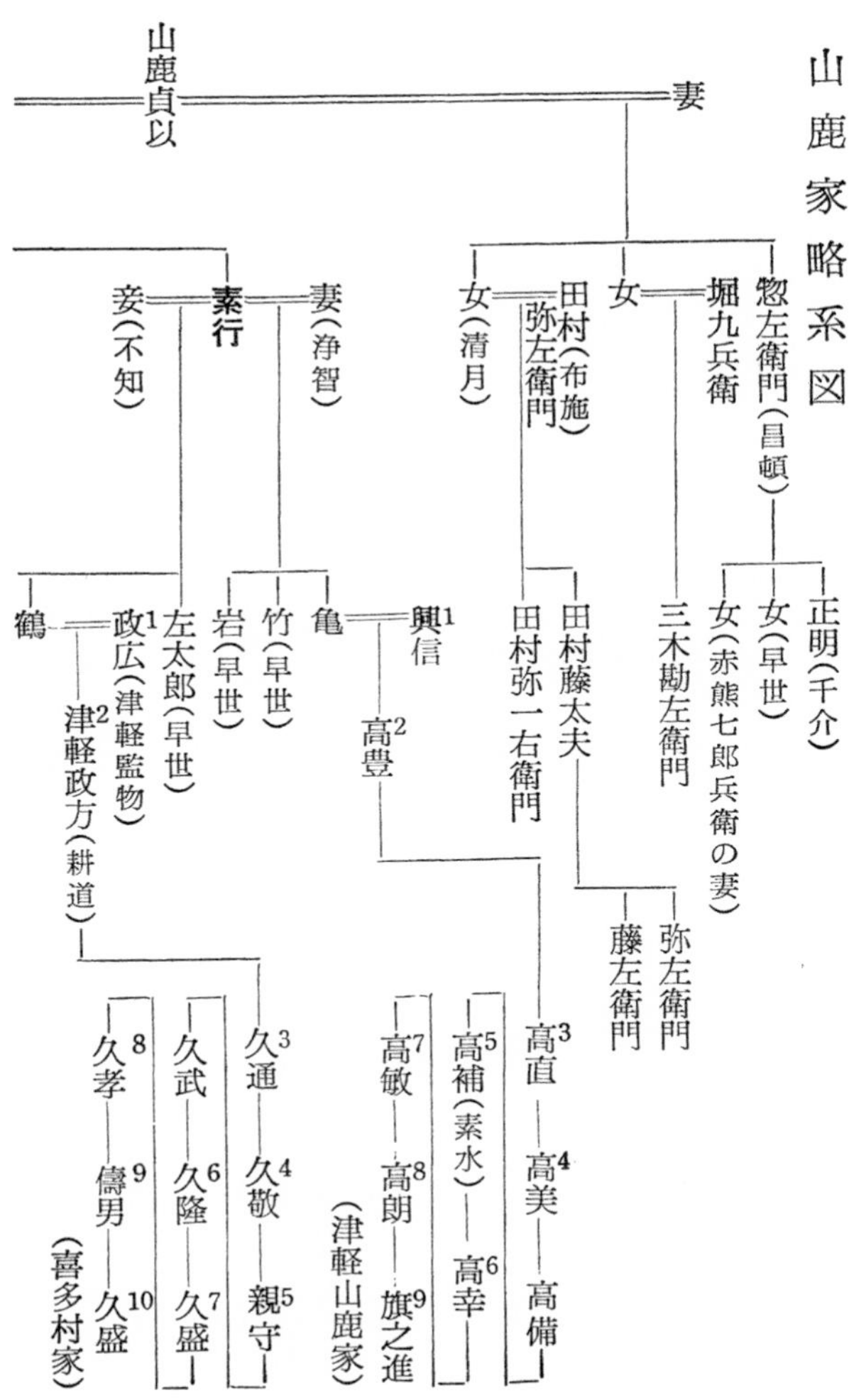

山鹿貞以
妻
惣左衛門（昌頓）
堀九兵衛
女
田村（布施）弥左衛門
女（清月）
正明（千介）
女（早世）
女（赤熊七郎兵衛の妻）
三木勘左衛門
田村藤太夫
田村弥一右衛門
弥左衛門
藤左衛門
妻（浄智）
素行
妾（不知）
亀
竹（早世）
岩（早世）
左太郎（早世）
政広1（津軽監物）
鶴
興信1
高豊2
津軽政方2（耕道）
高直3
高美4
高備
高補5（素水）
高幸6
高敏7
高朗8
旗之進9
（津軽山鹿家）
久通3
久敬4
親守5
久武
久隆6
久盛7
久孝8
儔男9
久盛10
（喜多村家）

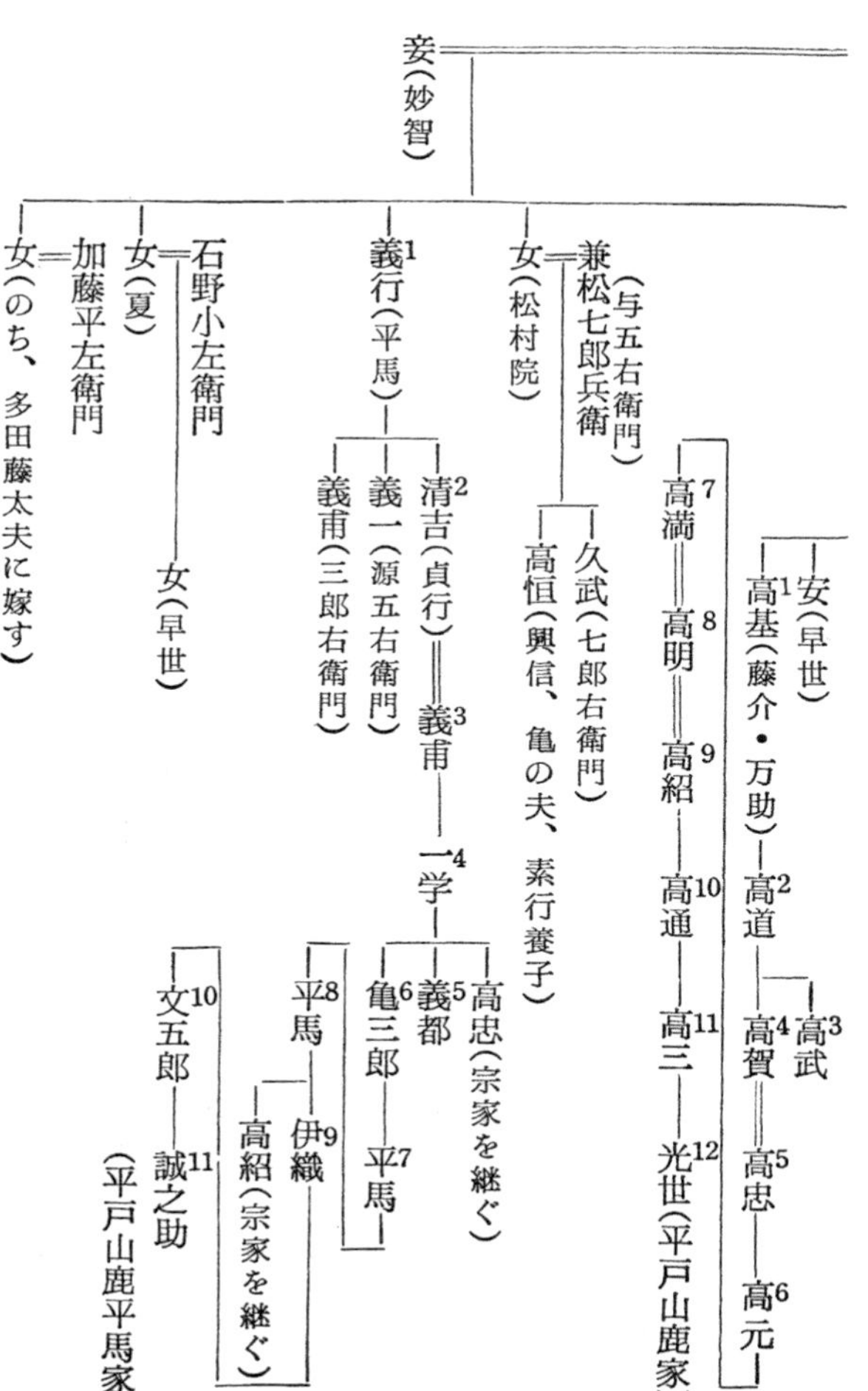

妾(妙智)
兼松七郎兵衛(与五右衛門)
女(松村院)
久武(七郎右衛門)
高恒(興信、亀の夫、素行養子)
義行(平馬)1
清吉(貞行)2
義一(源五右衛門)
義甫(三郎右衛門)
義甫3
一学4
高忠(宗家を継ぐ)
義都5
亀三郎6
平馬7
平馬8
伊織9
高紹(宗家を継ぐ)
石野小左衛門
女(夏)
女(早世)
文五郎10
誠之助11
(平戸山鹿平馬家)
加藤平左衛門
女(のち、多田藤太夫に嫁す)
安(早世)
高基(藤介・万助)1
高道2
高武3
高賀4
高忠5
高元6
高満7
高明8
高紹9
高通10
高三11
光世12(平戸山鹿家)

略年譜

年次	西暦	年齢	事項	参考事項
元和 八	一六二三	一	八月一六日、会津若松に生る。父は山鹿貞以(年三八)蒲生忠郷の重臣町野幸和(年四九、妻祖心は年三五)に寄寓す。母は妙智(年不明・妾)、異母兄惣左衛門(年一九)、異母姉二名(いずれも年不明)、貞以の正妻の生死年月も不明	松浦鎮信生る。天海(年八七)松永貞徳(年五二)、尾畑景憲(年五一)、沢庵(年四九)、林羅山・石川丈山(年四〇)、堀杏庵・林永喜(年三八)、陳元贇(年三六)、隠元(年三一)、朱舜水(年二三)、徳川家光(年一九)、中江藤樹(年一五)、北条氏長(年一四)、保科正之(年一二)、野中兼山(年八)、林春斎・山崎闇斎(年五)、熊沢蕃山(年四)、木下順庵(年二)
寛永 四	一六二七	六	江戸に移住○六歳より八歳の頃迄に、四書・五経・武教七書・詩文の書を大方読み覚ゆ	
七	一六三〇	九	林羅山の門に入る	

九	一六三二	一一	松江城主堀尾忠晴より二百石にて召抱えようとの申入れあるも、父貞以これを謝絶す	徳川秀忠没す(年五四)○常陸笠間城主浅野長重卒し、長直継ぐ○浅野長治、備後三次藩主となる
一二	一六三五	一四	飛鳥井雅宣・烏丸光広と詩文を贈答す	弟、平馬生る○参勤交代の制確立す
一三	一六三六	一五	初めて大学を講ず○尾畑景憲・北条氏長に入門し、甲州流兵学を修む	海外渡航を禁ず
一四	一六三七	一六	『大学中庸諺解』(欵啓集)・『大学論語聞書』成る○一二月二二日、剣術免許を受く	松浦鎮信、封を継ぐ○島原の乱起る
一五	一六三八	一七	『論語諺解』『埃藁集』成る○この頃から広田坦斎より国学・歌学を学ぶ○八月、神田佐久間町より鷹匠町に移る	林永喜(年五四)・烏丸光広(年六〇)没す
一六	一六三九	一八	『孟子諺解』成る○高野按察院光宥法印より両部神道を学ぶ(或いは前年から)	
一七	一六四〇	一九	論語・孟子を講ず○冬、新石町に移る	家光の側室振の局(幸和・祖心の孫)没す
一八	一六四一	二〇	源氏物語・万葉集・枕草子・三代集等の『私抄注解』成る○広田坦斎より忌部神道を学ぶ○春、新石町より神田佐久間町に移る○徳川頼宣・阿部忠秋より同時に	

寛永一九	一六四二	二一	召聘あるも辞退す 前田光高より召聘の交渉あるも、祿高の点にて折合わず○『兵法神武雄備集』『略東鑑』成る（『略東鑑』の奥書に「山鹿素行軒」の署名あり）○四月四日、日野弥兵衛の娘浄智（年一七）と結婚す○九月、景憲より兵法の印可を受け、一〇月一八日、兵法印可の副状を受く	祖心、大奥に出仕す○一一月二五日、堀杏庵（年五八）没す○一二月一日、外祖母妙芳（年不明）没す
二〇	一六四三	二二	『韻鏡解書』（広田坦斎著）を筆録す	春日局没し、祖心、大奥の取締に任ず○
正保　三	一六四六	二五	松平定綱兵法の弟子となる○丹羽光重の請により兵書及び『荘子』を講ず○この頃、祖心より幕府御家人に登用の将軍家光の内意あるに依り、他家へ奉公無用の旨申含めらる	北条氏長『士鑑用法』成る○津軽信政生る○正保二年、浅野長直、常陸笠間より赤穂に転封す
四	一六四七	二六	七月九日、瘧疾（おこり）に罹り、百余日にして平復す○北条氏長、将軍家光の命により築城の模型を製作するにあたり素行招かれて目録を書す	六月二六日、町野幸和没す（年七四）○妹（兼松七郎兵衛妻）の子兼松興信（岡八郎左衛門）生る

年号	西暦	年齢	事項	一般事項
慶安 元	一六四八	二七	正月一六日、新宅を本郷中間町に構え、三月一七日、新宅に移る○四月二五日、板倉重矩来宅○『修身受用抄』成る	中江藤樹没す（年四一）
三	一六五〇	二九	三月、『牧民忠告諺解』成る○八月六日、牟礼野に和蘭人の火砲射撃を見る○八月晦日、浅野長直・直澄兵法入門の誓書をなす	この頃、長女亀生る
四	一六五一	三〇	二月、家光の内命により御近習番頭駒井右京親昌兵学の弟子となる○四月二〇日、家光薨じ、素行の幕府出仕の大望成らず○一一月二二日、板倉重矩邸に招かれ『荘子』斉物論を講ず。初めて松浦鎮信と会す○一二月二五日、松平定綱（年六〇）没し、二九日、嶺岩寺に至り弔う○『式目家訓』『兵法奥儀集』成る	正月一一日、僧実相院来り、日待の祭を行う○三月一九日、異母兄、惣左衛門没す（年四八）○七月二四日、丸橋忠弥捕えられ、二六日、由比正雪自殺す○八月一八日、家綱、将軍職を嗣ぎ、保科正之輔佐す
承応 元	一六五二	三一	二月二七日、『大星目録』を幕吏天野甚左衛門康利に与う○一二月八日、浅野長直邸に至り君臣の礼を為す	

年号	西暦	年齢	事蹟	参考事項
承応 二	一六五三	三二	七月二日、土屋数直の饗を受く○八月二六日、江戸を発し、東海道を経て、九月二五日、赤穂着○一〇月一五日、赤穂城縄張を改め直す○『海道日記』成る	正月九日、画家狩野永真の享を受く
三	一六五四	三三	三月一〇日、大石良欽（良雄の祖父）と坂越浦に遊ぶ○五月五日、赤穂より船に乗り七日、難波(大坂)着。東山道を経て二四日、江戸着○『東山道日記』成る	一二月四日、娘竹病死 ○明暦元年六月四日、初めて村上宗古邸に至る
明暦 二	一六五六	三五	『修教要録』『治教要録』『武教要録』『武教小学』『武教本論』『武教全書』『兵法或問』『手鏡要録』『孫子句読』『賤嶽並諸戦記』『日掇』成る	正月一一日、長男左太郎生る○九月二三日、弟平馬、松浦鎮信の家臣となる
三	一六五七	三六	一月五日、近隣失火により類焼し、七日神田台所町の父宅の隣り町野左近の別宅を借り、妻子（長女亀及び長男左太郎）と共に移る○一月一八日、「明暦の大火」となり、北条氏長宅に至り火を禦ぐ○一九日、借家も焼け、両親を伴い下谷の駒	一月二三日、林羅山没す(年七五)○三月九日、戸田忠昌乗馬を贈る○一一月三日、長男左太郎病死す(年二)、牛込七軒寺町の鳳林寺に葬る○新井白石生る○徳川光圀大日本史編纂に着手す

			杵氏宅に避難し、二五日、鳳林寺に移り、二月二三日、市ケ谷の円乗院内に借家移転し、一一月二六日、高田の新造の宅に移る○『武教三等録』『兵法要鏡録』成る	
万治　元	一六五八	三七	七月、長崎(東京都豊島区)の別墅に行く○一〇月一六日、本郷の天沢寺に於て隠元禅師に会し問答す	
二	一六五九	三八	一一月二日、高田馬場にて馬術練習中、落ちて手足を傷く	一一月一六日、妹夏(石野小左衛門妻)死す(年二二)○大石良雄生る
三	一六六〇	三九	九月、浅野家を致仕す○一〇月一二日、初めて津軽信政邸に至る○『陣中諸法度』『家訓条目』『雑記』『或問図説』『雑器火器』『古今戦略考』『織田豊臣家臣伝』『浅井聞書』『長久手戦記』『奥州記』『五万石人数積』『懐中便覧』成る	二月八日、乳母清春死す○一〇月四日、娘鶴生る(妾腹)
寛文　元	一六六一	四〇	正月一四日、石谷十蔵邸に至る○六月九日大村純長邸に至る	六月四日、同母妹加藤平左衛門に嫁す○
二	一六六二	四一	八月一九日、近思録を読み「無極而太極」	八月二一日、石野小左衛門の娘(姪)死す兼松巽信、素行の養子となり、岡八郎左

			の説を否定す(古学への転向)○一二月二九日、立春、正朔を賀するの儀を行う。明年四二歳の厄年逃れのためなり	衛門と称す(岡は素行の母の実家の姓)
寛文 三	一六六三	四二		二月二五日、尾畑景憲没す(年九二)○岡八郎左衛門、浅野長治に仕う○久世広之老中となる
四	一六六四	四三	八月二〇日、竜門三級波を超出するを夢む○一一月、門人等『山鹿語類』を編輯し始む	二月、妹婿兼松七郎兵衛、越前侯に仕う○三月九日、娘安没す
五	一六六五	四四	一二月二二日、父貞以病没(年八一)、宗参寺に葬り、以後三年の喪に服す○『山鹿語類』『聖教要録』成る	一二月一三日、猶子千介(兄の子)浅野長直に仕う○一二月二三日、土屋数直・板倉重矩老中となる
六	一六六六	四五	正月より四月二日迄喪中のため外出せず○四月三日、亡父百ケ日に就き宗参寺に詣る○四月二九日、老中板倉重矩の招により法泉寺にて会見す○九月二一日、石谷市右衛門来りて重矩の命を伝う○二五日、本多忠将来りて『聖教要録』の罪、公儀既に定まるを報ず○一〇月三日、氏	六月二九日、妹婿加藤平左衛門、京都にて没し、九月三日妹来り同居す○九月一五日、庶子万助生る、生母駒木根不知(妾)没す

			長邸にて赤穂配流の命を受く○九日、江戸発、二四日、赤穂着○一一月四日、妻浄智、男万助、女鶴、猶子千介来る○『枕塊記』『島原記』成る	
七	一六六七	四六	二月一七日、甥田村（布施）弥一右衛門姫路より来る○四月一一日、弟平馬来る○五月二五日、浅野長直来宅○八月五日、姉田村弥左衛門室姫路より来る○九月一七日、平馬来る○一二月二二日、亡父の大祥忌（三年忌）を営み、喪服を脱す○『四書句読大全』『掇話』成る	浅野長矩生る
八	一六六八	四七	七月一〇日、岡八郎左衛門、三次(備後)より来る○九月一五日、岡八郎左衛門三次より来り、二〇日、江戸に向う○一二月一四日、江戸より岡八郎左衛門と亀と結婚したとの報来る○『謫居童問』成る	門弟東惟純、江戸より来り浅野家に仕う
九	一六六九	四八	八月一六日、甥布施（田村）藤大夫来る○九月一八日、岡八郎左衛門来る○一〇	二月六日、猶子千介没す(年二四)、花岳寺に葬る○一〇月二四日、布施源兵衛来

寛文一〇	一六七〇	四九	月八日、甥三木勘左衛門来る○『中朝事実』『廿一史人名幷小伝』成る 一〇月二三日、亀平産の告あり（一二日高豊生る）○『百結事類』『言撥録』成る	る○閏一〇月二九日、姉田村弥左衛門室、越後村上にて没す 五月二〇日、姉婿田村弥左衛門、村上にて没す○五月二九日、北条氏長江戸にて没す（年六二）
一一	一六七一	五〇	正月一一日、万助六歳、初めて三略を読む○九月晦日、岡八郎左衛門江戸より来り、翌月二五日帰江○『本朝事類』成る	三月五日、浅野長直隠居し、長友嗣ぐ
一二	一六七二	五一	一二月二〇日、夢想「春風に葵を仰ぐ朝哉」	七月二四日、浅野長直没す（年六三）○一二月一八日、保科正之没す（年六二）
延宝元	一六七三	五二	四月六日、浅野長友来宅○六月一八日、礒谷平介淀に至り、父に面会して七月二日帰宅（素行の赦免運動ならん）○『七書諺義』『日本国図』『武家事紀』成る	九月六日、大石良昭（良雄の父）没す○板倉重矩（年五七）・隠元禅師没す（年八二）
二	一六七四	五三	七月二四日、浅野長直、三回忌の法事あり、『湖山常清公行実並哀辞』を草す○『武教余談』『翰墨訓蒙』『本朝古今戦略考』成る	一二月一〇日、万介（年九）四書を読み終る

三	一六七五	五四	六月二四日、赦免せらる○七月三日、赦免の報来る○七月二五日、赤穂発、八月一一日江戸着、二三日妻子江戸着○九月二八日、本所の平馬宅より浅草田原町三丁目渡部善兵衛宅に移る○『配所残筆』『家譜』『積徳堂書籍目録』『七書要証』成る	正月一九日、浅野長治没す（年六二）○正月二六日、浅野長友江戸にて没し（年三三）長矩（九歳）嗣ぐ○三月一一日、祖心尼、江戸にて没す（年八八）
四	一六七六	五五	七月二四日、浅野長直の忌日につき芝の泉岳寺に詣ず	五月三日、岩女没す
五	一六七七	五六	正月一日、神主を拝し、伊勢・大峰・諏訪の三神に礼拝す○三月一六・一七・二一日、邸内にて花見の宴を催す○八月九日、母妙智平馬宅にて病む○一〇月一四日、母没す。一五日、宗参寺に葬る○閏一二月二六日、鶴の縁組きまる	正月二六日、大石良欽赤穂にて没し、良雄嗣ぐ○三月二二日、姪（兄の娘）赤熊七郎兵衛の妻来る○五月一日、平馬の妻没す○八月六日、磯谷十介（平介義言）津軽信政の家臣となる
六	一六七八	五七	五月『原源発機』に批点して津軽信政に与う○七月二六日、田原町の借家を買取る○一〇月二日、旧事大成経を書写す○一〇月一六日、松浦（滝川）弥一（市）右衛門	正月一一日、孫岩之助（高豊）著袴の祝儀あり○正月二六日、鶴女、津軽藩士喜多村源八に嫁す

延宝 七	一六七九	五八	宛書付を松浦鎮信に献ず○一一月一日、母没後一三月にして喪服を脱す○一二月二三日、筒井唯右衛門に理気形用の四事を伝う○二六日、『原源発機』の奇夢あり○『武家忠臣伝』『随録』成る 五月二四日、姉婿堀九兵衛来話○八月一〇日、暁の霊夢「さえかへる世のひかりめでたさ」○『万家類聚』成る	老中土屋数直・久世広之没す○七月、弟平馬、松浦藩の家老となる○九月一〇日、岡八郎左衛門(正月より山鹿姓を名乗る)津軽信政の家臣となる。
八	一六八〇	五九	正月七日、万介(年一五)に始めて山鹿流兵学を伝う。(素行は『武教全書』の兵法三本の序段を講じ、磯谷十介は謀略の一段を講ず)○四月一八日、山鹿(岡)八郎左衛門をして津軽玄蕃に『大星伝』を授けしむ○四月二九日、圭田宇右衛門に三重伝を授けんとす○六月二四日、夢想「常に持神に祈をなすときは、心の願かなはぬはなし」○八月一五日、山崎治	正月一一日、喜多村源八、監物と改名す○正月二六日、門弟長弥市右衛門、堀田正俊の家臣となる○五月八日、家綱薨じ綱吉、嗣ぐ○五月一五日、日光門跡没す○六月一日、田村藤太夫(甥)館林公の旗本となるを賀す○六月七日、平馬の室(後妻)死す○八月一八日、浅野長矩、従五位下・内匠頭に任ぜらる○一〇月二〇日、貞心(田村藤大夫姉)来る

年号	西暦	年齢	事項	関係事項
			部右衛門・藤田八郎兵衛に『大星伝』を授く○九月一日、津軽信政に『大星伝』を授く。同日、万介成童の祝儀をなす○『古将弁』成る	
天和元	一六八一	六〇	正月三日・五月二一日・一一月三日、瑞夢あり○六月『中朝事実』板行成る○七月三日『斉修旧事』臣道、筆功畢る○九月一一日、万介元服して山鹿藤介と改名す○一一月三日、浅野長矩に押太鼓を貸す	正月一一日、山鹿八郎左衛門、津軽家の家老となり津軽大学と称す○四月三日堀九兵衛来る○八月二〇日、平馬の妻(三人目)病没す○九月、津軽高豊(亀の子)津軽家に仕官す○一二月一五日、田村弥市右衛門(甥)津軽信政の家臣となる
二	一六八二	六一	五月二四日、檜垣の能の奇夢あり○一二月二四日、秀吉から天下を貰った夢を見る○『治平旧事』『天馬賦』『平泰時小伝』『政事録』『合戦年月短歌(古戦短歌)』成る	正月、津軽監物、津軽家の家老となる○六月三日、津軽監物(喜多村源八)弘前にて没す(年二五)○八月二九日、監物未亡人(鶴)男子を生む(後の津軽耕道)
三	一六八三	六二	一〇月二八日、向井新兵衛に託し会津の諏訪明神(産土神)に金百疋を奉納す○『雑録』『いろは事類』成る	五月一八日、大石頼母没す○八月一一日、妻と妹(津軽大学母)伊勢参宮の為出発、九月二五日、帰宅す○十月七日、門人富田儀兵衛、牧野成貞の家臣となる。

貞享元	一六八四	六三	三月、『原源発機諺解』に批点して津軽信政に与う〇一〇月一日、船生源右衛門に『大星伝』を授く〇『古今武事紀』(未完) 『伊呂波歌之人伝』成る	〇八月二三日、浅野長矩・長広兵法の門弟となる〇八月二八日、堀田正俊、稲葉正休に刺され、両名とも没す
二	一六八五	六四	正月一五日、積徳堂の庭上の松に冠雀飛び来る〇三月八日、松浦壹岐守に兵法の秘伝を授く〇三月二八日、葵の紋の小袖を着る夢を見る〇年譜は五月九日を以て擱筆〇五月二五日『章数附』を書く(絶筆) 〇八月一〇日、黄疸病に罹る〇九月二六日、辰刻(午前八時)積徳堂に没す。宗参寺に葬る〇妻浄智(年六〇)・長女亀(年不明)・次女鶴(年二六)・嗣子藤介(年二〇)・養子津軽大学(年三九)・孫津軽高豊(年十六)・孫津軽耕道(年四) 〇著述年代不明の主要著書 『謫居随筆』『原源発機』『原源発機諺解』 『正誠旧事』『斉修旧事』	熊沢蕃山(年六七)・木下順庵(年六五)・伊藤仁斎(年五九)・徳川光圀(年五八)・貝原益軒(年五六)・契沖(年四六)・井原西鶴(年四四)・林鳳岡・松尾芭蕉(年四二)・佐藤直方(年三六)・浅見絅斎(年三四)・近松門左衛門(年三三)安積澹泊(年三〇)・新井白石(年二九)・室鳩巣(年二八)・大石良雄(年二七)・三宅尚斎(年二四)・荻生徂徠(年二〇)・荷田春満(年一七) 弟平馬(年五一)同母妹兼松七郎兵衛妻・同多田藤太夫妻、在世なるも年不明 松浦鎮信(年六四)・津軽信政(年四〇)・浅野長矩(年一九) 門人磯谷義言(年二九)

主要参考文献

A 史料

(1)山鹿素行全集思想篇（全十五巻）広瀬豊編纂、昭和十五〜十七年、岩波書店発行

○第一巻　修身受用抄・牧民忠告諺解・式目家訓・家訓条目・陣中諸法度・海道日記・東山道日記・治教要録(抄)・武教小学・武教本論・兵法神武雄備集奥儀

○第二巻・第三巻　修教要録

○第四巻〜第十巻　山鹿語類

○第十一巻　聖教要録・四書句読大全(抄)・山鹿随筆

○第十二巻　謫居童問・謫居随筆・配所残筆

○第十三巻　中朝事実・武家事紀(抄)

○第十四巻　孫子諺義・原源発機・原源発機諺解・治平要録

○第十五巻　家譜・年譜・年譜資料・家譜年譜参考資料・詩文・書簡・積徳堂書籍目録

(2)山鹿素行集（全八巻）国民精神文化研究所編、昭和十八・十九年、目黒書店発行

○第一巻　原源発機・原源発機諺解・謫居随筆・正誠旧事・斉修旧事・治平旧事・発機諺解私淑言（長島元長著）

○第二巻　武教小学・武教全書・武教要録

○第三巻　修教要録

○第四巻　武教七書諺義（孫子・呉子・司馬法・太宗問対）

○第五巻　武教七書諺義（尉繚子・三略・六韜）・孫子句読

○第六巻　中朝事実・聖教要録・謫居童問

○第七巻　家譜・年譜・年譜資料・東海道日記・東山道日記

○第八巻　山鹿随筆

(3)武家事紀（全三巻）　山鹿素行先生全集刊行会

(4)四書句読大全（全六巻）　同右

(1)の全集は原文が漢文体のものは仮名交り文に直し、上欄に註が附いているので、読解に便利である。特に第十五巻所収の「家譜年譜参考資料」には、山鹿誌・山

鹿流兵法系図・兵法伝統録・山鹿古先生由来記・松浦本山鹿家譜・平戸山鹿系図・平戸山鹿平馬系図・津軽山鹿系図・喜多村系図並親類書・飛竜抜粋・滝川弥一右衛門蔵秘覚書・山鹿家門人帖・附録素行門人調・文化文政頃素行祭参詣人数が収められ、筆者もこの全集からは多大の恩恵を受けた。

(2)の素行集は原文のままであり、傍線のものは(1)の「全集」に未収録のものであることを示す。両方とも第一巻の巻頭に詳細な年譜がある。

(3)と(4)は、全集には「抄録」だけしか載せられていないので、全文を見るにはこれに拠らなければならぬ。

その他、素行の主要著書は有朋堂・岩波・勤王・大日本文庫、各種の叢書・思想集等に収められ、また種々の「山鹿素行全集」なるものが刊行され、家譜・年譜は『山鹿素行先生日記』『山鹿素行遺訓と日記』に、『山鹿語類』全四巻は山鹿素行全集刊行会より出版されているが、すべて(1)の全集に収められている。

なお『山鹿素行兵学全集』（広瀬豊編・教材社）が武教全書講義だけで未完に終ったのは惜しい。梶康郎編『山鹿兵学全集』（山鹿兵学全集刊行会、大正六・七年）には、兵法或問・兵法神武雄備集・兵法奥儀講録などが収められている。

B　参考書

主要なものは、すべて本文の「註」に挙げて置いたつもりであるが、一部のものは瑕瑾を洗い立てるような紹介の仕方になってしまった。筆者の真意はこれを機縁として、重要な参考文献の所在を示すにあった。非礼をお詫びし、御諒承を乞う。

以下に、右に漏れたもののみを掲げるが、なお重要な文献を逸しているかも知れない。読者の御教示を願う。（順序不同）

和田　健爾『山鹿素行の精神』　京文社
納富　康之『山鹿素行の国体観』　鶴書房
平尾　孤城『山鹿素行学概論』・『山鹿素行の武士道』　立川書店
木村　卯之『山鹿素行研究』　丁子屋書店
寺島　荘二『山鹿素行』　教材社
同　『武教に生きた山鹿素行』　三省堂
井上哲次郎『山鹿素行先生伝』　帝国軍人後援会
斎藤　弔花『山鹿素行先生伝』　修養図書普及会

同　『山　鹿　素　行』　博文堂・近代文芸社・春秋文庫
平和会編『山鹿素行先生と乃木将軍』
素行会・中央義士会編『山鹿素行先生二百五十年忌記念祭典紀要』
紀平　正美『山鹿素行の配所残筆』　日本精神叢書第十二　日本文化協会
田制　佐重『山　鹿　素　行』　世界教育文庫
清原　貞雄『思想的先覚者としての山鹿素行』精神科学叢書第二編　藤井書店
宮崎　賢一『素行会臨時報告』
肥後　和男『近世思想史研究』　ふたら書房
松本　純郎『中朝事実と武家事紀』　本邦史学史論叢・下巻　冨山房
森　林助『山鹿素行と津軽信政』　弘前市・個人出版
飯島　忠夫『中　朝　事　実　講　話』　章華社
中山久四郎『山　鹿　素　行』　北海出版社

以上のほか、近世日本思想史や武士道を主題とした書に、素行に触れたものが多いが、すべて省略する。

著者略歴

明治四十二年生れ
昭和六年東京帝国大学文学部国史学科卒業
東映企画者・同調査課長・同テレビ企画課長、学生援護会取締役編集部長、エイ＝エヌ＝アート社長、学生援護会監査役等を歴任
昭和六十三年没

主要著書
山鹿素行（上・下）　林羅山　東映十年史〈共編〉

人物叢書　新装版

山鹿素行

昭和三十四年十月　五日　第一版第一刷発行
昭和六十二年四月　一日　新装版第一刷発行
平成　六　年十一月二十日　新装版第二刷発行

著　者　堀（ほり）　勇（いさ）雄（お）
編集者　日本歴史学会
代表者　児玉幸多
発行者　吉川圭三
発行所　株式会社　吉川弘文館
東京都文京区本郷七丁目二番八号
郵便番号一一三
電話〇三―三八一三―九一五一〈代表〉
振替口座〇〇一〇〇―五―二四四
印刷＝平文社　製本＝ナショナル製本

『人物叢書』（新装版）刊行のことば

人物叢書は、個人が埋没された歴史書が盛行した時代に、「歴史を動かすものは人間である。個人の伝記が明らかにされないで、歴史の叙述は完全であり得ない」という信念のもとに、専門学者に執筆を依頼し、日本歴史学会が編集し、吉川弘文館が刊行した一大伝記集である。

幸いに読書界の支持を得て、百冊刊行の折には菊池寛賞を授けられる栄誉に浴した。

しかし発行以来すでに四半世紀を経過し、長期品切れ本が増加し、読書界の要望にそい得ない状態にもなったので、この際既刊本の体裁を一新して再編成し、定期的に配本できるような方策をとることにした。既刊本は一八四冊であるが、まだ未刊である重要人物の伝記についても鋭意刊行を進める方針であり、その体裁も新形式をとることとした。

こうして刊行当初の精神に思いを致し、人物叢書を蘇らせようとするのが、今回の企図である。大方のご支援を得ることができれば幸せである。

昭和六十年五月

日本歴史学会

代表者　坂本太郎

〈オンデマンド版〉
山鹿素行

人物叢書　新装版

2020年（令和2）11月1日　発行

著　者　堀　勇雄（ほり いさお）
編集者　日本歴史学会
代表者　藤田　覚
発行者　吉川道郎
発行所　株式会社　吉川弘文館
〒113-0033　東京都文京区本郷7丁目2番8号
TEL　03-3813-9151〈代表〉
URL　http://www.yoshikawa-k.co.jp/

印刷・製本　大日本印刷株式会社

堀　勇雄（1909～1988）

ISBN978-4-642-75073-8